本书为湖北省社科基金一般项目（后期资助项目）"国家碳市场控排企业内部法律风险控制：理论与实践"（批准号：2018147）的最终研究成果

国家碳市场控排企业内部法律风险控制：理论与实践

王国飞 著

WUHAN UNIVERSITY PRESS

武汉大学出版社

图书在版编目(CIP)数据

国家碳市场控排企业内部法律风险控制:理论与实践/王国飞著.
—武汉:武汉大学出版社,2021.11
ISBN 978-7-307-22761-3

Ⅰ.国… Ⅱ.王… Ⅲ.节能减排—环境保护法—企业责任—法律责任—研究—中国 Ⅳ.D922.684

中国版本图书馆 CIP 数据核字(2021)第 238107 号

责任编辑:喻 叶 责任校对:李孟潇 版式设计:马 佳

出版发行:**武汉大学出版社** (430072 武昌 珞珈山)
(电子邮箱:cbs22@whu.edu.cn 网址:www.wdp.com.cn)
印刷:武汉邮科印务有限公司
开本:720×1000 1/16 印张:14.75 字数:240 千字 插页:1
版次:2021 年 11 月第 1 版 2021 年 11 月第 1 次印刷
ISBN 978-7-307-22761-3 定价:58.00 元

目 录

导　论

上医医未病之病，中医医欲病之病，下医医已病之病。

——《黄帝内经》

以"高能耗、高排放、高污染"为特征的控排企业，是碳市场最主要的温室气体减排主体。其在参与碳市场机制下的减排行动的同时，也存在着自身行为引致的内部法律风险问题。囿于诸多因素，现有的碳排放权交易管理立法的基础理论未能为化解控排企业的内部法律风险提供有力的基础。鉴此，对碳市场中控排企业的阶段行为、引致风险与形成机理、问题根源等进行规范和实证分析，寻求与论证内部法律风险控制的理论框架，并基此理论构建碳市场阶段性控排企业内部法律风险的控制制度，均具有重要的理论和实践价值。接下来，导论部分主要阐明研究背景与意义，系统整理、评述有关碳市场控排企业内部法律风险控制的研究成果并归纳尚存问题，介绍主要研究方法和创新，界定基本概念，为后文研究奠定重要基础。

第一节　研究背景与意义

以政府间气候变化专门委员会（Intergovernmental Panel on Climate Change, IPCC）为代表的国际主流观点认为，人类活动导致的地球系统碳循环变化是全球气候变暖的主因。① 应对气候变化的《联合国气候变化框架公约》（*United*

---

① 人类活动导致二氧化碳等温室气体浓度的不断升高，被认为"很可能"是全球气候变暖的主要原因，最近 50a 气候变化主要由人类活动驱动这一结论的可信度已由原来 66% 的最低限度提高到目前的 90%。葛全胜、方修琦等编著：《中国碳排放的历史与现状》，气象出版社 2011 年版，第 3 页。

Nations Framework Convention on Climate Change）采纳了此观点，明确了主要温室气体及其产生部门、排放源，并要求工业发达国家率先减排。① 《京都议定书》（*Kyoto Protocol*）进一步明确了附件一国家于第一承诺期的减排量和时间表，② 并催生了碳排放权交易机制（Emission Trading System，ETS）③ 该机制是一种引导排放主体在权衡成本与收益匹配性的情况下，进行温室气体排放控制的市场化手段。④ 随后，欧盟、美国、澳大利亚、韩国等国家或地区相继推行或试行该机制，使之付诸实践并渐趋得以更广泛的认同和传播发展。中国于 2011 年批准"两省五市"试点⑤，各试点碳市场现已启动交易，国家碳市场也将于 2017 年启动。⑥ 然而，在碳市场实践中出现了控排企业引致的法律风险问题。例如，欧盟

---

① 《联合国气候变化框架公约》附件 A 列举了二氧化碳、甲烷等 6 种温室气体，并指出了主要的部门和排放源类别；附件 B 进一步明确了发达国家的排放量限制或削减承诺。矫正正义论者认为，让发达国家作出率先和更大减排贡献，是因为他们对大气中碳的吸收量造成的危害最大。参见［美］埃里克・波斯纳、戴维韦斯巴赫著：《气候变化的正义》，李智、张键译，社会科学文献出版社 2011 年版，第 138~139 页。

② 葛全胜、方修琦等编著：《中国碳排放的历史与现状》，气象出版社 2011 年版，第 5 页。

③ 《京都议定书》创设了联合履约（Joint Implementation，JI）、清洁发展机制（Clean Development Mechanism，CDM）、排放贸易（Emission Trading，ET）三种机制。碳排放权交易是 ET 机制下的碳排放权或碳资产的一种交易。碳排放权交易机制的法源依据为《京都议定书》第 17 条，即"《公约》缔约方会议应就排放贸易，特别是其核查、报告和责任确定相关的原则、方式、规则和指南。为履行其依第三条规定的承诺的目的，附件 B 所列缔约方可以参与排放贸易。任何此种贸易应是对为实现该条规定的量化的限制和减少排放的承诺之目的而采取的本国行动的补充"。该条是为实现《京都议定书》第 3 条之目标，如"附件一所列缔约方应个别地或共同地确保其在附件 A 中所列温室气体的人为二氧化碳当量排放总量不超过按照附件 B 中所载其量化的限制和减少排放的承诺和根据本条的规定所计算其分配数量，以使其在 2008 年至 2012 年承诺期内这些气体的全部排放量从 1990 年水平减少 5%"。

④ 参见宋丽颖、李亚东：《全面分析碳排放权交易的经济学》，载碳交易网 http://www.tanjiaoyi.com/article-17354-1.html，2016 年 6 月 27 日访问。

⑤ 《国家发展改革委办公厅关于开展碳排放权交易试点工作的通知》（发改办气候［2011］2601 号）把北京市、天津市、上海市、重庆市、深圳市及湖北省、广东省纳入碳排放权交易试点。

⑥ 2015 年 9 月的《中美气候变化联合声明》和 12 月习近平总书记在巴黎气候大会上的讲话分别重申中国将于 2017 年启动、建立全国碳市场。参见齐绍洲、黄锦鹏：《碳交易市场如何从试点走向全国》，载《光明日报》2016 年 2 月 3 日，第 15 版。

碳市场曾出现欺诈、洗钱、为恐怖活动筹资、操纵市场、内幕交易等违法违规行为。① 碳市场中的法律风险，有的因纳入控排主体自身行为而引起，有的则是外部因素所致。对于自身行为引起的法律风险，控排企业可通过建立健全内部管理制度加以防范，而对于外部因素引致的法律风险，控排企业通常难以有效控制。目前，国内试点碳市场虽尚无相关的案例报道，但随着国家碳市场启动和发展，市场规模将扩大，参与主体更加多元化，交易产品也将复杂多样，上述问题可能随之出现或凸显。这些问题的存在，一方面会危及碳市场的交易秩序与安全，另一方面可能损及包括控排企业在内的碳市场主体的利益。鉴此，本书研究旨在为控排企业控制自身行为引起的内部法律风险寻求一条法律路径。

一、研究背景

中国在 2009 年就已成为世界温室气体排放第一大国，② 面临着国际社会减排呼声施压、国内环境保护与经济发展诉求的"外患内忧"。为应对气候变化，国家先后出台诸多面向控排企业的温室气体减排政策，并通过立法强化企业的法律责任。然而，碳市场法律风险的理论研究和实践立法强调的是政府监管，忽视了内部法律风险产生的根源，以致未能为应对这些内部法律风险问题提供强有力的理论和制度安排。本书基于此背景展开研究。

（一）控排企业减排形势严峻

自《联合国气候变化框架公约》制定以来，中国高度重视温室气体减排问题，将其纳入国家经济社会发展的重大战略，把绿色发展理念作为五大发展理念之一，把低碳发展作为生态文明建设重要内容，先后采取了系列行动，为全球控制温室气体排放作出了重要贡献。具体体现在以下两个方面。

---

① 参见王遥、王文涛：《碳金融市场的风险识别和监管体系设计》，载《中国人口·资源与环境》2014 年第 3 期，第 26~27 页。

② 国际能源机构（IEA）发布的《2009 世界能源主要统计》数据显示，中国 2007 年 1 年的能源消耗排放的二氧化碳达 60 亿 2785 万吨，超过同期美国的 57 亿 6931 万吨，位居世界第一。参见《中国超过美国成为世界最大温室气体排放国》，载个人图书馆：http://www.360doc.com/content/09/0910/16/20959_5802623.shtml，2016 年 6 月 29 日访问。

一方面，国家应对气候变化政策对企业减排要求渐趋提高。《中国应对气候变化国家方案》（2007 年 6 月 4 日）作为中国首部应对气候变化的全面的政策文件提出"少排放、多吸收、再利用"的减缓温室气体排放的措施。《中国应对气候变化科技专项行动》（2007 年 6 月 14 日）将"控制温室气体排放和减缓气候变化的技术开发"作为重点研究任务。《国家环境保护"十一五"规划》（2007年 11 月 22 日）提出引导企业参与建设环境友好型社会，控制工业生产过程中的温室气体排放。《中国应对气候变化的政策与行动》（2008 年 10 月 29 日）要求，形成"政府推动、企业实施、全社会共同参与"的节能减排工作机制。国务院常务会议决定（2009 年 11 月 25 日）提出"到 2020 年单位国内生产总值二氧化碳排放比 2005 年下降 40%～45%，非化石能源占一次能源消费比重达到 15% 左右"的减排目标。《国民经济和社会发展第十二个五年规划纲要》（2011 年 3 月 16日）提出，建立完善温室气体排放统计核算制度，逐步建立碳排放交易市场。《"十二五"节能减排综合性工作方案》（2011 年 8 月 31 日）要求，进一步形成"政府为主导、企业为主体、市场有效驱动、全社会共同参与"的推进节能减排工作格局。《国务院关于加快培育和发展战略性新兴产业的决定》（2011 年 10 月10 日）提出，要建立和完善主要污染物和碳排放交易制度。《关于开展碳排放权交易试点工作的通知》（2011 年 10 月 29 日）提出，在 7 个省（市）先行开展碳排放权交易试点。《"十二五"控制温室气体排放工作方案》（2011 年 12 月 1 日）提出，到 2015 年全国单位国内生产总值二氧化碳排放比 2010 年下降 17%。《节能减排"十二五"规划》（2012 年 8 月 6 日）进一步提出，加快构建"政府为主导、企业为主体、市场有效驱动、全社会共同参与"的推进节能减排工作格局。《2014—2015 年节能减排低碳发展行动方案》（2014 年 5 月 15 日）要求，2014—2015 年"单位 GDP 二氧化碳排放量两年分别下降 4%、3.5% 以上"的工作目标。《国家应对气候变化规划（2014—2020 年）》（2014 年 9 月 19 日）强调，控制能源、钢铁、建材、化学、有色、轻纺等工业领域排放；到 2020 年，单位工业增加值二氧化碳排放比 2005 年下降 50% 左右，并布局全国性碳排放权交易市场。《生态文明体制改革总体方案》（2015 年 9 月 11 日）强调，逐步建立全国碳排放总量控制制度和分解落实机制；深化碳排放权交易试点，逐步建立全国碳排放权交易市场，研究制定全国碳排放权交易总量设定与配额分配方案；完善碳交易注册登记系统，建立碳排放权交易市场监管体系。《中国共产党第十八届中央委员会第五次全体会议公报》（2015 年 10 月 29 日）、《中共中央关于制定国民经济和社会发展第十三个五年规划的建议》（2015 年 11 月 3 日）提出，建立健全碳排放权初始分配制度。《国民经济和社会发展第十三个五年规划纲要》（2016 年 3 月 16 日）提出"未来五年单位国内生产总值二氧化碳排放量下降18%"的目标。《工业绿色发展规划（2016—2020 年）》（2016 年 6 月 30 日）要求"推进重点行业低碳转型，控制工业过程温室气体排放"。

另一方面，国家气候外交政策对企业减排产生了重要影响。《强化应对气候变化行动——中国国家自主贡献》（2015 年 7 月 1 日）指出，2014 年，中国单位国内生产总值二氧化碳排放比 2005 年下降 33.8%，非化石能源占一次能源消费比重达到 11.2%；提出，"二氧化碳排放 2030 年左右达到峰值并争取尽早达峰，单位国内生产总值二氧化碳排放比 2005 年下降 60%~65%，非化石能源占一次能源消费比重达到 20% 左右"的自主减排目标；表示，在碳排放权交易试点基础上，稳步推进全国碳排放权交易体系建设，逐步建立碳排放权交易制度，建立碳排放报告核查核证制度，完善碳排放权交易规则，维护碳排放交易市场的公开、公平、公正；强调，强化企业低碳发展责任。《中国关于联合国成立 70 周年的立场文件》（2015 年 9 月 21 日）、《中美元首气候变化联合声明》（2015 年 9 月 25 日）明确提出，中国计划于 2017 年启动全国碳排放交易体系，将覆盖钢铁、电力、化工、建材、造纸和有色金属等重点工业行业。习近平总书记巴黎气候大会重要讲话《携手构建合作共赢、公平合理的气候变化治理机制》（2015 年 11 月 30 日）重申"建立全国碳排放交易市场"。在《中印关于气候变化变化的联合声明》（2015 年 5 月 15 日）、《中巴气候变化的联合声明》（2015 年 5 月 19 日）、《第二十一次"基础四国"气候变化部长级会议联合声明》（2015 年 10 月 31 日）、《中法元首气候变化联合声明》（2015 年 11 月 2 日）等文件中，中国也多次重申温室气体控制的承诺和举措。

从以上国家政策文件和国家间气候外交声明内容可以看出，"高能耗、高排放、高污染"行业是温室气体排放最多的领域，也是需要重点控制的领域。中国把市场机制作为应对气候变化的有效途径，使控制温室气体从单纯依靠行政手段逐渐向更多地依靠市场力量转变。① 企业（特别是控排企业）是碳排放权交易市场最主要的纳入主体，也是温室气体总量控制的最主要实施主体。要发挥市场在资源配置中的决定性作用，就要充分发挥市场主体的主体作用、主动作用。在此意义上来说，控排企业实施温室气体控制政策的好坏决定了这一市场机制的成败。

（二）控排企业法律责任强化

目前，中国的低碳法律体系已初步形成。它是国内现行部门法中关于温室气体控制的法律规范依据一定标准或原则而形成的有机联系整体。具言之，其主要由《宪法》相关规范、温室气体控制立法相关规范、环境立法相关规范、其他部门法相关规范，以及中国签署的相关国际条约组成。② 其中，《宪法》第 26 条为温室气体控制立法提供了宪法依据。③ 温室气体控制的专门立法主要有：《碳排放权交易管理暂行办法》《温室气体自愿减排交易管理暂行办法》，及"两省五市"试点和非试点地区的碳排放权交易管理立法。环境相关立法主要包括：《环境保护法》《大气污染防治法》《煤炭法》《循环经济促进法》《节约能源法》《可再生能源法》《清洁生产促进法》，以及相关配套实施规定等。其他部门法的相关规范大致包括：民法中"污染者"的环境侵权责任、刑法中"排污者"的污染环境刑事责任、行政法中"排污企业"的污染环境行政责任等。中国签署的相关国际条约主要涉及：《联合国气候变化框架公约》（1992 年签署）、《京都议定书》（1998 年签署）、《巴黎协定》（2016 年签署）。

随着中国低碳法律体系的逐渐形成与完善，控排企业"守法成本高、违法成本低"的现象得到较大程度的改变。其中，控排企业法律责任的强化是此现象改

① 郑爽等著：《全国七省市碳交易试点调查与研究》，中国经济出版社 2014 年版，第 1 页。有学者进一步指出，中国在哥本哈根气候大会向世界宣布"到 2020 中国单位 GDP 二氧化碳排放比 2005 年下降 40%～45%"的减排目标后，面临着国际减排承诺和国内资源环境双重压力，政府将控制温室气体排放的重点转向了最具成本效益的市场化手段。参见熊灵、齐绍洲、沈波：《中国碳交易试点配额分配的机制特征、设计问题与改进对策》，载《武汉大学学报（哲学社会科学版）》2016 年第 3 期，第 56 页。

② 参见杨解君、程雨燕：《中国低碳法律体系的架构及其完善研究》，载《江苏社会科学》2014 年第 2 期，第 133～134 页。

③ 《宪法》第 26 条规定："国家保护和改善生活环境和生态环境，防治污染和其他公害。国家组织和鼓励植树造林，保护林木。"

变的一个助推因素。例如，温室气体控制立法明确了控排企业的非法碳交易责任、碳排放报告责任、履约责任等。2014 年修订的《环境保护法》及其配套实施办法建立了"按日计罚、查封扣押、区域限批、停产限产、违法案件移送"等严厉的制度体系，明确了企业的权利与义务，强化了企业的主体责任。① 另外，《侵权责任法》第 8 章、《最高人民法院关于审理环境侵权责任纠纷案件适用法律若干问题的解释》《最高人民法院关于适用〈中华人民共和国民事诉讼法〉的解释》《最高人民法院关于审理环境民事公益诉讼案件适用法律若干问题的解释》《检察机关提起公益诉讼改革试点方案》等立法规定、司法解释、一般规范性文件也为追究违法控排企业的责任打通了诉讼渠道。

在此影响下，有学者指出，企业的环保意识普遍增强，环境守法情况改善，诸如企业的环境信息公开有所进步，主要污染物减排和达标排放取得良好效果，"未批先建"、偷排污染物等违法现象呈下降趋势。② 具体到碳市场，2014 年是湖北、重庆试点的启动年，上海、深圳、北京、广东和天津 5 个试点则进入首个履约年，其履约率分别达 100%、99.4%、97.1%、98.9%、96.5%；③ 到 2015 年，除启动较晚的湖北、重庆试点外，上海、广东、北京试点履约率均达 100%，深圳与天津试点履约率分别为 99.7%、99.1%。④ 这说明，现行的环境法律责任的"利齿"威慑，通过"提高违法成本来改变企业对成本和收益的计算方式"⑤，致使控排企业逐渐转变发展观念，更加倾向于通过守法而非违法手段来获得经济利益。除此之外，在碳排放权交易主管部门、核查机构、交易所等提供的监测、报告、核查、履约、操作技能、法律知识等方面的宣传、教育活动的引导下，控排企业的自觉守法意识和自觉守法能力增强，并尽可能将这种意识和能力同化并

---

① 参见吕忠梅：《〈环境保护法〉的前世今生》，载《政法论丛》2014 年第 5 期，第 58~59 页。

② 参见王灿发：《新〈环境保护法〉实施情况评估研究简论》，载《中国高校社会科学》2016 年第 4 期，第 112~113 页。

③ 参见范英、滕飞、张九天主编：《中国碳市场：从试点经验到战略考量》，科学出版社 2016 年版，第 64、68、75 页。

④ 赵东：《6 个碳试点完成履约 上海 CCER 履约用量最大》，载新浪网：http://finance.sina.com.cn/roll/20150720/005922729586.shtml，2016 年 8 月 26 日访问。

⑤ 何香柏：《我国威慑型环境执法困境的破解——基于观念和机制的分析》，载《法商研究》2016 年第 4 期，第 24 页。

固化成为企业的日常生产习惯。① 这为本书的研究提供了重要的外部制度环境。

(三) 碳市场法律风险监管转向

从上述立法看，中国碳市场法律风险监管主体呈现多元性。其中，碳市场主管部门主要负责监管控排企业的配额获取行为、配额清缴行为以及核查机构、交易机构的业务行为；碳交易所主要负责监管控排企业的注册登记、交易、结算等行为；核查机构则主要负责对控排企业碳排放报告的核查。这些主体的监管，对保障碳市场的顺利启动及其可持续发展是必要的。但是，要真正实现碳市场在资源配置中的决定性作用，就需要处理好"政府—市场—控排企业"三者的关系，特别是要改变以命令型为主的环境规制手段，淡化监管主体的监管者和惩罚者的身份，强化其信息提供者、市场培育者的职能。② 加上控排企业分布分散、行为复杂多样，上述监管主体对此难以实现有效监管，且存在执法成本巨大、执法能力有限（人力、财力、物力不足）③、专业技术局限、原始信息和数据缺失等问题。

"要开展使人的行为服从于规则之治的事业，必然需要信奉这样一种观念，即：人是或者能够变成一个负责的理性行动主体，能够理解和遵循规则，并且能够对自己的过错负责。"④ 控排企业是一群理性自利的主体，让其了解碳交易相关立法和交易规则，并对自身行为引致的碳市场内部法律风险负责是符合唯物辩证观的，也是最经济的。首先，内因是事物发展的根本原因，外因通过内因起作用。⑤ 控排企业的违法行为是碳市场内部法律风险产生的根本原因，也是碳市场

---

① 参见王燕、张磊著：《碳排放交易法律保障机制的本土化研究》，法律出版社 2016 年版，第 179 页。

② 参见王燕、张磊著：《碳排放交易法律保障机制的本土化研究》，法律出版社 2016 年版，第 2 页。康德甚至认为，"国家唯一的职能便是制定和执行法律"。[美] 埃德加·博登海默著：《法理学：法律哲学与法律方法》，邓正来译，中国政法大学出版社 2004 年版，第 81 页。

③ [荷] 刘本、[美] 莱斯利 K. 麦卡利斯特：《新兴工业化中等收入国家的环境执法创新》，杨帆译，载《中国地质大学学报（社会科学版）》2013 年第 5 期，第 10 页。

④ [美] 富勒著：《法律的道德性》，郑戈译，商务印书馆 2005 年版，第 188 页。

⑤ 事物发展的根本原因不在事物的外部而在事物的内部；内部矛盾是事物发展的根据，是事物发展的基础、根源。但事物不是孤立的，任何事物都与周围事物互相联系、互相影响着，这种外部的影响、作用是事物发展的条件，是事物发展的外部原因。外因不能脱离内因单独影响事物的发展，外部条件不能脱离事物的内部根据发生作用。齐振海：《内因与外因的辩证关系和在事物发展中的作用》，载《北京师范大学学报（社会科学）》1962 年第 2 期，第 75 页。

监管实施的重要前提。只有把守法意识内化为企业的行为，才能从根本上提高监管主体监管的有效性。而"外部性的存在并不能成为政府干预的依据"，因为"交易成本以及政府行为所涉及的成本会使得外部性继续存在"。① 其次，让离风险最近者控制风险，通常是最经济的。② 控排企业的碳排放监测、报告、交易、履约等方面的违法行为，是引起内部法律风险的重要原因，控排企业距离风险源最近，最能及时采取有效的手段予以防范风险、控制事态、降低损失，而监管主体的监管活动通常依赖于检查活动和举报活动，具有明显的滞后性。鉴此，本书将尝试研究，在现行法律框架内，如何通过发挥控排企业自身的"积极性、能动性、创造性"③ 来控制内部法律风险。

二、研究意义

在上述背景下，本书从理论上对碳市场控排企业内部法律风险控制的价值定位、基本原则、理论范式及其实现机制进行研究，为控排企业内部法律风险控制提供理论向导，并希望以此促进控排企业内部相关制度的完善。

（一）论证一个碳市场控排企业内部法律风险控制的理论框架

碳市场控排企业内部法律风险控制涉及诸多理论问题。譬如，碳市场控排企业内部法律风险控制的价值取向应如何定位？也就是说，"政府行政监管"转向"企业内部控制"，法律遵循性、信息可靠性、最小防范成本、碳资产安全性在碳

---

① ［美］罗纳德·哈里·科斯著：《企业、市场与法律》，盛洪、陈郁译，格致出版社、上海三联书店、上海人民出版社 2014 年版，第 19~20 页。

② 有学者认为，将违约损失分配给较低的风险承担者，会给社会创造一种恰当的激励——当事人会以较低成本减轻损失。参见桑本谦著：《理论法学的迷雾：以轰动案例为素材》（增订版），法律出版社 2015 年版，第 105 页。另可参见 Richard A. Poster, *Economic Analysis of law*, Little, Brown and Company, 1992, p. 104.

③ 国家行政并不能完全规制环境风险，为实现环境风险最小化目标，社会主体应当发挥自身的积极性、能动性、创造性，自主降低环境风险，形成环境风险的自主规制。裴敬伟：《试论环境风险的自主规制——以实现风险最小化为目标》，载《中国地质大学学报（社会科学版）》2015 年第 3 期，第 48 页。当被监管企业通过自我检查、自我报告以及标签分类方案而参与环境监管时，监管机关对被监管企业遵守法律的设计方案与守法决心更具有依赖性。［荷］刘本、［美］莱斯利·K. 麦卡利斯特：《新兴工业化中等收入国家的环境执法创新》，杨帆译，载《中国地质大学学报（社会科学版）》2013 年第 5 期，第 1 页。

市场控排企业内部法律风险控制中如何体现？基此价值取向，又应确立哪些控制原则，选择何种理论范式，该理论范式又应如何实现？这些问题是本书必须回答的前提性问题。只有解决了前述问题，才能为控排企业建立健全相关内部管理制度提供理论基石。从目前的研究基础看，还未见有学者对之进行全面、系统、专门的研究，本书将对此展开探索性研究。

（二）提出一条碳市场控排企业内部法律风险控制的实践路径

从 2011 年国家发展和改革委员会发布《关于开展碳排放权交易试点工作的通知》以来，国家发展和改革委员会先后颁布了 2 个部门规章（《碳排放权交易管理暂行办法》（2011 年）、《温室气体自愿减排交易管理暂行办法》（2012 年））和发布了 24 个行业的企业碳排放核查与报告指南，"两省五市"试点出台了 1 个地方性法规、6 个地方政府规章，非试点地区也陆续展开立法工作，7 个试点碳交易所（中心）也发布了各自的碳市场风险管理规定。目前，国家正在推进《碳排放权交易管理条例》《应对气候变化法》等立法工作。从上述立法（送审稿或建议稿）和其他规范性文件的内容看，对碳市场法律风险强调的是碳交易主管部门、核查机构、交易机构的监管，而非鼓励、引导或要求控排企业进行风险内控，这不利于碳市场的安全秩序和市场参与者的利益维护。鉴此，本书将在前述理论研究的指导下，"解剖"与完善控排企业的内部环境、法律风险评估、控制活动、信息与沟通、内部监督，提出一些面向交易、履约阶段控排企业内部法律风险控制的重要制度。

第二节　研究基础与评述

目前，关于碳市场控排企业内部法律风险控制的专门研究较为鲜见。相关研究多集中在经济学、管理学和法学 3 个学科视域，这是由碳市场风险防范的跨学科、跨部门的议题特点决定的。为便于充分反映研究基础、发现研究不足、呈现本书研究价值，本书将依次考察"碳市场风险的范畴""碳市场风险的监管""碳市场风险的监督"及"企业碳市场风险的管理"4 个方面的研究成果。这几个方面研究成果尚存的一些问题正是本书着力解决的几个重点。

一、关于碳市场风险范畴的研究成果及评价

关于碳市场风险范畴的研究主要有以下两个方面。

一方面，碳市场风险的类型。不同学科间、同一学科内的学者对碳市场风险的类型划分均存在差异。（1）经济学学者的代表观点：有学者认为，碳市场风险可分为系统风险（政治、经济因素引发）和非系统风险（期货合约引起），前者不可消除，后者可通过多元方式降低或消除；① 也有学者则指出，碳市场中存在交易模式选择、交易买家的选择、市场波动三类交易风险。②（2）法学学者的典型观点：有学者提出，将碳市场风险划为经济风险（包括交易风险、价格风险、金融风险、非法竞争风险4小类）和气候风险两大类；③ 也有学者却认为，碳市场存在市场分割（减排、认证标准不统一所致）、政策风险（政策的不确定性引起）、认证风险（项目认证和签发的不确定性引致）、交易成本巨大（信息成本、注册与核证费用等）五类风险。④（3）管理学学者的代表主张：基于碳市场与相关领域（如政治、经济、法律、环境等）的联系，有学者分析，碳市场存在政策风险、经济风险、法律风险、市场风险、操作风险和项目风险六类；⑤ 也有学者强调，国际碳市场主要存在网络钓鱼欺诈、增值税舞弊、利用碳交易洗钱、内部交易与操纵市场5类风险。⑥

另一方面，碳市场风险的成因。对于碳市场风险的成因，学界也没有形成一致的认识。有学者认为，碳交易机制的复杂性和所处环境条件的不确定性，使得

---

① 凤振华、魏一鸣：《欧盟碳市场系统风险和预期收益实证研究》，载《管理学报》2011年第3期，第452页。

② 姜冬梅、佟庆：《中国碳市场的交易风险》，载《中国经贸导刊》2011年第24期，第56~57页。

③ 李传轩著：《生态经济法——理念革命与制度创新》，知识产权出版社2012年版，第287~288页。

④ 曹明德、崔金星：《我国碳交易法律促导机制研究》，载《江淮论坛》2012年第2期，第112页。

⑤ 赵黎明、张涵：《我国碳排放权交易市场风险管理问题探析》，载《中国市场》2010年第41期，第136~137页。

⑥ 马海涌、张伟伟、李泓仪：《国际碳市场的风险、监管及其对我国的启示》，载《税务与经济》2011年第6期，第54~55页。

碳市场蕴含风险。① 也有学者进一步指出，与碳市场运行相关的系统风险，由政治因素、经济因素引起，不可消除；非系统风险则由单个期货合约引起，可予以降低或消除。② 还有学者概括指出，碳交易法律风险的引发因素包括企业自身原因（如企业内部经营、管理、决策等因素引起）、企业外部环境变化（如社会环境、国内法律、政策环境、国际规则变化等引发）、交易相对方行为违法（如失信、违约或欺诈等）等因素。③

可以看出，目前碳市场风险范畴的研究主要是宏观考察国内外碳市场存在的重要风险类型，仅有很少的研究涉及碳市场法律风险及其成因。总体来看，目前的研究偏重于风险的宏观介绍和简单分析，而对碳市场风险进行微观研究的成果（尤其法学成果）并不多见。就碳市场法律风险而言，仅有个别学者初步论及其特征（可预见性、相对确定性）和产生原因，④ 但尚未发现有学者对之展开系统、深入的研究。关于控排企业自身行为引发的碳市场法律风险，虽有学者提出"健全企业内部管理制度"的初步应对思路，但并未对该风险的概念、构成、特征、类型等展开理论分析、论证以及实证研究。

二、关于碳市场风险监管的研究成果及评价

在碳市场风险监管的方面，国内外研究成果较多，主要集中在以下方面。

其一，碳市场风险监管的必要性。（1）在经济学研究成果中：Mark Jickling，Larry Parker 指出，交易效率和定价机制、欺诈和操纵、透明度和保密等问题影响到未来美国碳市场的发展，商品期货交易委员会（CFTC）、美国证券交易委员会（SEC）、美国环境保护署（EPA）、联邦能源管理委员会（FERC）等监管机

---

① 李传轩著：《生态经济法——理念革命与制度创新》，知识产权出版社 2012 年版，第287 页。

② 凤振华、魏一鸣：《欧盟碳市场系统风险和预期收益实证研究》，载《管理学报》2011 年第 3 期，第 452 页。

③ 周亚成、周旋编著：《碳减排交易法律问题和风险防范》，中国环境科学出版社 2011年版，第 115 页。

④ 周亚成、周旋编著：《碳减排交易法律问题和风险防范》，中国环境科学出版社 2011年版，第 114~115 页。

构需要考虑交易者或中介机构对其他投资者的欺诈和持续的价格操纵;① Stefan Pickl Erik Kropat, Heiko Hahn 分析,不确定碳市场会对互动资源规划过程和国际碳交易实践产生影响;② 还有学者认为,MRV（可测量、可报告、可核证,即"三可"）数据质量、控排企业减排行为、信息披露和经济波动等因素令碳市场具有不确定性,需要进行市场调控。③ 另有学者指出,碳市场的复杂性、投机因素的存在、气候政策的不确定,使碳市场充满高风险。④ （2）在法学研究成果中：Robert Baldwin 认为,碳交易存在目标、成本效益、公平、透明、合法性的问题;⑤ 李挚萍同样指出,碳市场存在高风险性、法律法规体系不健全、信息不对称等问题,需要进行监管;⑥ 交告尚史、臼杵知史、黑川哲志认为,以补充"国内减少排放量行动"的京都机制为根据的排放量交易,不能全部交给市场,有必要对其交易进行管理（防止过度买卖）,⑦ 完全自由放任会因市场自身缺陷而出现市场失灵等风险。⑧ Markus Lederer 探讨了国家在是碳市场中的角色,并认为碳交易的支持者和反对者低估了碳市场发展的制度和政治基础,目前只有国家和政府间的协议能为碳市场的存在和运行提供必要的监管,而市场参与者、非政府组织、公私合作关系均无公权力设置、调节或捕捉市场发展的结构。⑨ （3）在管

---

①　Mark Jickling, Larry Parker, CRS Report for Congress: Regulating a Carbon Market: Issues Raised By the European Carbon and U. S. Sulfur Dioxide Allowance Markets. April 30, 2008.

②　Stefan Pickl, Erik Kropat, Heiko Hahn, "*The Impact of Uncertain Emission Trading Markets on Interactive Resource Planning Processes and International Emission Trading Experiments*", *Climatic Change*, 2010, Issue103, pp. 327-338.

③　陈波:《如何管理碳市场的不确定性》,载《21世纪经济报道》2014年9月30日,第022版。

④　郑爽:《全球碳市场动态》,载《气候变化研究进展》2006年第6期,第281页。

⑤　Robert Baldwin, "The Rise of Emissions Trading", *Regulation & Governance*, 2008, No. 2, pp. 193-215.

⑥　李挚萍:《碳交易市场的监管机制研究》,载《苏州大学学报（社会科学版）》2012年第1期,第56~57页。

⑦　［日］交告尚史、臼杵知史、黑川哲志著:《日本环境法概论》,田林、丁倩雯译,中国法制出版社2014年版,第109页。

⑧　刘自俊、贾爱玲:《碳排放权交易政府监管的必要性与可行性分析》,载《江西农业科学》2013年第8期,第111页。

⑨　Markus Lederer, "*Market making via regulation: The Role of the State in Carbon Markets*", *Regulation & Governance*, 2012, Issue6, pp. 524-544.

理学研究成果中：有学者认为，碳交易对象具有特殊性、专业性、复杂性，容易出现较高的市场风险，需构建完善的监管体系；① Qingbin Cui, Shu-Chien Hsu 特别指出，碳监管和碳交易项目的复杂性包括：碳排放和目标间的相互作用、组织和技术的复杂性、缔约以及风险。② Eric Helleiner 和 Jason Thistlethwaite 指出，2008 年的金融危机对美国的碳市场治理产生了重要的影响，并促进了国内联盟的出现，该联盟基于金融危机的经验要求强化碳市场监管，并推动了《气候变化草案（2008—2010）》和《华尔街改革和消费者保护法案》有关碳市场监管的立法。③

其二，碳市场风险的监管体制。（1）经济学学者的典型观点有：有学者借助 GARCH 分析、险值分析对国际主要碳市场风险进行度量，并据此建议建立全国性的碳交易监管机构。④ 也有学者进一步指出，建立全国碳交易监管机构，负责协调我国的碳交易市场的监督管理，并出台规范第三方机构、交易平台、投机主体等方面的规章，规范上述主体参与市场交易的行为；⑤ 负责组织管理、许可证发放、排放权交易运作，建立和完善国家环境管理部门和地方环境管理部门，对碳交易进行管理和调控。⑥ 还有学者考察了欧盟、澳大利亚、美国等国家和地区建立碳交易管理体制的经验教训，针对国内碳交易管理体制的主要问题，提出构建国务院、国家部委、地方政府、交易所、中介机构、专家组织组成的六位一体的协调分工管理体制。⑦ 另有学者主张建立一个由环保部门、行业协会和交易所

① 高山：《我国试点省市碳交易面临的问题与对策》，载《科学发展》2015 年第 84 期，第 73~76 页。

② Qingbin Cui Cui, Shu-Chien Hsu, " Project Complexity under Carbon Regulation and Trading", The Proceedings of the 2010 CIB World Congress, salford, UK.

③ Eric Helleiner, Jason Thistlethwaite, *"Subprime Catalyst: Financial Regulatory Reform and the Strengthening of US Carbon Market Governance"*, *Regulation & Governance*, 2013, Issue7, pp. 496-511.

④ 陈伟、宋维明、田园：《国际主要碳排放权交易市场风险度量》，载《当代经济研究》2014 年第 6 期，第 69 页。

⑤ 戴彦德、康艳兵、熊小平等著：《碳交易制度研究》，中国发展出版社 2014 年版，第 107 页。

⑥ 傅强、李涛：《我国建立碳排放权交易市场的国际借鉴及路径选择》，载《中国科技论坛》2010 年第 9 期，第 111 页。

⑦ 张帆、李佐军：《中国碳交易管理体制的总体框架设计》，载《中国人口·资源与环境》2012 年第 9 期，第 20 页。

三方协调的三级监管体系。① （2）法学学者的代表主张有：就发展中国家而言，没有一套全面有效的命令型减排规制体系，任何激励型减排规制手段都只能纸上谈兵。② 袁杜娟、朱伟国认为，碳交易市场中监管体系的建立是当前最需要解决的问题，碳市场中发布信息的真实性保障、碳交易过程中公正性的保障、中介机构的规范与扶植、金融组织参与的政策支持、金融服务与金融产品的风险控制等，都离不开政府出台相应的法律法规和政策。③ Scott D. Deatherage 在《碳交易法律与实践》一书中，从国际法、欧盟碳排放权交易计划、京都议定书国家减排项目、国家和国际碳市场等方面介绍了碳交易的监管结构。④ 李挚萍认为，碳交易市场的监管体制应是综合的，监管主体包括综合经济管理、环保、能源和金融管理等部门，监管体系包括政府监管、第三方机构监管、交易所监管、社会监督4个部分。⑤ 韩良则认为，为了避免权力过分分散，中国的温室气体排放权的监管权力应当由国家环保部与国家发展和改革委员会联合统一行使，前者负责温室气体排放权的日常监管事宜，后者负责清洁发展机制的监管事宜。⑥ 王志华认为，我国政府应建立二氧化碳排放管理机构（包括组织管理机构、许可证发放机构等），其负责培育碳交易市场、维护市场秩序、调整不合理碳价制度、创造公平公正的交易环境，以及为企业提供资金、税收、技术等方面的支持。⑦

此外，有管理学学者认为，均衡的公私合作关系是碳市场中气候公共物品可

---

① 张旺、潘雪华：《中国碳市场面临的问题和挑战》，载《湖南工业大学学报（社会科学版）》2012年第4期，第9页。

② 陈若英：《感性与理性之间的选择——评〈气候变化争议〉和减排规制手段》，载《政法论坛》2013年第2期，第121～130页；王燕：《市场激励型排放机制一定优于命令型排放机制吗?》，载《中国地质大学学报（社会科学版）》2014年第1期，第28页。

③ 袁杜娟、朱伟国著：《碳金融：法律理论与实践》，法律出版社2012年版，第228页。

④ Scott D. Deatherage, *Carbon Trading Law and Practice*, Oxford University Press, 2011, pp. 41-172.

⑤ 李挚萍：《碳交易市场的监管机制研究》，载《苏州大学学报（社会科学版）》2012年第1期，第56～57页。

⑥ 韩良著：《国际温室气体排放权交易法律问题研究》，中国法制出版社2009年版，第313页。

⑦ 王志华：《我国碳排放交易市场构建的法律困境与对策》，载《山东大学学报（哲学社会科学版）》2012年第4期，第126页。

持续提供的源泉。①

其三，碳市场风险的监管机制。　（1）法学视域主要成果：Christian de Perthuis 分析了欧盟碳价下降的原因，提出从市场基础设施安全（统一注册）、确立配额的法律地位、确保市场透明度三个方面强化碳市场监管，并提出设立二氧化碳中央银行，帮助主管部门发现真正的碳价。② 吕忠梅教授认为，环境的公共性要求建立统一的监管机制，建立合理的监管机制是环境保护立法的重要任务。③ 曹明德、崔金星认为，碳交易市场化瓶颈克服和风险防范需要构建碳交易市场化的法律促导机制（包括制度供给、运行程序、运转的物质条件、核证机制、激励和约束机制）。④ 李挚萍、程凌香主张，中国应建立碳信息披露的内部和外部监督机制。⑤ 秦天宝、付璐建议，应对温室气体排放交易机制进行系统化的研究，综合分析应对气候变化的各种政策并保证各利益方的充分参与。⑥ 曹原认为，我国碳市场体系存在的本质问题是缺乏"自上而下"的监管制度。⑦ 李传轩主张，对碳市场中经济风险和气候风险分别专门监管，并形成一个综合的监管制度体系。⑧ 韩良对中国碳交易监管制度的监管目标、监管主体、监管客体、监管内容进行了初步探讨。⑨ 冷罗生从履行申报、交易主体与客体、定价机制、交

---

① 郦莉：《全球气候治理中的公私合作关系——以碳市场的构建为例》，外交学院 2013 年博士学位论文，第 78 页。

② Christian de Perthuis, "*Carbon Markets Regulation: The Case for a CO₂ Central Bank*", *Climate Economics Chair*, 2011, Vol. 8, pp. 6-15.

③ 吕忠梅：《论生态文明建设的综合决策法律机制》，载《中国法学》2014 年第 3 期，第 30 页。

④ 曹明德、崔金星：《我国碳交易法律促导机制研究》，载《江淮论坛》2012 年第 2 期，第 110 页。

⑤ 李挚萍、程凌香：《企业碳信息披露存在的问题及各国的立法应对》，载《法学杂志》2013 年第 8 期，第 40 页。

⑥ 秦天宝、付璐：《欧盟排放交易的立法进程及其对中国的启示》，载《江苏大学学报（社会科学版）》2012 年第 3 期，第 17 页。

⑦ 曹原：《我国碳市场体系的现状及展望》，载《江西社会科学》2014 年第 9 期，第 64 页。

⑧ 李传轩著：《生态经济法——理念革命与制度创新》，知识产权出版社 2012 年版，第 287 页。

⑨ 韩良著：《国际温室气体排放权交易法律问题研究》，中国法制出版社 2009 年版，第 311~314 页。

易期间方面对中国碳排放权监督管理制度提出了初步思路。① 朱伯玉、张福德认为，碳交易监管是克服市场失灵的重要手段，也是行使国家环境管理权的体现，应建立资格审查制度、申报登记制度、排放监测制度。② 史学瀛、李树成、潘晓滨针对碳市场监管提出了制度评估、自律和责任体系、市场地位报告、交易监管、交易价格和规模报告、市场参与及地位限制 6 项基本监管制度。③ 李艳芳、张忠利指出，欧盟构建起了一个具有综合性、系统性和战略性特点的控制温室气体排放法律制度。(李艳芳、张忠利，2014) 黄小喜认为，碳交易国际管理制度建立在"共同但有区别原则"基础上。④ （2）管理学与经济学视域主要成果：魏东、岳杰、王璟珉探讨了碳排放权交易风险管理的识别、评估与应对问题。⑤ 张宁建议制定市场准入、信息披露、报告和核查等制度来加强碳市场运行的监管，来保证市场的公正、公平、公开。⑥ 蒋晶晶、叶斌、马晓明认为，GARCH-EVT-VaR 模型能准确量化碳市场风险，为应对极端事件预留充足的风险储备。⑦

可知，碳市场风险监管方面的研究成果已经认识到碳市场中存在的诸多风险，并强调政府监管的必要性，甚至提出了一些完善政府监管体制机制的思路。在碳市场建立初期，市场的政策依赖性强，适度的政府监管是必要的。但是，若市场发展渐趋走向规范化、制度化，再过于强调政府监管的作用，就会与当下提倡的"简政放权""政府、市场、社会"多元治理、"让市场在资源配置中起决定性作用"的要求相悖。实际上，也正如研究背景部分指出，政府监管面临诸多现实困境，一味强调政府监管，管得过严过死，则会出现市场流动性差、活力不

---

① 冷罗生：《构建中国碳排放权交易机制的法律政策思考》，载《中国地质大学学报（社会科学版）》2010 年第 2 期，第 23~24 页。

② 朱伯玉、张福德等著：《低碳经济的政策法律规制》，中国社会科学出版社 2013 年版，第 205~206 页。

③ 史学瀛、李树成、潘晓滨著：《碳排放交易市场与制度设计》，南开大学出版社 2014 年版，第 354~366 页。

④ 黄小喜著：《国际碳交易法律问题研究》，知识产权出版社 2012 年版，第 147 页。

⑤ 魏东、岳杰、王璟珉：《碳排放权交易风险管理的识别、评估与应对》，载《中国人口·资源与环境》2012 年第 8 期，第 28~32 页。

⑥ 张宁著：《中国碳市场建设初探：理论、国际经验与中国的选择》，中央编译出版社 2013 年版，第 185~186 页。

⑦ 蒋晶晶、叶斌、马晓明：《基于 GARCH-EVT-VaR 模型的碳市场风险计量实证研究》，载《北京大学学报（自然科学版）》2015 年第 3 期，第 511 页。

足等问题，这是违背市场经济运行规律的。

三、关于碳市场风险监督的研究成果及评价

社会监督是碳市场风险治理的应有之义，它可以平衡环境利益和经济利益间的冲突。[1] 碳市场风险监督方面的研究成果多集中在法学和经济学 2 个视域，且以前者为主。该方面的研究成果对碳市场控排企业内部法律风险控制研究具有重要启发。这些成果大致分为两类观点。

第一类，主张完善碳市场风险一元监督。"公众参与机制的核心在于明确和保障公众的知情权、参与权、表达权、监督权。"[2] 在关于碳市场风险监督的论著中，一项较为系统、深入的研究成果是王燕和张磊合著的《碳排放交易法律保障机制的本土化研究》。该书论证了碳交易体制下公众参与机制的重要性及内涵，考察了 EU-ETS 成员国、美国加州 CARB 的公众参与机制，梳理了国内碳交易公众参与的制度依据，分析了"两省五市"试点碳市场公众参与存在的问题，并提出了一些完善思路。[3]《碳金融交易的法律问题研究》一文强调，要防范碳市场中的暗箱操作、腐败等非公平交易现象，确保 NGO、公众和媒体无偿、便捷获取相关市场信息，发挥社会监督作用，须建立"一套公开透明的市场监督评估和信息通报制度"，如"建立统一的减排数据库和信息体系平台"。[4] 另有学者认为，要确保碳信息披露的真实性、准确性和完整性，不仅需要企业内部（管理层和监督部门）监督，还需要公众的外部监督；[5] 基于防范政府寻租行为，实现交易公平、透明的目的，须"加大社会力量的介入力度"，如建立以"专家、学者

---

① 吕忠梅：《论生态文明建设的综合决策法律机制》，载《中国法学》2014 年第 3 期，第 31 页。

② 吕忠梅：《论生态文明建设的综合决策法律机制》，载《中国法学》2014 年第 3 期，第 31 页。

③ 王燕、张磊著：《碳排放交易法律保障机制的本土化研究》，法律出版社 2016 年版，第 239~251 页。

④ 涂亦楠：《碳金融交易的法律问题研究》，武汉大学 2012 年博士学位论文，第 127 页。

⑤ 李挚萍、程凌香：《企业碳信息披露存在的问题及各国的立法应对》，载《法学杂志》2013 年第 8 期，第 40 页。

为主要成员的"非官方监督机制。① 此外，还有学者建议，成立碳交易协会、培训专业人员来规范、指导控排企业的减排行为，使企业"自我监测、自我约束和自我公开"。②

第二类，强调畅通碳市场风险多元监督。有学者主张，对碳交易市场的社会监管包括媒体、环保组织、投资者、信用评级机构、资产评估机构、会计师事务所、律师事务所等多方面的社会监督，监督作用的发挥可弥补碳交易市场和政府职能的缺陷。③ 有学者在其博士论文《低碳经济法律制度研究》中进一步指出，目前国内的低碳经济立法存在监督薄弱、实施效果不理想等问题，建议从监督者的角度考虑相关制度，"畅通监督渠道，落实监督措施，保障监督效果"，以引导、激励全社会（如各社会团体、组织及公众）参与到低碳经济诸环节、法律实施全过程。④ 另有学者在博士论文《中国碳金融交易市场的风险及防控》探讨了欧盟碳金融风险的监督机制，包括独立交易系统（CITL）、碳排放量监测制度、碳信息披露项目（CDP），该机制通过实时交易追踪、资金流转监控、配额过量分配避免、企业气候变化信息数据库建立等手段，以实现预先识别风险、消弭风险之目的。⑤

该方面的研究表明，社会监督有助于防范碳市场风险，维护碳市场参与主体的合法利益。但是，社会监督在对碳市场主体的各项活动监督上尚缺乏直接的法律依据。例如，公众的知情权、表达权、监督权、救济权均存在法律上的障碍，难以得到充分保障。而个别研究成果提出的企业管理层和监督部门的内部监督，对于防范企业自身行为引致的内部法律风险具有重要意义。但该研究并未对之进行论证，这正是本书需要着力解决的关键内容。

---

① 卫志民：《论中国碳排放权交易市场的构建》，载《河南大学学报（社会科学版）》2013 年第 5 期，第 50 页。

② 于杨曜、潘高翔：《中国开展碳交易亟须解决的基本问题》，载《东方法学》2009 年第 6 期，第 83 页。

③ 李挚萍：《碳交易市场的监管机制研究》，载《苏州大学学报（社会科学版）》2012 年第 1 期，第 56~57 页。

④ 张剑波：《低碳经济法律制度研究》，重庆大学 2012 年博士学位论文，第 175~178 页。

⑤ 孙兆东：《中国碳金融交易市场的风险及防控》，吉林大学 2015 年博士学位论文，第 57~58 页。

四、关于企业碳市场风险管理的研究成果及评价

目前，关于企业碳市场风险管理的研究大多集中在经济学领域，而法学学者鲜有专门论及。该方面的研究成果又主要体现在以下三点。

第一点，企业碳排放的MRV制度。世界可持续发展工商理事会、世界资源研究所合著的《温室气体核算体系：企业核算与报告标准（修订版）》一书，详细介绍了温室气体核算与报告原则、清单编制目标及设计、设定组织边界、设立运营边界、跟踪长期排放量、识别与计算温室气体排放量、管理排放清单质量、核算温室气体减排量、报告温室气体减排量、核查温室气体减排量、设定温室气体目标等内容。① 中国质量认证中心与清华大学环境学院编著的《企业碳排放管理国际经验与中国实践》一书分别介绍了欧盟、美国、澳大利亚、日本、韩国的碳排放管理经验，并介绍了中国的碳排放管理政策、系列标准以及企业碳排放的量化、报告及核查，典型行业企业碳排放监测、报告与核查指南。② 博士论文《碳监测法律制度研究》中专章探讨了企业的温室气体统计核算制度（涉及能源统计、温室气体登记试点等）、温室气体报告制度（强制温室气体报告和自愿性温室气体管理）、社会化管理制度（包括温室气体盘查、产品碳足迹盘查和碳中和）。③

第二点，企业碳排放信息公开（披露）制度。有学者运用利益相关者理论、决策有用性理论、信息不对称理论、社会责任理论分析了企业碳排放信息披露的动因；④ 也有学者探讨了企业碳排放审计中碳排放信息内容范围；⑤ 还有

---

① 世界可持续发展工商理事会、世界资源研究所：《温室气体核算体系：企业核算与报告标准（修订版）》，许明珠、宋然平主译，经济科学出版社2012年版，第6～86页。

② 中国质量认证中心、清华大学环境学院：《企业碳排放管理国际经验与中国实践》，中国质检出版社、中国标准出版社2015年版，第1～338页。

③ 崔金星：《碳监测法律制度研究》，西南政法大学2014年博士学位论文，第240～261页。

④ 孔婷婷、赵伟：《企业碳排放信息披露动因研究》，载《绿色财会》2012年第11期，第48～50页。

⑤ 蒋德启、刘诚：《试论企业碳排放审计中碳排放信息内容界定及审计标准》，载《绿色财会》2011年第6期，第3～5页。

学者指出了企业碳信息披露存在的问题①论证了企业碳排放信息公开的必要性和相关配套制度②，初步探讨了企业碳排放信息公开的原则、内容和例外情形等内容。③

第三点，企业碳市场风险的应对。有学者分析了完全竞争市场和不完全信息市场下政府与企业、企业与企业间的碳排放、配额分配、交易价格等博弈，④ 甚至运用 Swarm 仿真平台进行交易模拟分析；⑤ 也有学者认为，企业防范碳风险，关键在于准确识别、度量、分类风险因素，把控重要风险；⑥ 还有学者论证了企业内部碳交易的可行性⑦，希望将碳市场机制引入企业，基于"总量管制和排放交易"理念，建立企业内部碳交易市场，在企业内部各部门间进行温室气体排放权的重新分配和交易，以此规避风险。⑧

可见，经济学学者对此方面关注较多，这些研究成果对于发现、研究和解决控排企业引致的碳市场内部法律风险问题具有重要启发。而为数不多的相关法学

---

① 李挚萍、程凌香：《企业碳信息披露存在的问题及各国的立法应对》，载《法学杂志》2013 年第 8 期，第 30~40 页。

② 王学栋、凌敏敏：《构建我国碳排放权交易信息公开制度的思考》，载《环境保护》2013 年第 16 期，第 48~49 页。

③ 王国飞：《论企业碳排放信息公开的法律限度》，载《湖北经济学院学报》2014 年第 6 期，第 122~128 页。

④ 这方面的典型研究成果主要有：聂力：《我国碳排放权交易博弈分析》，首都经济贸易大学 2013 年博士学位论文，第 39~78 页；朱兆敏：《论碳排放博弈与公正的国际经济秩序》，载《江西社会科学》2010 年第 4 期，第 157~168 页；肖潇：《碳排放交易的国际经济博弈模型初探》，载《河北经贸大学学报》2010 年第 4 期，第 80~83 页；张立杰、苗苗：《低碳经济背景下中国企业碳交易博弈模型初探》，载《企业经济》2012 年第 2 期，第 57 页；李国政、杨明洪：《低碳经济视野下企业碳排放的博弈分析》，载《生态经济》2012 年第 4 期，第 137~140 页；王月欣：《从动态博弈视角谈碳排放权价格形成与策略选择》，载《生态经济》2013 年第 9 期，第 58~60 页。

⑤ 马啸原、李兵、姚兴振：《基于 Swarm 的企业碳交易博弈仿真分析》，载《中国市场》2014 年第 12 期，第 126~128 页。

⑥ 杜丽娟、张英华、杜美卿：《企业碳风险评估与管理——以河北钢铁集团为例》，载《企业经济》2014 年第 4 期，第 12 页。

⑦ 魏东、聂利彬：《企业内部碳交易机制构建的可行性研究》，载《中国人口·资源与环境》2011 年第 3 期，第 187~190 页。

⑧ 王璟珉：《企业内部碳交易市场探析》，载《中国人口·资源与环境》2011 年第 8 期，第 124 页。

成果，虽对企业碳排放信息公开或披露等问题作了一些探讨，但多是服务于碳市场主管部门、交易所和核查机构监管的需要，缺乏面向控排企业内部的相关制度设计。实施内部控制、控制内部风险是《企业内部控制基本规范》等立法对大中型企业的明确要求，而控排企业（大多属于大中型企业）却普遍未就碳市场内部法律风险作出专门的制度安排。

第三节　研究思路与方法

一、研究思路

本书遵循"立足实践—发现问题—提炼命题—作出预设—展开理论论证—解决问题"的逻辑思维。首先，立足于中国的碳市场建设实践，梳理、分析碳市场中的控排企业行为，界定碳市场控排企业的内部法律风险范畴，以试点碳市场发展最为强劲的 H 省为典例面向其控排企业进行问卷调查、发现控排企业法律风险内部控制存在的问题、探究具体问题的根源、提炼命题。其次，从定位碳市场控排企业法律风险内部控制的价值、抽象出碳市场控排企业法律风险内部控制的基本原则、提出内部控制整体框架理论研究方式及其实现机制方面，论证构建碳市场控排企业内部法律风险控制的理论框架；从控排企业的内部环境、法律风险评估、控制活动、信息沟通、内部监督来系统分析碳市场控排企业法律风险的内部控制过程。最后，在内部控制整体框架理论指导下，重点研究控制碳市场交易中、履约中典型内部法律风险。最终研究目的旨在为碳市场健康、可持续发展寻求一条控排企业内部法律风险控制的法律路径。

二、研究方法

研究对象和研究目标决定了研究方法的选取。碳市场机制的特殊性（主体多元性、客体特殊性、利益复杂性、风险多重性、综合市场性、信息不对称性等特征将在基本概念一节作深入阐释）、碳市场法律风险影响因素的复杂性（涉及控排企业内外部的诸多影响因素将在第一章展开分析）、碳市场控排企业法律风险内部控制的实践指向性，以及上文所提研究目的，共同决定了本书需要采取跨学科研究、实证研究和文献分析方法。

（一）跨学科研究方法

本书研究涉及法学、经济学、管理学等学科的理论知识。具体说来，该环境法学选题研究除涉及法学理论外，根据理论论证和解决实际问题的需要，还涉及博弈论、利益者相关理论、信息不对称理论、最小防范成本原则等经济学的理论分析工具的运用；涉及对企业风险管理、内部控制等管理学理论修正后的吸纳、植入、运用。本书也希冀通过碳市场控排企业法律风险内部控制研究来尝试建立起不同学科间的联系。

（二）规范分析与实证分析方法

除了对国外碳市场立法、国内国家碳市场和试点省市碳市场立法进行抽象的、规范的分析外。本书还选取试点碳市场建设发展强劲的 H 省，面向该省138 家控排企业进行碳市场法律风险内部控制情况的具体的问卷调查、问卷实证分析，找出目前碳市场控排企业法律风险内部控制存在的具体问题和问题根源，从而为提出新的理论框架和进行典型法律风险内部控制研究奠定实践基础。

（三）文献分析方法

通过对现有法学、经济学、管理学关于碳市场风险防范问题研究成果的梳理和分析，全面、准确地把握有关碳市场控排企业法律风险内部控制问题的研究基础，进而分析并总结现有研究成果在研究范式、研究方法等方面存在的问题。如此一方面为寻求并提出新的理论范式提供了可供批判的对象，另一方面也为本书的开拓性、创新性研究奠定了文献基础。

第四节　有关基本概念

"概念探讨的一个基本理由是保留一种有意义的讨论赖以进行的结构。在这个意义上，识别问题是重要的，因为我们想知道两个正在讨论相同主题的人是否事实上说的是一个东西。"① 本书涉及碳排放、碳交易、碳市场、碳市场主体，法律风险、法律危机，治理、监管、管理与控制3组基本概念，这些概念对研究范围界定、后续问题研究的展开极其重要，下面将分组阐述，以避免混淆使用。

一、碳排放、碳交易、碳市场、碳市场主体

（一）碳排放

碳排放（Carbon Emissions）的概念广见报端，近乎妇孺皆知。此处加以界定，是由于学界、政府间对气候变暖原因尚有争论，因而有必要根据本书研究需要，对其概念、内涵加以厘定。在应对气候变化领域，碳排放和排放（Emissions）的概念通常被等同使用，这源于学界主流和政府间气候变化专门委员会（IPCC）报告均认为温室气体中二氧化碳对温室效应贡献最多的认知。换句话说，碳排放是指以二氧化碳为主的温室气体排放，如2005年中国温室气体排放构成（见表0-1）；② 排放是包含二氧化碳在内的所有温室气体的排放。

表 0-1　　　　　　　　　　　**2005 年中国温室气体排放构成**

温室气体种类	排放量（万 tCO_2e）	比重（%）
二氧化碳	555404	78.82
甲烷	93348	13.25
氧化亚氮	39377	5.59
含氟气体	16500	2.34

数据来源：《中华人民共和国气候变化第二次国家信息通报》

《联合国气候变化框架公约》第 1 条将"排放"界定为"温室气体和/或其前体在一个特定地区和时期内向大气的释放"。其中，"温室气体"是指"大气

---

① ［美］布莱恩·比克斯著：《法理学：理论与语境》，邱昭继译，法律出版社 2008 年版，第 21 页。
② 国家应对气候变化战略研究和国际合作中心、清洁发展机制项目管理中心（碳市场管理部）：《2016 中国碳市场报告》，中国环境出版社 2016 年版，第 10 页。

中那些吸收和重新放出红外辐射的自然的和人为的气态成分"。① 欧洲议会和欧盟理事会第 2003/87/EC 号指令第 3 条把"排放"定义为"源于排放装置的温室气体在空气中的释放"。"装置"是"固定技术单位，可以从事附件一列举的一个或者多个活动，其他与技术直接关联的活动在该装置上得以实施，并且对排放和污染具有影响"。《碳排放权交易管理暂行办法》第 47 条将碳排放界定为，"煤炭、天然气、石油等化石能源燃烧活动和工业生产过程以及土地利用、土地利用变化与林业活动产生的温室气体排放，以及因使用外购的电力和热力等所导致的温室气体排放"。《全国碳排放权交易管理条例》（送审稿）第 36 条将碳排放界定为，"燃煤、天然气、石油等化石能源燃烧活动，工业生产过程，农业以及土地利用、土地利用变化与林业活动产生的温室气体排放，以及因使用外购的电力和热力等所导致的温室气体排放"。此外，国内的 7 个碳排放权交易试点中除重庆外，其他试点政策立法文件均把碳排放暂限定为"二氧化碳的排放"。②

以政府间气候变化专门委员会（IPCC）为代表的国际主流观点认为，人类活动所导致的地球系统碳循环变化是导致地球变暖的原因。③ 受其影响，上述立法均认为人类活动是气候变化的主因，并结合《京都议定书》、本区域或本国（或试点行政区）的政策要求、经济可承受性、产业结构、行业分布、业界的反响等因素，选择性地把上述温室气体纳入阶段性调整。④ 但是，我们可以观察

---

① 郭冬梅著：《应对气候变化法律制度研究》，法律出版社 2010 年版，第 252 页。

② 参见《北京市人民代表大会常务委员会关于北京市在严格控制碳排放总量前提下开展碳排放权交易试点工作的决定》第 2 项、《上海市碳排放权管理试行办法》第 44 条、《天津市碳排放权交易管理暂行办法》第 38 条、《深圳市碳排放权交易管理暂行办法》第 82 条、《湖北省碳排放权管理和交易暂行办法》第 52 条第 1 款、《广东省碳排放管理试行办法》第 42 条、《深圳市碳排放权交易管理暂行办法》第 82 条均仅把二氧化碳纳入调整；《重庆市碳排放权交易管理暂行办法》第 40 条把二氧化碳、甲烷、氧化亚氮、氢氟碳化物、全氟碳化碳、六氟化硫 6 类温室气体纳入调整。《2006 加州气候变暖解决方案》第 3 章第 38505 条第 1 款（g）项把温室气体也界定为上述 6 类。《全国碳排放权交易管理条例》（送审稿）第 36 条拟将三氟化氮和上述 6 类温室气体一并纳入调整。

③ 葛全胜、方修琦等编著：《中国碳排放的历史与现状》，气象出版社 2011 年版，第 1 页。

④ 有学者指出，碳交易建设初期仅覆盖二氧化碳，是由于国家温室气体排放数据基础薄弱，二氧化碳排放在温室气体排放中占比较高。参见齐绍洲、郭锦鹏：《碳交易市场如何从试点走向全国》，载《光明日报》2016 年 2 月 3 日，第 15 版。

到，将所有温室气体纳入立法调整是未来碳排放权交易立法的趋势。基于上述认识，本书研究所涉碳排放概念限于基于人为因素的上述几种主要温室气体的排放，排放方式主要包括直接温室气体排放（可控排放源的排放）、能源间接温室气体排放（基于生产目的的外购电、热、蒸汽消耗所排放）、燃烧排放（燃料和氧气放热反应时的排放）、工艺过程排放（能源燃烧排放外，生产活动中的排放）等。

（二）碳交易

碳排放权交易（Carbon Emissions Trading，以下简称"碳交易"）概念的探讨，应溯源至排污权交易理论。该理论由经济学家约翰·戴尔斯（John·Dalaes）在 20 世纪 70 年代于其著作《污染、财富和价格》（*Pollution，Property and Price*）中提出。该理论主张，解决经济发展和环境保护矛盾的冲突，不应依赖于行政干预模式，而应把排污主体的企业一并纳入，否则只会出现环境持续恶化、资源大肆浪费的政府失灵。因此，可通过创设一种特殊的交易机制，即政府或者其环境主管部门基于测算的环境承载力推算出排污总量，并把排污总量换算为配额后分配给排污企业，激励企业以减少污染、盈余配额、出售配额的方式获取额外利润。这一理论后被美国《清洁空气法》所首倡，后见诸德国、英国、澳大利亚等国环境保护立法。碳排放权交易基于上述原理而创设。① 具体来说，在国际法层面，根据《联合国气候变化框架公约》重要原则、《京都议定书》强制减排目标要求，具有强制减排义务的国家将本国目标分解给所属企业。若某国无法按期实现其减排目标时，可通过向具有强制减排义务的国家购买配额或向未纳入强制减排义务的国家购买排放许可证的方式实现减排目标。② 国内法层面，在碳排放总量的控制下，纳入控排的企业也可以根据本国国家立法或区域立法、试点省市立法，基于成本效益的考虑，相互调剂自身碳排放量，超量排放者可以通过购买配额或一定比例的排放量（如，中国核证自愿减排量，简称 CCER）以完成减排目标；其他的排放者因企业战略调整、经营模式改良、发展方式转变、低碳技术引

---

① 参见郭冬梅著：《中国碳排放权交易制度构建的法律问题研究》，群众出版社 2015 年版，第 12~13 页。

② 参见郭冬梅著：《应对气候变化法律制度研究》，法律出版社 2010 年版，第 231~232 页。

进、能源结构优化等方式出现配额、CCER 盈余，则可出售多余配额、CCER 以获得经济利益。这就是所谓的碳交易，其可分为基于配额的总量与交易型（Cap-and-Trade）和基于项目的基线减排与信用交易型（Baseline-and-Credit）两类。前者交易产品以配额为主；后者则为 CDM 机制下产生的核证减排量（CER）和 JI 机制下产生的减排单位（ERU）、自愿减排量（ER）等。[①] 目前，我国 7 个试点碳市场的交易产品尚限于排放配额和国家核证自愿减排量。[②] 综上所述，碳交易的本质是政府基于环境容量资源的稀缺性，以产权界定、分配为手段，[③] 以配额、核证减排量等为商品，以市场为载体，平衡解决控排企业等排放主体发展权与环境保护冲突的一种政策工具[④]。换言之，碳交易是一种政府主导、市场运作的政策与制度安排。[⑤] 例如，《深圳市碳排放权交易管理暂行办法》第 2 条第 2 款把碳排放权交易界定为"由市人民政府（以下简称市政府）设定碳排放单位的二氧化碳排放总量及其减排义务，碳排放单位通过市场机制履行义务的碳排放控制机制，包括碳排放量化、报告、核查，碳排放配额的分配和交易以及履约"。

（三）碳市场

碳市场（Carbon Market）是碳交易产品买卖的场所。根据交易主体是自愿减排还是强制减排，碳市场可以分为自愿减排交易市场和强制减排交易市场。自愿减排交易市场是基于树立社会责任形象、加强品牌建设、把握环保政策趋势等考量，部分企业以内部协议约定彼此碳排放量，并通过交易方式调剂余缺，实现协议约定目标的基础上所形成的碳市场。[⑥] 自愿减排碳市场又可以细分为纯自愿碳交易市场和协议式碳交易市场。纯自愿碳交易市场中的交易企业是"自愿加入，

---

① 郭冬梅著：《中国碳排放权交易制度构建的法律问题研究》，群众出版社 2015 年版，第 13 页。

② 《碳排放权交易管理暂行办法》第 3 条规定："本办法所称碳排放权交易，是指交易主体按照本办法开展的排放配额和国家核证自愿减排量的交易活动。"

③ 参见韩良著：《国际温室气体排放权交易法律问题研究》，中国法制出版社 2009 年版，第 29 页。

④ 参见林云华著：《国际气候合作与排放权交易制度研究》，中国经济出版社 2007 年版，第 46 页。

⑤ 参见康艳兵、熊小平、赵盟：《碳交易本质与制度框架》，载《中国发展观察》2015 年第 10 期，第 32 页。

⑥ 参见樊国昌主编：《碳金融市场概论》，西南师范大学出版社 2014 年版，第 89 页。

自愿减排"，以日本自愿排放交易体系（Japan's Voluntary Emissions Trading Scheme，简称 J-VETS）为典型；而协议式碳交易市场的交易企业则是"自愿加入，强制减排"，即交易双方自愿进入该市场后，开始受相关法律约束，承担强制减排义务，否则可能面临受到相应惩罚的风险，该类市场以芝加哥气候交易所（Chicago Climate Exchange，简称 CCX）为代表，但 2010 年该交易所已名存实亡，未再有交易。① 强制减排市场通常是由国家或地方政府立法设定温室气体排放总量，并通过无偿或者有偿（包括完全有偿和部分有偿，前者如配额全部以拍卖形式获取，后者如配额部分免费分配、部分实行拍卖）将排放量以配额的方式分配给控排企业，配额不足的控排企业通过向配额盈余的控排企业购买碳排放权，以避免法定惩罚，这样基于法律强制减排要求所形成的碳市场就为强制减排市场。② 例如，京都市场（Kyoto Markets）、欧盟排放交易体系（EU-ETS）、新南威尔士温室气体减排体系（New South wales GHG Abatement Scheme）、英国排放交易体系（UK-ETS）等。

　　强制减排碳市场是国际主流碳市场。中国 7 个试点省市的碳市场均属于这一类，正在筹备、拟于 2017 年启动的全国碳排放权交易市场也属于强制减排市场。基于此类碳市场在国家碳市场建设中的重要性，本书研究也限于这一类市场。因此，后文中提及的碳市场若没有特殊说明的均指此类。碳市场相较于环保市场、能源市场等市场具有自身的特殊性。其一，参与主体的多元性，例如涉及政府、交易所、第三方核查机构、控排企业、投资机构和个人等。其二，交易客体的特殊性。碳市场交易的产品为配额、核证减排量等。其三，利益关系的复杂性。碳市场中涉及多元主体间的经济利益、环境利益、社会利益等。其四，风险的多重性。既有来自政策、法律等控排企业外部因素变动产生的外部风险，也有控排企业内部经营、管理、决策等自身行为所引致的内部风险。其五，综合市场属性。碳市场不仅具有环保市场、能源市场的属性，还具有金融市场的属性。例如，在国内外碳市场监管实践中，碳市场监管不仅受环境法和能源法调整，还受金融监管法的调整（如欧盟碳市场）。其六，信息的不对称性。基于商业秘密、个人隐

---

① 本书编写组编著：《碳排放核查员培训教材》，中国质检出版社、中国标准出版社 2015 年版，第 39~40 页。

② 参见樊国昌主编：《碳金融市场概论》，西南师范大学出版社 2014 年版，第 92 页。

私保护的考量，政府及其碳交易主管部门和交易所公开的碳市场信息范围极其狭窄，往往多是纳入温室气体种类、纳入行业、重点排放单位的纳入标准、重点排放单位名单、排放配额分配方法、各年度重点排放单位的排放和配额清缴情况、具备资质的核查机构名单、经确定的交易机构名单等基本信息，① 这不利于其他市场参与主体行使知情权、参与权、表达权和监督权。

（四）碳市场主体

市场主体是指在市场上从事商品交易活动的组织和个人。这里所谓商品交易活动，指平等主体之间所进行的商品交换活动。② 碳市场主体是碳市场的基础要素，其概念是本书研究中的又一核心概念，学界对此研究较多，但存在学科思维的差异。③ 基于本书研究的需要，将进一步明确其概念，限定具体的研究对象。

从现有研究成果来看，部分经济学学者认为碳市场主体是指碳排放权交易的供给方和需求方，其中，供给方包括：减排行业企业超额达标者、退出性（终业）且有剩余配额的企业、拥有经核证减排额度的企业、出售配额储备者、投机性卖空者；需求方包括：未完成减排目标的企业、基于社会责任自愿购买抵消额

① 参见《全国碳排放权交易管理条例》（送审稿）第 28 条。

② 李昌麒主编：《经济法学（第二版）》，法律出版社 2008 年版，第 123 页。

③ 关于碳市场主体的研究，包括但不限于以下成果：王毅刚、葛兴安、邵诗洋、李亚冬著：《碳排放交易制度的中国道路——国际实践与中国应用》，经济管理出版社 2011 年版，第 318 页；何晶晶著：《国际气候变化法框架下的中国低碳发展立法初探》，中国社会科学出版社 2014 年版，第 112 页；韩良著：《国际温室气体排放权交易法律问题》，中国法制出版社 2009 年版，第 106～114 页；朱伯玉、张福德等著：《低碳经济的政策法律规制》，中国社会科学出版社 2013 年版，第 195～196 页；周亚成、周旋编著：《碳减排交易法律问题和风险防范》，中国环境科学出版社 2011 年版，第 47～58 页；彭本利、李挚萍：《碳交易主体法律制度研究》，载《中国政法大学学报》2012 年第 2 期，第 47～49 页；冷罗生：《构建中国碳排放权交易机制的法律政策思考》，载《中国地质大学学报（社会科学版）》2010 年第 2 期，第 23 页；白洋：《论我国碳排放权交易机制的法律构建》，载《河南师范大学学报（哲学社会科学版）》2010 年第 1 期，第 88 页；冷罗生：《日本温室气体排放权交易制度及启示》，载《法学杂志》2011 年第 1 期，第 66 页；王志华：《我国碳排放交易市场构建的法律困境与对策》，载《山东大学学报（哲学社会科学版）》2012 年第 4 期，第 120～127 页；何晶晶：《构建中国碳排放权交易法初探》，载《中国软科学》2013 年第 9 期，第 20 页；皮里阳：《我国碳排放权交易基本问题探讨》，载《太原理工大学学报（社会科学版）》2013 年第 5 期，第 30～33 页。

的企业、买入配额储备者、投机性买者以及新加入、扩建、改建的企业，① 但是这不是一个法学的概念描述，而是经济学视角的描述，且存在范围界定标准不统一、主体分类宽泛、不清的问题。法学学者普遍认为，碳市场主体是指参与碳排放权交易活动，承担相应权利和义务的组织和个人。② 这些组织和个人依据是否有减排强度要求，可分为自愿减排主体和强制减排主体。③ 前者属于自愿减排市场主体，后者属于强制减排市场主体。④ 两者随着国家碳排放权交易管理政策、法律、市场规模、市场发展阶段的变化，导致覆盖行业、纳入标准的变化，⑤ 从而出现碳市场主体范围变化，⑥ 甚至可能会出现相互转化：自愿减排主体若达到国家或者试点省市强制减排企业纳入标准就会被纳入强制减排主体，后者也可能因未达到相关纳入标准或者其他法定情形而被迫或者申请退出。

综合试点实践来看（见表0-2)⑦，碳市场主体主要包括控排企业、事业单位、新建项目企业、社会团体、投资机构、国外机构和企业、自然人。而《全国

---

　　① 王毅刚、葛兴安、邵诗洋、李亚冬著：《碳排放交易制度的中国道路——国际实践与中国应用》，经济管理出版社2011年版，第318页。

　　② 持这一观点的作者包括但不限于：王志华：《我国碳排放交易市场构建的法律困境与对策》，载《山东大学学报（哲学社会科学版）》2012年第4期，第120~127页；何晶晶：《构建中国碳排放权交易法初探》，载《中国软科学》2013年第9期，第20页；彭本利、李挚萍：《碳交易主体法律制度研究》，载《中国政法大学学报》2012年第2期，第47页；周亚成、周旋编著：《碳减排交易法律问题和风险防范》，中国环境科学出版社2011年版，第47~58页。

　　③ 彭本利、李挚萍：《碳交易主体法律制度研究》，载《中国政法大学学报》2012年第2期，第48~49页。

　　④ 何晶晶著：《国际气候变化法框架下的中国低碳发展立法初探》，中国社会科学出版社2014年版，第112页。

　　⑤ 对于主体的范围确定问题，即哪些行业和企业应该被纳入碳减排体系中，是一个关系到碳减排体系是否能成功运作的重要问题。由于碳交易主体范围的问题关系到企业的成本和国际竞争力，所以这是每个碳交易体系都要解决的核心问题，事实上，在欧美的强制性减排体系建设之初，碳交易主体范围的问题就曾经引起了激烈的讨论，而且关于这一问题的争论还在继续。何晶晶著：《国际气候变化法框架下的中国低碳发展立法初探》，中国社会科学出版社2014年版，第112~113页。

　　⑥ 白洋：《论我国碳排放权交易机制的法律构建》，载《河南师范大学学报（哲学社会科学版）》2010年第1期，第88页。

　　⑦ 环维易为：《2015环维易为中国碳市场报告》，载碳交易网：http://www.tanjiaoyi.com/article-6930-1.html.2016年2月2日访问。

碳排放权交易管理条例》（送审稿）第 17 条、《碳排放权交易管理暂行办法》第 19 条均将交易主体界定为重点排放单位、机构、个人 3 类。可见，全国碳市场的交易主体范围与试点碳市场交易主体范围不完全相同，试点碳市场交易主体范围要广。结合《全国碳排放权交易管理条例》（送审稿）和《碳排放权交易管理暂行办法》具体规定来看，监管对象以重点排放单位为主，投资机构、个人等其他主体实际上只是为了增强市场流动性而被纳入。再结合试点碳市场纳入的"重点排放单位"名单构成来看，重点排放单位由控排企业和事业单位两类组成，且以控排企业为主。据此，本书研究所研究的碳市场交易主体也限定在这类最主要的主体上。

表 0-2 　　　　　　　　　　**试点碳市场交易主体一览表**

试点碳市场	交 易 主 体
广东省	（1）控排企业和单位；（2）新建项目企业；（3）符合规定的其他组织；（4）符合规定的个人
湖北省	（1）控排企业；（2）拥有 CCER 的法人机构和其他组织；（3）省碳排放权储备机构；（4）符合条件的自愿参与碳交易的法人机构和其他组织
上海市	（1）试点企业；（2）符合条件的其他主体
天津市	（1）纳入企业；（2）国内外机构；（3）其他企业；（4）社会团体；（5）其他组织和个人
深圳市	（1）控排企业；（2）其他未纳入企业；（3）个人；（4）投资机构
北京市	（1）重点排放单位；（2）其他自愿参与交易的单位；（3）符合条件的自然人
重庆市	（1）配额管理单位；（2）其他符合条件的市场主体；（3）自然人

二、法律风险、法律危机

（一）法律风险

法律风险是本书的一个核心概念，其内涵和外延都很丰富，因此有必要根据本书的需要加以界定。要更好地厘定法律风险的概念，首先需要对风险概念有个全面的认识和把握。"风险"概念首次被界定出现在 1901 年美国威雷特博士的

《风险与保险的经济理论》论文中，即风险是"关于不愿发生的事件发生的不确定性之客观体现"。此后，关于风险概念的探讨逐渐增多。美国经济学家奈特（1921）在著作《风险、不确定性和利润》中指出风险是"可测定的不确定性"；美国明尼苏达大学教授威廉和汉斯（1964）在《风险管理与保险》中指出风险是"客观的状态"；日本学者武井勋（1983）在著作《风险理论》中指出"风险是在特定环境中和特定期间内自然存在的导致经济损失的变化"。① 《现代汉语词典（第5版）》将风险（risk）定义为"可能发生的危险"。② 《牛津法律大辞典》将风险理解为"危险、或意外事故、或损失等的可能性"。③ 此外，对风险概念理解还存在"实际与预期结果的离差或概率""事项将会发生并给目标实现带来负面影响的可能性"等观点。④ 之所以会出现上述诸多不同的解释和定义，主要因为经济学、行为科学、风险管理学、统计学、法学等学科思维所致。综上所述，定义风险的方式主要有强调风险表现的不确定性和强调风险损失的不确定性两种。前者意味着风险可能带来损失、收益或者无损失也无收益，属于广义的风险理解；后者则仅表现为损失，属于狭义的风险理解。⑤ 基于上述认识，根据本书研究需要，笔者进一步描述出其狭义概念，即，风险是在一定环境和一定期限内客观存在的⑥、结果可预知⑦、损失可控制的不确定性。

广义的法律风险，既包括法律不完备的风险（如，立法无规定、规定不明确等情形）、法律变动的风险，也包括某主体行为违背现行法律、承担不利法律后果的风险。本书采狭义理解，即，认为法律风险是指在法律实施过程中，行为人作出的具体法律行为违反法律要求，从而产生与其所期望达到的目标相违背的法律不利后果发生的可能性。也就是说，这里的法律风险特指某一或某一类主体由

---

① 参见李小海著：《企业法律风险控制》，法律出版社2009年版，第28页。

② 《现代汉语词典》（第5版），商务印书馆2005年版，第409页。

③ ［英］戴维·M. 沃克著：《牛津法律大辞典》，李双元等译，法律出版社2003年版，第973页。转引自吕忠梅主编：《环境法导论》，北京大学出版社2008年版，第45页。

④ 佘镜怀、马亚明主编：《企业风险管理》，中国金融出版社2012年版，第1页。

⑤ 戴文良、王素华、陈科杰著：《企业法律风险防范与管理》，法律出版社2015年版，第4页。

⑥ 参见李小海著：《企业法律风险控制》，法律出版社2009年版。

⑦ 参见［英］珍妮·斯蒂尔著：《风险与法律理论》，韩永强译，中国政法大学出版社2012年版，第35页。

于违反法律或监管规则,① 所产生的不利法律后果,因此其对相关主体来说具有可预测性、可控性的特点。

(二) 法律危机

法律危机是指法律的认同感降低和目标难以实现。常见的法律危机有:法律的认识危机、法律的信仰危机和法律的边缘化危机。② 法律的认识危机指一般公众对法律本质的认识不同于统治阶级,法律的信仰危机指民众之于法律缺乏宗教徒对于宗教般的热情,法律的边缘化危机指法律权威丧失。究其法律危机产生的原因,伯尔曼认为,西方法律传统危机主要是一个精神危机,尤其是法律历史性质(它的过去和未来)的丧失,如没有以自然法的道德目标为依归,没有服膺历史发展中形成的法律精神和文化,法律沦为政治理论的附庸或遭抛弃。③ 从实践来看,法律危机产生的原因还有包括法律体系不完备、立法技术不够先进、法律文化传统未能继承,以及执法不严、司法机制不畅、守法意识不强、修法滞后等因素。④

三、治理、监管、管理与控制

(一) 治理

治理理论主要创始人詹姆斯·罗西瑙认为,治理作为一项具有共同目标的活动,其管理主体并非必须是政府,也未必仅依靠国家强制力,其包括政府机制和非政府机制,⑤ 正如库伊曼、范·弗利埃特所指出,治理秩序的形成需要多种相

---

① 参见 [英] Roger McCormick 著:《金融市场中的法律风险》,胡滨译,社会科学文献出版社 2009 年版,第 10 页。

② 杨琴:《论法治国家建设中法律所面临的困境和对策》,载《湖南医科大学学报(社会科学版)》2007 年第 2 期,第 23 页。

③ 参见 [美]:哈罗德·伯尔曼:《历史向度的丧失是现代法律危机的原因》,林立伟译,载《历史法学》2008 年第 1 卷,第 6 页。

④ 曹全来:《中国近代的法律危机与法律变革》,载《中国社会科学院研究生学报》2004 年第 3 期,第 56 页。

⑤ 参见 [美] 詹姆斯·罗西瑙主编:《没有政府的治理》,张胜军、刘小林等译,江西人民出版社 2001 年版,第 5 页。

应影响行为者的互动。① 也就是说，需要公私合作依据正式的、非正式的制度安排管理共同事务。② 具言之，治理是政治国家与公民社会的合作、政府与非政府的合作、公共机构与私人机构的合作、强制与自愿的合作。③ 这种治理方式，一方面得益于多元市场、社会、公民力量的崛起与发展；④ 另一方面由于传统国家集权式科层制治理不能应对多源多样、具有弥散性风险之现实困境，甚至出现"有组织的不负责任"问题。⑤

通过上述对治理概念的阐释，我们可以总结出其具有如下显著特征：其一，治理主体的多元性。即，治理主体既包括政府，也包括非政府组织、公民、社区、非营利组织等其他主体。其二，治理过程的多向度。传统的国家科层治理是自上而下、单一、单向的，而当今所言治理是自上而下和自下而上相结合、多元、多向的。⑥ 其三，治理主体的依赖性。各参与主体间是相互依存、持续互动、自主自治的。⑦ 例如，解决复杂公共问题的协同治理，就是基于共识目标，⑧ 多元参与、集体平等决策。⑨

（二）监管

英文"regulation"通常被译为"管制""规制"或者"监管"，三译法均不为错。但在中文语境中，"监管"较"管制"显得柔和，较"规制"更为大众

① 俞可平主编：《治理与善治》，社会科学文献出版社 2000 年版，第 3 页。

② Commission on Global Governance, *Our Global Neighborhood*: *Report of the Commission on Global Governance*, Oxford University Press, 1995, pp. 2-3.

③ 俞可平：《全球治理引论》，载《马克思主义与现实》2002 年第 1 期，第 22 页。

④ 参见唐皇凤：《中国国家治理现代化的实践探索与基本特征》，载《湖北社会科学》2015 年第 2 期，第 32 页；郝艳兵：《风险、治理与法治》，载《西南政法大学学报》2015 年第 5 期，第 43 页。

⑤ 郝艳兵：《风险、治理与法治》，载《西南政法大学学报》2015 年第 5 期，第 44 页。

⑥ 张宝锋：《治理概念的社会学辨析》，载《经济与社会发展》2005 年第 9 期，第 170～171 页。

⑦ 申建林、姚晓强：《对治理理论的三种误读》，载《湖北社会科学》2015 年第 2 期，第 34 页。

⑧ Carley, K. M., "Organization Learning and Personel Turn Over", *Organization Science*, 1992, Issue 1, pp. 20-46.

⑨ 蔡岚：《协同治理：复杂公共问题的解决之道》，载《暨南学报（哲学社会科学版）》2015 年第 2 期，第 112 页。

化，官方文件、政府监管机构均采用之。① "监管"概念有狭义和广义之分。广义的监管是指，社会公共机构、非政府组织、企业、私人依据一定法律、社会规范、组织内部规则等，限制特定主体行为的活动。② 具体来说，立法、执法、司法等社会公共机构，出于公益目的对经济领域、政治领域、社会领域有关活动的监管；③ 非政府组织、企业、私人等非政府主体的监管，出于公益或者私益目的，对所属组织或家庭成员行为的监管。④

狭义的监管是指，政府基于解决市场失灵、维持市场秩序与安全、确保良性竞争、增进或扩展公共福利等目的，⑤ 依据法律对企业、公民、政府自身行为的限制手段，⑥ 具体包括经济性监管、社会性监管、行政性监管。⑦ 经济性监管是指政府通过预算、货币等手段对企业行为（进入、退出、价格行为、服务、投资、财务会计等行为）的干预，⑧ 影响其决策和优化市场资源配置，⑨ 来维护市场秩序与安全，如政府对公司的经济控制；⑩ 社会性监管是政府通过维护健康安全和环境保护等社会目的，实现社会价值，如制止企业环境污染行为、生产有害食品药品行为等损害社会公共利益行为；⑪ 行政性监管则是政府对其内部规程、运行机制的监管，如上级政府对其组成部门、下级政府不作为行为的监管。鉴于

---

① 参见马英娟：《监管的语义辨析》，载《法学杂志》2005 年第 5 期，第 111 页。

② 参见马英娟：《监管的语义辨析》，载《法学杂志》2005 年第 5 期，第 111~112 页。

③ 参见［日］植草益：《微观规制经济学》，朱绍文、胡欣欣等译，中国发展出版社 1992 年版，第 1 页。

④ 参见曾国安：《管制、政府管制与经济管制》，载《经济评论》2004 年第 1 期，第 93~94 页。

⑤ 参见［美］Peter Newman 主编：《新帕尔格雷夫法经济学大辞典》，许明月、张舫等译，第 3 卷，法律出版社 2003 年版，第 241 页。

⑥ 参见缪艳娟著：《企业内部控制研究：制度视角》，东北财经大学出版社 2009 年版，第 211 页。

⑦ OECD, The OECD Report on Regulatory Reform: Synthesis, OECD, 1997, 2002.

⑧ ［日］植草益著：《微观监管经济学》，朱绍文、胡欣欣等译，中国发展出版社 1992 年版，第 27 页。

⑨ ［美］丹尼尔·F. 史普博著：《管制与市场》，余晖、何帆、钱家骏、周维富译，上海人民出版社 1999 年版，第 45 页。

⑩ 参见［美］Peter Newman 主编：《新帕尔格雷夫法经济学大辞典》，许明月、张舫等译，第 3 卷，法律出版社 2003 年版，第 241 页。

⑪ ［美］约翰·伊特韦尔、默里·米尔盖特、Peter Newman 主编：《新帕尔格雷夫经济学大辞典》，陈岱孙译，第 4 卷，经济科学出版社 1992 年版，第 129 页。

上述认知，本书所涉监管概念均是指狭义的监管概念。

（三）管理

根据学者考证，管理的初始含义是凭借技能而获得职权的人，通过规制、管控系列活动，以实现预期目的、标准的一种动态劳动过程。① 此后，该概念在管理学、公共管理学等学科中获得长足发展，并形成过程论、职能论、目的论、决策论、程序论、环境论 6 种典型观点。过程论者认为，管理是一种活动过程，包括计划、组织和控制等环节。② 职能论者主张，计划、组织、配备人员、领导、控制等是管理者的职能，既定目标的实现需要其通过职能实施来协调他人行动，③ 收到的效果是任何个人独自活动所无法达到的。④ 目的论者强调，管理者采取相应方式的控制人或组织活动，⑤ 是为了使客观事物的存在、发展具有预定目的指向。⑥ 决策论者提出，管理的过程就是决策的过程。⑦ 程序论论主张，管理是运用数学模型表示的一系列程序，包括计划、组织、控制、决策等程序。⑧ 环境论者认为，管理是创造、维持良好环境，帮助个人在集体中高效率地达到预定目标。⑨ 综上可看出，管理有管理者凭借职能或职权使事物或行为合乎程序、合乎目的之意。⑩ 用法学的语言来说，管理就是法律授权或者依法接受委托的管理者，根据法律或者委托授权，使人的行为目的合乎实体法和程序法的要求。根

① 参见孟军本：《管理概念源头追问》，载《长春工业大学学报（社会科学版）》2014年第 2 期，第 26 页。

② 参见［美］弗里蒙特·E. 卡斯特等著：《组织与管理——系统方法与权变方法》，中国社会科学出版社 1985 年版，第 8 页。

③ 参见李晓光主编：《管理学原理》，中国财政经济出版社 2004 年版，第 4~5 页。

④ 参见［美］小詹姆斯·H. 唐纳利、詹姆斯·L. 吉布森、约翰·M. 伊凡赛维奇著：《管理学基础——职能·行为·模型》，李柱流译，中国人民大学出版社 1982 年版，第 18 页。

⑤ 张尚仁著：《管理·管理学与管理哲学》，云南人民出版社 1987 年版，第 172 页。

⑥ 戴金珊：《东西方的不同管理艺术》，载《读书》1985 年第 2 期，第 11 页。

⑦ 参见［美］赫伯特·A. 西蒙著：《管理决策新科学》，李柱甫、汤俊澄等译，中国社会科学出版社 1982 年版，第 33 页。

⑧ 参见［英］托尼·布洛克特著：《管理：理论与原则》，洪历建、罗世烈等译，四川社会科学出版社 1986 年版，第 2 页。

⑨ 孙秀梅：《论管理概念的内涵表述方式》，载《河北企业》2010 年第 1 期，第 10 页。

⑩ 参见刘熙瑞：《中国公共管理：概念及基本框架》，载《中国行政管理》2005 年第 7期，第 21 页。

据现行碳市场相关立法、交易规则、核查指南来看，碳市场的管理主体是多元的，涉及中央和地方政府及其碳市场主管部门、相关职能部门、交易所（中心）、第三方核查机构等主体。而本书研究是从企业微观行为方面，探讨碳市场法律风险的防范问题，故"管理"概念不宜采用。

（四）控 制

"控制"是一个多语境的概念，管理学、经济学、内部控制学等学科对其探讨最为常见。在管理学领域，对"控制"概念也有诸多阐释。① 法约尔认为，控制是管理的构成要素之一，控制的目的是发现和纠正工作中的缺点、错误，避免再犯，控制的有效性需要采取及时的行动、必要的奖惩措施。② 罗宾斯也有类似的主张，其认为控制是对诸项活动进行监视，纠正显著偏差，确保行动依组织目标进行的过程。③ 德鲁克认为，"控制"是一种要实现的理想"受控"状态，即组织的有序状态。④ 戴维斯强调，控制为完成一项目标对各次活动所进行的事前、事中限制和调节，且两个阶段应采取不同的措施。⑤

美国著名经济学家富兰克·H. 奈特在其代表作《风险、不确定性和利润》中探讨了控制的目的和必要性。他认为，控制是为了实现一定的目标，而现实存在的诸多不确定性（或者风险）对于既定目标的实现构成威胁，因此需要进行控制。⑥ 在内部控制学领域，机械工程控制论者认为，控制是复杂系统中信息的交换、反馈过程。受该理论影响和启发，其他领域丰富、发展了控制这一概念。例如，有学者认为，控制源于可能性空间，所谓可能性空间是指事物的多种不确定

---

① 据雷思（Rathe）统计，控制的含义多达 57 种。参见［美］罗伯特·西蒙斯著：《控制》，鲜红霞、郭旭力译，机械工业出版社 2004 年版，第 3 页。

② 法约尔认为，管理由计划、组织、指挥、协调和控制五大要素构成。参见［法］法约尔著：《工业管理与一般管理》，周安华等译，中国社会科学出版社 1998 年版，第 135 页。

③ ［美］斯蒂芬·P. 罗宾斯、玛丽·库尔特著：《管理学（第 7 版）》，孙健敏等译，中国人民大学出版社 2004 年版，第 533 页。

④ 参见［美］彼得·德鲁克著：《管理使命、责任、实务（实务篇）》，王永贵译，机械工业出版社 2007 年版，第 131~143 页。

⑤ 参见［美］丹尼尔·A. 雷恩著：《管理思想的演变》，李柱流等译，中国社会科学出版社 1997 年版，第 400 页。

⑥ 缪艳娟著：《企业内部控制研究：制度视角》，东北财经大学出版社 2009 年版，第 18 页。

性。因此，控制是指一个在事物可能性空间中进行有方向选择的过程。① 控制包括了解事物的可能性空间、选择强调所要达到的目标、采取行动使事物向既定的目标转化三个基本环节。三者不可或缺，其中，目标是控制的前提，没有目标也就无控制的必要；可能性空间的存在则是控制存在的必要条件，如果可能性空间是唯一的、确定的，也就无所谓控制，控制是与不确定性相伴的；前两个环节相当于是控制的"前奏"，采取行动使事物向着既定的目标转化是真正意义上的控制活动过程，是实现既定目标的关键。②

综合上述三个学科对控制概念的理解，可以描述出一个法学意义上的控制概念。控制是指某一主体为了实现法定或者约定的目标，对影响其目标实现的各种风险依法采取相应行动和措施的系列行为。可见，在法学意义上，控制的前提是主体需要明确的控制目标，控制的必要是存在多种风险，控制目的是实现既定的目标。本书的最终目标是要为碳市场控排企业内部法律风险（即控排企业自身的经营、管理、决策等行为可能引致不利法律后果，因此不包括政策风险、法律变动风险等外部风险）的防范寻求一条内在路径，因此，相较治理、管理、监管，采用法律风险"控制"表述更符合本人的研究初衷，也更精准。

---

① 金观涛、华国凡著：《控制论与科学方法论》，新星出版社 2005 年版，第 2~7 页。
② 缪艳娟著：《企业内部控制研究：制度视角》，东北财经大学出版社 2009 年版，第 16~17 页。

第一章　碳市场法律风险控排企业控制的现状

要推进理论创新，就必须具有鲜明的问题意识，确立问题导向。问题是创新的起点，也是创新的动力源。从某种意义上说，理论创新的过程就是发现问题、筛选问题、研究问题、解决问题的过程。[①]

——习近平

控排企业是碳市场内部法律风险的制造者，该风险乃是内生于作为以及某些种类的不作为。它（们）须就这些行为的后果承担责任。

——王国飞

第一节　碳市场中的控排企业行为

中央和地方试点省市的碳市场政策，体现出了"高排放、高能耗、高污染"的行业覆盖和纳入特征（见表1-1）。这决定了一些温室气体"排放大户"（又称重点排放单位）必将被纳入强制减排市场机制，以完成总量控制下的分解任务。从实践来看，控排企业构成了重点排放单位最主要的主体（见表1-2），本书将对其行为进行梳理，并从学理上作类型、表现形式、行为机理方面的分析。

[①]　马怀德：《提出理论是法学理论创新的起点》，载《法制日报》2016年9月23日，第1、4版。

表1-1 试点碳市场和全国碳市场的覆盖行业、控排企业纳入标准

试点省市	覆盖行业	纳入标准
北京市	电力、热力、水泥、石化、交通业、事业单位和大学、其他工业和服务业等	年均直接和间接二氧化碳排放量5000吨（含）以上的固定设施和移动设施；其中，移动源的移动设施的历史排放年份为2011—2014年，其余为2009—2012年
天津市	钢铁、化工、电力、热力、石化、油气开采	2009年以来年均二氧化碳排放2万吨以上的企业或单位
上海市	钢铁、石化、化工、有色、电力、建材、纺织、造纸、橡胶、化纤等工业行业；航空、港口、机场、铁路、商业、宾馆、金融等非工业行业	工业行业中，2010—2011年中任何一年二氧化碳排放量2万吨及以上的重点排放企业；非工业行业中，2010—2011年中任何一年二氧化碳排放量1万吨及以上的重点排放企业
深圳市	制造业、交通行业、服务业、公共建筑等	年碳排放量达到3000吨二氧化碳当量的企业；大型公共建筑和建筑面积达到1万平方米以上的国家机关办公建筑的业主
重庆市	主要为电解铝、铁合金、电石、烧碱、水泥、钢铁等高耗能行业	2008—2012年任何一年度排放达到2万吨二氧化碳当量的工业企业纳入配额管理
广东省	水泥、钢铁、电力、石化（一期）、陶瓷、纺织、有色金属、化工、造纸、民航	2011—2014年任何一年排放2万吨二氧化碳（或综合能源消费量1万吨标准煤）及以上的企业，将被纳入碳排放总量控制和配额交易范围
湖北省	电力、钢铁、化工、水泥、汽车制造、有色、玻璃、造纸等12个高耗能、高排放行业	2010—2011年中任何一年年综合能源消费量6万吨标准煤及以上工业企业
全国第一阶段	石化、化工、建材、钢铁、有色、造纸、电力、航空等8大行业	初步定为2013—2015年任何一年综合能源消费总量在1万吨标煤以上的企业法人或独立核算企业单位

表 1-2　　　　　　　　　7 个试点省市的控排企业情况

试点省市	统计年份	控排企业（单位）数量	控排企业数量	控排企业比例
北京市	2014	504	371	74%
天津市	2014	114	114	100%
上海市	2014	197	197	100%
重庆市	2014	242	242	100%
湖北省	2014	138	138	100%
广东省	2014	242	242	100%
深圳市	2014	635	635	100%
总计	2014	2072	1939	94%

一、碳市场中控排企业行为的梳理

（一）部门规章和行政法规

在国家现行立法中，涉及碳排放权交易管理的法律文件有 2 件。即，国家发展与改革委员会先后颁行的《温室气体自愿减排交易管理暂行办法》和《碳排放权交易管理暂行办法》。其中，《温室气体自愿减排交易管理暂行办法》是服务于温室气体自愿减排市场工作的；《碳排放权交易管理暂行办法》是为落实党的十八届三中全会决定、"十二五"规划《纲要》和国务院《"十二五"控制温室气体排放工作方案》的要求，推动建立全国强制减排碳市场的。由于本书研究的是强制减排市场中的控排企业行为，所以此处只对《碳排放权交易管理暂行办法》中有关控排企业行为的规定作梳理。

《碳排放权交易管理暂行办法》共 7 章 48 条，其中有 10 个条文对控排企业行为作出了明确规定，分别是第 15、19、22、25、26、31、32、39、40、41 条。具体来说，该办法分别规定了以下控排企业行为：（1）关闭、停产、合并、分立或者产能发生重大变化的行为；（2）参与交易的行为；（3）基于公益目的，自愿注销配额和 CCER 的行为；（4）排放监测计划制定、备案、实施、变更行为；（5）温室气体排放报告编制、提请核查、排放报告和核查报告的提交行为；（6）配额清缴行为；（7）抵消部分经确认的 CCER 的行为；（8）严重违法失信行为；（9）虚报、瞒报或者拒绝履行排放报告义务，不按规定提交核查报告，逾期未改正的行为；（10）未按时履行配额清缴义务、逾期仍不履行配额清缴义务的行为。

国家发展与改革委员会负责起草，拟以行政法规形式出台的《全国碳排放权交易管理条例》（送审稿），旨在为将于 2017 年启动的全国碳市场提供法律依据。该征求意见稿共 7 章 37 条，从条文内容来看，实际上是《碳排放权交易管理暂行办法》的删减版。因此，其对控排企业行为的规定没有太大变化，主要涉及第 12、21、23、25、26、31、32 条 7 个条文。概括来说，主要对控排企业的如下行为作了规定：（1）控排企业调整的行为（包括关闭、停产、合并或生产发生重大变化，不含分立情形）；（2）排放监测计划制定、报备案、重大变更时报备案行为；（3）排放报告的编制、提交行为；（4）配额清缴行为；（5）抵消行为；（6）不按规定提交年度排放报告、监测计划或核查报告的行为；（7）未按时履行配额清缴义务的行为。

（二）地方性法规和地方政府规章

根据《国家发展改革委办公厅关于开展碳排放权交易试点工作的通知》要求，北京、上海、天津、重庆、广东、湖北、深圳 7 个省市均制定试点阶段碳排放权交易的管理规定（见表 1-3）。除北京市采用地方性法规形式外，其他 6 个试点均为地方政府规章。从具体条文来看，上述试点法律文件中涉及控排企业行为的条文（决定项）数量分别为：北京 3 项、上海 13 条、天津 10 条、广东 12 条、湖北 14 条、重庆 13 条、深圳 25 条，分别在所属法律文件条文（决定项）总数的比例依次为：50%、29%、25%、28%、25%、30%、29%。可见，除北京外，其他省市所占比例相差不大，其中，天津和湖北为 25%、上海和深圳为 29%、广东和重庆分别为 28%、30%。下面，进一步梳理上述相关条文主要对控排企业的哪些行为作了规定，以为接下来的控排企业行为的类型研究奠定实践基础。

表1-3　　　　　　7个试点省市法律文件中有关控排企业行为的规定

试点省市	试点立法文件（条文数）	立法文件性质	涉控排企业的条文
北京市	《关于北京市在严格控制碳排放总量前提下开展碳排放权交易试点工作的决定》（6项）	地方性法规	第2、3、4项决定
上海市	《上海市碳排放管理试行办法》（45条）	地方政府规章	第6、10～13、16～18、22、24、37～39条
天津市	《天津市碳排放权交易管理暂行办法》（40）	地方政府规章	第9～15、23、32、33条
广东省	《广东省碳排放管理试行办法》（43）	地方政府规章	第7、15～19、26、27、30、31、36、37条
湖北省	《湖北省碳排放权管理和交易暂行办法》（56条）	地方政府规章	第5、17～19、22、28、30、32、33、37、39、43～45条
重庆市	《重庆市碳排放权交易管理暂行办法》（43条）	地方政府规章	第5、6、9～11、14～16、22、23、31、34、36条
深圳市	《深圳市碳排放权交易管理暂行办法》（86条）	地方政府规章	第12、13、18、24、25、28、30、33、35～37、40、43、44、47、55、61、63、65～67、70、71、75、76、78条

　　《关于北京市在严格控制碳排放总量前提下开展碳排放权交易试点工作的决定》主要规定了4种情形：（1）配额许可范围内排放和超出配额许可范围排放；（2）年度碳排放报告报送；（3）核查报告提交；（4）碳排放报告或核查报告不按规定报送。

　　《上海市碳排放管理试行办法》主要规定了10种情形：（1）自身碳排放总量控制；（2）配额承继；（3）监测制度执行；（4）报告制度执行；（5）碳排放核查制度的配合；（6）配额清缴；（7）抵消行为；（8）关停和迁出时的清缴；（9）会员申请；（10）交易价格操纵。

　　《天津市碳排放权交易管理暂行办法》主要规定了9种情形：（1）履约行为；（2）抵消行为；（3）解散、关停、迁出等特殊情形时的配额上交；（4）合并或分立时的义务履行；（5）碳排放监测计划的编制、报送、监测、变更；（6）碳排放报告的编制、提交；（7）碳排放核查的配合；（8）信息披露；（9）交易价格操纵、扰乱市场秩序。

《广东省碳排放管理试行办法》主要规定了10种情形：（1）碳排放信息的报告；（2）核查活动的配合；（3）合并时权力和义务的享有、承担，分立时配额分拆方案制定、备案；（4）特殊情形的配额变更申请；（5）注销、停产、迁出时的碳排放信息报告与核查报告提交，相应配额提交；（6）配额清缴；（7）抵消行为；（8）操纵交易价格；（9）缴纳交易手续费；（10）开立账户、报送数据。

《湖北省碳排放权管理和交易暂行办法》主要规定了8种情形：（1）特殊情形的报告；（2）抵消；（3）履约；（4）异议与申请复查；（5）交易手续费缴纳；（6）碳排放监测计划编制、实施、变更与报告；（7）碳排放报告提交；（8）核查的配额。

《重庆市碳排放权交易管理暂行办法》主要规定了9种情形：（1）碳排放报告报送；（2）核查接受、配合；（3）配额清缴；（4）配额登记；（5）配额注销；（6）能源与碳排放管理能力建设；（7）交易账户开立；（8）配额交易数量限制；（9）费用缴纳。

《深圳市碳排放权交易管理暂行办法》主要规定了11种情形：（1）碳排放控制；（2）排放二氧化碳情况的报告；（3）报告项目碳排放报告情况；（4）合并时权利义务承担，分立时义务分割方案制定并报备案；（5）特殊情形出现时的履约；（6）年度碳排放报告编制与提交；（7）统计指标数据报告的编制与提交；（7）救济权行使；（8）抵消；（9）注册登记或者委托、授权注册登记；（10）普通和特殊情形下的转移登记；（11）费用缴纳。

二、碳市场中控排企业行为的类型

卡尔·拉伦茨提出："当抽象——一般概念及其逻辑体系不足以掌握某生活现象或意义脉络表现形态时，大家首先会想到的补助思考形式是'类型'。"[1] 考

---

[1] ［德］卡尔·拉伦茨著：《法学方法论》，陈爱娥译，商务印书馆2003年版，第337页。

夫曼同样指出："概念而无类型是空洞的，类型而无概念是盲目的。"① "对类型及须填补的评价标准，无法作这种定义，借着提出一些指导观点、特征和例子，虽然也可以描绘它们，使其轮廓清晰。然而，将某生活事件归入某类型或须填充的标准之意义范围中，其并非涵摄，毋宁为评价性的归类。"② 实际上，"类型思维是通过对法律规范所涉及的对象进行分类，从而实现法律规范的具体化"。③ "类型是开放的、整体式的思维。"④ "类型往往是基于社会生活实践进行的归纳、归类……但是，类型化不是封闭式的列举，其具有开放性的特点，随着社会的发展，还会有新的类型出现。"⑤ 基于对类型思维及其重要性的认识，为全面反映碳市场立法实践和实务中的控排企业行为，本书根据碳市场控排企业行为的阶段性特征，从学理上将其作如下类型划分。

（一）配额获取行为

配合获取行为是指在配额初始分配阶段，控排企业基于获得配额的目的所实施的、能够产生法律效力的、产生一定法的效果的行为。例如，为了获得免费配额，控排企业根据国家或者试点省市碳排放权交易主管部门的要求，报告自身二氧化碳历史排放情况的行为；为获得有偿配额，控排企业参与拍卖机构依法开展的配额拍卖行为。配额的获取是进行配额交易、履行清缴义务的前提和基础。

由于配合获取行为主要发生在配额初始分配阶段，因此这一阶段的控排企业行为具有如下特征：其一，配合获取行为是具有政府指向的行为。控排企业的配合获取行为不是一种纯粹的自我指向的行为，更主要是一种政府指向的行为。控排企业配合获取行为的发生，一定会是对其以外的主体之利益和关系产生直接或间接的影响。这种影响可能是积极的、有益的，例如，国家温室气体控制要求得以落实；也可能是消极的、有危害性的，例如，企业超量排放二氧化碳等温室气体。其二，配合获取行为具有法律性。一方面，控排企业的配额获取行为是受国

---

① ［德］考夫曼著：《法律哲学》，刘幸义译，法律出版社 2004 年版，第 192 页。
② ［德］卡尔·拉伦茨著：《法学方法论》，陈爱娥译，商务印书馆 2003 年版，第 153 页。
③ 王利明著：《法学方法论》，中国人民大学出版社 2012 年版，第 751 页。
④ 参见郑玉波著：《法谚（一）》，法律出版社 2007 年版，第 221 页。
⑤ 王利明著：《法学方法论》，中国人民大学出版社 2012 年版，第 752 页。

家、试点省市相关立法调整的行为，这又是由该行为会对社会带来积极或消极的影响决定的；另一方面，配额获取行为是不平等主体间交互性行为，处于一方为行政主体政府，另一方为行政相对人企业的行政法律关系中，这种行为一旦形成就获得法律保护，甚至会产生配额占有、变更、注销等法律效果。其三，配额获取行为具有被动参与性。控排企业是由政府依法强制纳入碳排放权交易体系的。作为一级碳市场的配额初始分配市场，更是一个政府主导的、控排企业被动参与的市场。控排企业需要根据政府的要求，提交碳排放报告和核查报告，经政府审定通过后，方可取得一定数量的配额，具有明显的被动性。

（二）配额（或 CCER）交易行为

配额（或 CCER）交易行为是指在配额交易阶段，控排企业基于买卖配额（或 CCER）的目的所实施的、能够产生法律上的效力、产生一定法的效果的行为。配额（或 CCER）交易行为，对作为卖方的控排企业来说，意味着盈余配额（或 CCER）的变现，会获得额外减排利益；对作为买方的控排企业来说，则是不足配额的买入，会增加额外超排成本。

相较一级市场中的配额交易行为，二级市场中的控排企业配额（或 CCER）交易行为具有如下特点：一是配额（或 CCER）交易行为的多元指向性。若控排企业作为买方，卖方可能是富余配额的控排企业和控排事业单位或出售储存配额的投资主体或 CCER 的拥有者等。若控排企业作为卖方，买方可能是超配额排放的控排企业和控排事业单位或者储存配额的投资主体或 CCER 的需求者等。二是配额（或 CCER）交易双方地位的平等性。配额（或 CCER）交易行为所属的法律关系属于平等主体间的民事法律关系，双方地位是平等的。三是配额（或 CCER）交易行为开展的自主性。对于超配额排放者来说，可以选择买进配额履约，也可以权衡成本效益后选择接受超排放处罚。

（三）配额清缴行为

配额清缴行为是指在配额上缴阶段，控排企业基于完成履约的目的所实施的、能够产生法律上的效力、产生一定法的效果的行为。这里的"履约"不是指交易阶段中平等主体间的履约，而是指作为义务方的控排企业向作为权利方的代表的政府上缴上年度经政府审定排放量的等额配额或超额配额。上缴超额配额，是指控排企业出于公益目的注销非免费路径获取的有偿配额的行为。一般来说，配额清缴行为是反映控排企业温室气体控制情况的一面"镜子"。按期完成配额清缴行为的控排企业，多是在配额许可范围内排放的企业；超期完成或不完成配额清缴行为的控排企业，常常是在配额许可范围外排放的企业。

与配额获取行为、配额（或 CCER）交易行为相比，配额清缴行为具有如下特点：首先，配额清缴行为目的的双重性。对大多数控排企业来说，清缴配额是基于完成履约义务，即目的具有私益性；还有一些控排企业，超配额量的履约往往处于环境保护目的，即目的具有公益性。其次，配额清缴行为选择具有灵活性和局限性。控排企业需提交足额的配额来履约，若履约前出现或可能出现配额不足时，其需要在碳市场上购买配额以补足差额，控排企业也可以购买在其组织边界外产生（有的地方有本土产生要求的，还应需同时满足该要求）CCER 抵消全部或部分不足的配额，但是抵消的比例不得违反法律规定。最后，配额清缴行为后果具有多重意义。若配额清缴义务按期完成，控排企业可以避免受到来自碳市场主管部门、其他相关部门的惩罚，同时可以享受节能减排项目优先资助、银行贷款、企业评优等方面的优惠。若配额清缴义务未如期完成，控排企业可能会面临着罚款、配额扣减发放、纳入诚信黑名单等行政处罚，构成犯罪的还将面临刑事追责，甚至会影响到企业的生存与发展。

三、碳市场中控排企业行为的表现形式

根据行为的表现形式不同，可以把法律行为分为积极行为和消极行为。积极行为，又称"作为"，指以积极、主动作用于客体的形式表现的、具有法律意义的行为。消极行为，又称"不作为"，指以消极的、抑制的形式表现的具有法律意义的行为。在法律上，这两种行为不能反向选择，即当法律要求行为人作出积极行为时他/她就不能作出消极行为，当法律要求行为人作出消极行为（禁止作出一定行为）时他/她就不能作出积极行为，否则就构成了违法行为。[1] 在此理论指导下，本书将根据控排企业行为的表现形式不同，将其分为作为和不作为两类。

---

[1]　舒国滢主编：《法理学导论（第二版）》，北京大学出版社 2012 年版，第 140 页。

（一）控排企业的作为

控排企业的作为，是指控排企业以积极的行为实施国家或者地方试点碳市场立法所禁止的行为。此行为构成须具备如下要件：首先，作为主体是控排企业。即，这里的作为主体是指被依法纳入强制减排交易中具有独立核算能力的企业。其次，法律规定或者约定的消极义务。根据碳市场法律规定或者与相关方的约定，负有不作为的义务。再次，具有作为的客观事实。实践中，控排企业采取了违背消极不作为义务的行为。最后，不可免责。控排企业的作为不属于、不应该给予法律责难、免于承担相应法律责任的情形。

碳市场中，常见的控排企业作为的表现形式主要有：（1）超出配额许可范围的排放；（2）虚报、瞒报、拒绝履行碳排放报告义务；（3）抗拒、阻挠、干扰碳排放核查工作，违反规定委托第三方核查机构（如，不得连续三年委托同一家核查机构的限制）；（4）采取欺诈、恶意串通等方式操作市场价格、扰乱市场秩序；（5）组织边界内的碳排放量抵消、组织边界外的碳排放量的超比例抵消；（6）超越权限的信息披露；（7）不得从事代理业务的会员的擅自代理行为。

（二）控排企业的不作为

控排企业的不作为，是指控排企业以消极的行为不实施碳市场立法中所规定的或者双方当事人约定的义务的行为。该行为具有如下4个构成要件：首先，不作为主体是控排企业。这是因为控排企业具备法律规定的名称、自己的章程、法定的资本、健全的组织机构、必要的从业人员、必需的生产经营场所、法定的生产经营范围等基本设立条件。所以，对外履行法定义务，承担相应的法律责任。其次，控排企业具有作为的义务。控排企业的义务可以是法律规定的义务，也可以是和他人约定的不违反法律禁止性规定的义务。这两种义务对控排企业来说，都是要履行的。再次，控排企业客观上具有不履行相关义务的事实。根据不履行的程度，不履行相关义务可分为完全不履行、不完全的不履行两种。最后，控排企业具有履行相关义务的能力。即，控排企业不履行义务非客观原因不能，而是主观原因所致。

碳市场中，常见的控排企业不作为的表现形式主要有：（1）碳排放监测计划的编制依据错误、质量不合要求、不提交、不备案等行为；（2）碳排放报告的编制依据错误、质量不合要求、不报送核查、不提交审定等行为；（3）对核查工作的不（如实）提交核查资料等不接受、不配合行为；（4）碳交易中，不缴纳交易费等相关费用、不履行大户持有量报告义务、不按规定方式交易、不办理买卖结算等；（5）配额清缴中，不按期、不足额上缴配额的行为；（6）分立、合并、停产、关闭、经营范围调整、产品与产量变化、设施变化等情形时的不报告、不变更登记行为。

第二节　碳市场控排企业内部法律风险的范畴

法律风险是指在法律实施过程中，行为人作出的具体法律行为违反法律要求，从而产生与其所期望达到的目标相违背的法律不利后果发生的可能性。也就是说，这里的法律风险特指某一或某一类主体由于违反法律或监管规则,[①] 所产生的不利法律后果，因此其对相关主体来说具有可预测性、可控性的特点。下面，本书将在前面有关碳市场的范畴、碳市场控排企业行为的梳理、类型、表现形式、行为机理等研究成果的基础上，进一步研究碳市场中的控排企业法律风险，尤其是控排企业内部法律风险，这一节的研究将构成后续各节研究的概念基础。

一、碳市场控排企业法律风险

（一）企业法律风险释义

国家标准化委员会发布的《企业法律风险管理指南》（GB/T27914-2011）将企业法律风险定义为："基于法律规定、监管要求或合同约定，由于企业外部环境及其变化，或企业及其利益相关者的作为或不作为，对企业目标产生的影响。"也就是说，法律风险是"由于企业外部法律环境发生变化，或由于包括企业自身在内的法律主体未按照法律规定或合同约定有效行使权利、履行义务，而对企业

---

① ［英］Roger McCormick 著：《金融市场中的法律风险》，胡滨译，社会科学文献出版社 2009 年版，第 10 页。

造成负面法律后果的可能性"。①

据此，可以归纳出企业法律风险的三个显著特征：其一，违反规则的特殊性。即，仅指违反了现行法律、行政法规、部门规章、地方性法规、地方政府规章以及其他规范性文件等规定中，以及企业与相关当事人基于真实的意思表示或者其他法律所认可的方式所形成的合同约定中，对企业的权利行使、义务履行的具体要求。其二，诱发因素的双重性。根据因素的产生源不同，可以诱发法律风险的因素分为外部性因素和内部性因素。外部性因素是指与企业相关的存在于企业外部的政策、经济、科技、文化、自然环境、法治情况（包括立法、执法、守法、司法等状况）、监管体制、机构、市场竞争、外部利益相关者遵从情况（法律、合同、职业道德等遵守状况）等因素及其变化情况。内部性因素是企业自身的战略目标、运营模式、部门职能分工、制度建设、资源配置、知识产权管理、合同管理、法律遵从等因素，这些因素又体现在企业行为的作为或者不作为。其三，企业目标影响的可预期性。企业具有层次性、阶段性、多样性的特征。层次性目标包括公司、部门、员工等层面的目标，阶段性目标包括短期、中期、长期目标，多样性目标如法律遵从性目标、资产安全性目标、利益最大化目标等。根据现行法律规定，可以预知企业法律风险的存在对企业目标的实现造成或者可能造成有害的影响。

（二）碳市场控排企业法律风险的概念厘定

企业法律风险与碳市场控排企业法律风险的关系，是上位概念与下位概念、一般与特殊、抽象与具体的关系。因此，我们可以结合碳市场的特殊性，类推得出碳市场控排企业法律风险的概念。即碳市场控排企业法律风险是指由于与碳市场控排企业相关的政策、法律、科技等外部环境发生变化，或者由于包括控排企业自身在内的法律主体未按照与碳市场控排企业相关的法律规定或合同约定行使权利、履行义务，而对控排企业造成不利法律后果的可能性。进而，也可以进一步总结出碳市场控排企业法律风险的一般特征：首先，违反规则的碳市场相关性。这里的规则既包括国家层面的碳市场立法，也包括试点省市层面的碳市场立

① 黄正：《法律风险的控制与耗费成本》，载《武汉理工大学学报》2009 年第 23 期，第 185 页。

法、碳排放权交易中心（所）的交易规则。违反这些规定，均可能令控排企业承担一些不利的法律后果。其次，影响因素的碳市场指向性。外部性因素是指源自控排企业外部的、与碳市场相关的政策、法律、经济、气候变化等因素及其变化；内部性因素是指控排企业内部的、可能会对碳市场秩序、安全造成影响的生产、经营、管理、决策等行为及其变化。最后，企业控排目标的可预测性。控排企业可根据外部性因素预测自己的行为是否违法，是否能够实现强制减排的目标，是否会因此而承担相应的民事、行政、刑事责任。

（三）碳市场控排企业法律风险的类型

"概念没有类型是空洞的，类型没有概念是盲目的。"[1] 根据产生碳市场控排企业法律风险的因素不同,[2] 可以把碳市场控排企业法律风险分为碳市场控排企业外部法律风险和碳市场控排企业内部法律风险。所谓碳市场控排企业外部法律风险，是指源自控排企业外部的，与碳市场相关的政策、法律、经济、气候变化、交易规则等因素及其变化，令控排企业承担不利法律后果的可能性。所谓碳市场控排企业内部法律风险，是指控排企业内部的生产、经营、管理、决策等行为及其变化，违反了碳市场立法对其规定或者合同对其约定，可能会对他人利益或者碳市场秩序、安全造成不良影响，令控排企业承担相应不利法律后果的可能性。

（四）碳市场控排企业内外部法律风险的关系

碳市场控排企业内外部法律风险是相互影响、辩证统一的关系。一方面，有关碳市场建设的政策、法律等外部性因素的变化，会引起控排企业内部性因素的变化，例如，控排企业会根据外部环境因素调适其自身行为以符合政策、法律的新要求。另一方面，控排企业自身的作为、不作为表现，可以检验外部环境因素在贯彻、执行中的有效性，从而促进外部环境因素的完善与创新。例如，控排企业不履约可能是违法成本过低的原因，那么修改相关法律时应适当提高其违法成

---

① ［德］亚图·考夫曼著：《类推与"事物本质"：兼论类型理论》，吴从周译，台湾学林文化事业有限公司 1999 年版，第 121 页。
② 参见徐永前主编：《企业法律风险管理基础实务》，中国人民大学出版社 2014 年版，第 4 页。

本；也可能是政策没有照顾行业差异、地区差异的原因，那么就要根据实际情况，作出政策上的调整，以保证相对公平的外部环境。但是，我们应该清楚地看到，对于外部性因素本身控排企业是不能去控制的，因而面对碳市场控排企业外部法律风险，控排企业可通过与相关方事前约定风险分担方式或者采取事前或事后措施去适应，以尽量减少部分外部法律风险发生或者降低其带来的不利影响；① 而内部性因素则是控排企业自身行为所产生的，因而是可控的，其可以通过完善内部制度来规范内部行为，这也是本书选取碳市场控排企业内部法律风险进行专门研究的一个重要原因。

二、碳市场控排企业内部法律风险的内涵

碳市场控排企业内部法律风险，是指控排企业内部的生产、经营、管理、决策等行为及其变化，违反了碳市场立法对其规定或者合同对其约定，可能会对他人利益或者碳市场秩序、安全造成不良影响，令控排企业承担相应不利法律后果的可能性。下文将进一步分析碳市场控排企业内部法律风险的构成要素、基本特征。

（一）构成要素

根据该定义可知，碳市场控排企业内部法律风险具有三个基本构成要素。

第一，前提条件的法定性。现行碳市场立法对控排企业行为有相关规定或者碳排放许可合同、碳交易合同、碳排放核查委托合同等合同中对控排企业履行义务作出了具体要求，这是碳市场控排企业内部法律风险存在的前提条件。

第二，直接原因的内部性。控排企业自身的作为或者不作为是引发碳市场控排企业内部法律风险的直接原因。例如，拒绝接受核查、不提交碳排放报告和核查报告、不按期履约等。

第三，不利法律后果的确定性。碳市场控排企业内部法律风险一旦发生，控排企业会面临着承担罚款、扣发配额、项目申请限批、纳入黑名单，甚至有关刑事责任等不利法律后果。

---

① 参见周亚成、周旋编著：《碳减排交易法律问题和风险防范》，中国环境科学出版社2011 年版，第 115 页。

（二）基本特征

碳市场控排企业内部法律风险具有以下五个基本特征。

第一，存在于碳市场领域。碳市场区别于纯粹的环保市场、能源市场、金融市场，其具有环保市场、能源市场、金融市场的综合属性。由于控排企业被纳入碳交易机制的首要目的是减少温室气体排放，应对气候变化，因而碳市场具有环保市场的属性；对于以"高能耗、高排放、高污染"的控排企业来说，碳市场政策、法律的强制减排要求，势必会影响企业的产品结构、能源结构，进而影响到能源市场的供求关系、价格波动，所以碳市场又具有能源市场的特性；碳市场上不仅需要主打的配额、CCER 等产品，还需要碳抵押、碳质押、碳债券等金融衍生品增强市场的流动性，同时也离不开金融机构的依法监管，因而碳市场还兼具金融市场的属性。控排企业内部法律风险就存在于这种特殊的市场领域。

第二，引发于控排企业行为。控排企业自身行为具有多样性，部分行为与碳市场管理没有关系，而部分行为具有碳市场指向性。引发碳市场控排企业内部法律风险的行为是控排企业内部产生的、具有碳市场指向性的行为。例如，配额获取过程中违规提交历史排放信息、配额交易过程中拒绝缴纳交易费用、配额清缴过程中的不按期上交配额等违法作为、不作为行为。

第三，可预见性。控排企业可以通过了解有关碳排放权交易管理的国家立法及配套细则、试点省市立法及配套细则、各交易所交易规则等规定，以及碳排放许可合同、碳交易合同、碳核查委托合同等合同的约定，来判断自身行为是否违法、违约，以及违反后会承担怎样的后果等，然后再决定是否实施相关的行为，即碳市场控排企业内部法律风险的发生具有可预见性。[1]

第四，相对确定性。控排企业的行为如果违反了碳市场立法或者合同的约定，只要碳交易主管部门、交易所、核查机构、交易对方当事人或者利益相关者追究，则引起法律风险发生的控排企业很可能要根据相关法律的规定、合同的约定承担法律责任或违约责任。随着碳交易主管部门强制执行权的赋予、交易所和核查机构被授权的保障，以及其他控排企业、投资主体自身合法权益维护意识的

---

① 参见周亚成、周旋编著：《碳减排交易法律问题和风险防范》，中国环境科学出版社 2011 年版，第 113 页。

不断增强，在上述情况下，引起法律风险发生的控排企业不被追究责任是偶然的，即碳市场控排企业内部法律风险的责任承担具有相对确定性。此外，有的碳市场立法明确规定了责任承担的幅度和方式，或者碳交易合同约定了违约责任的具体承担方式，被追究责任的控排企业遭受的损失也就相对确定了。[①]

第五，可控制性。所谓可控制性是指某人或组织可以通过自己的行为来避免不利后果的可能性。[②] 就碳市场法律风险而言，虽然成因复杂，有企业自身原因引发，也有企业外部因素引起。但是，对于由企业内部生产、经营、管理、决策等因素引发的碳市场控排企业内部法律风险，由于控排企业内部行为是可以控制的，因而基本上可以对此法律风险加以防范，如控排企业可以通过提高法律意识、健全内部管理制度、建立合同管理制度等措施规避交易法律风险。[③] 如果控排企业不主动采取有效的法律风险控制措施，在法律风险发生后才予以补救，则可能要承担遭受经济损失或丧失交易机会、损失时间成本等不利后果。[④]

三、碳市场控排企业内部法律风险的类型

"类型可以适应复杂多样现实的'或多-或少'，类型是有联系的、有意识的意义关联，普遍的事物在其自身中直观地、'整体地'被掌握。"[⑤] 前面探讨的碳市场控排企业内部法律风险还停留在抽象层面，本书接下来将结合碳市场实践，从学理的角度对其进行具体的类型分析。根据前一节中对碳市场控排企业行为类型的划分，可以把碳市场控排企业内部法律风险作如下进一步的类型划分。

（一）违反配额管理的法律风险

在碳市场机制下，要进行碳排放权交易，首先，由碳市场主管行政部门确定

---

① 参见周亚成、周旋编著：《碳减排交易法律问题和风险防范》，中国环境科学出版社2011年版，第114页。

② 参见［美］凯斯·R. 孙斯坦著：《风险与理性——安全、法律及环境》，师帅译，中国政法大学出版社2005年版，第88页。

③ 参见周亚成、周旋编著：《碳减排交易法律问题和风险防范》，中国环境科学出版社2011年版，第115页。

④ 参见郑爽等著：《全国七省市碳交易试点调查与研究》，中国经济出版社2014年版，第224~225页。

⑤ ［德］亚图·考夫曼著：《类推与"事物本质"：兼论类型理论》，吴从周译，台湾学林文化事业有限公司1999年版，第113页。

总的环境容量，即先确定一个碳排放控制总量；其次，在确定了总量的情况下，需要有关行政部门对提出的申请进行审查，准予申请人一定数量的碳排放许可，申请人由此获得碳排放的资格或者取得一定的碳排放权份额，由此在行政主管部门与碳排放权申请人之间形成行政法律关系。碳市场行政主管部门确认并准予碳排放权申请人碳排放资格或者碳排放份额的行为，属于行政许可，这一过程中所形成的法律关系属于行政法律关系，即行政许可法律关系。① 换句话说，在一级碳市场碳排放权分配中，碳市场主管部门与控排企业间的法律关系属于行政许可法律关系。碳市场主管部门依法对控排企业基于获得配额的目的所实施的、能够产生法律上的效力、产生一定法律效果的行为进行审查。违反配额管理的法律风险是指在配额初始分配阶段，控排企业违反配额获取、配额登记等法定或者约定要求，需要承担不利法律后果的可能性。

根据碳市场实践，控排企业违反配额管理的法律风险主要有以下情形：其一，少报碳排放量。控排企业的碳排放计算方法，因行业而异，有的行业根据历史排放法更合理，有的行业则可能采取基准年更科学，然后选取相应的影响因子。国家和试点碳市场立法持二者结合态度，根据具体情况，依据官方公布的24 个行业的核查与报告指南要求进行计算。若控排企业少报碳排放量，一方面可能导致其配额不够用、超标排放、增加减排成本，甚至面临履约不能的法律风险问题；另一方面则可能导致地区、行业碳排放情况统计出现偏差，进而影响有关政策的出台与调整、法律的完善与实效性。其二，多报碳排放量。控排企业的配额申请报告中的碳排放量，超出了企业过去一定时期的直接和间接产生的实际碳排放信息。对控排企业来说，若主管部门审查通过，其可多获得免费配额或者少购买配额，甚至还可以把"盈余配额"出售获取经济利益，以致在节约减排成本的同时又能不影响或者减少对自身发展的影响。但是，这种行为会导致配额分配过多，出现碳市场配额供过于求，进而令配额价格低于正常价格，不能对控排企业形成有力的碳约束，最终甚至导致碳排放总量控制制度流于形式，不能奏效。其三，不依法配额登记。通过合法途径获得配额，需要依法办理手续后，登记于专门的登记系统账户中，在交易前再将其转移到交易账户进行交易。若控排

---

① 参见杨解君等著：《面向低碳未来的中国环境法制研究》，复旦大学出版社 2014 年版，第 40 页。

企业不履行相应的登记手续，可能导致其无法进行日常管理、交易管理等系统操作，甚至会因此而承担不必要的不利法律后果。

(二) 违反交易管理的法律风险

碳排放权交易中存在着两种法律关系：第一种是民事法律关系，它发生于碳排放权转移的交易中，在碳排放权出让人与碳排放权受让人之间形成；第二种是行政法律关系，在碳排放权交易进行的过程中，行政主管部门对碳排放权交易进行审查并予以确认以及监管，此时行政主体与行政相对人之间形成行政法律关系。[1] 现行碳排放权交易管理立法、交易规则对这两种法律关系进行了确认。我们应该认识到，此处民事法律关系中的双方当事人、行政法律关系中的行政相对人都是非常广泛的，还包括控排企业以外的重点排放事业单位、投资机构、个人等。由于前面基本概念界定中，已经为本书的碳市场主体作了专门限定，所以这里的违反交易管理的法律风险仅指控排企业基于买卖配额（或CCER）的目的所实施的、能够产生法律上的效力、产生一定法的效果的行为，并且其行为违反现行法律、交易所交易规则的规定而需要承担相应的不利法律后果的可能性。

实践中，常见的违反交易管理的法律风险的情形主要有两种：（1）控排企业占有的配额不合法。若控排企业占有的配额不是通过配额获取行为依法获取的，那么即使其配额被登记记载在交易账户中，也不能因此而对这部分配额主张所有权，更不能用此进行交易。这也说明，碳市场主管行政机关因对碳排放权交易许可由此与行政相对人之间形成的行政法律关系是进行碳排放权交易的民事法律关系的前提。[2] （2）不按交易要求进行交易。各试点交易所存在交易模式上的差异，控排企业须遵守所进行交易行为的交易所的规则，例如，《上海环境能源交易所碳排放交易规则》第 7 条明确规定了挂牌交易和协议转让两种方式；湖北碳排放权交易中心《碳排放权交易规则（试行）》第 14 条规定了"协商议价转让"和"定价转让"两种方式。若控排企业在交易时，不依交易规则交易、未

---

① 参见杨解君等著：《面向低碳未来的中国环境法制研究》，复旦大学出版社 2014 年版，第 40 页。

② 参见杨解君等著：《面向低碳未来的中国环境法制研究》，复旦大学出版社 2014 年版，第 40~41 页。

经行政确认程序①、未办理手续费缴纳等相关费用，需要承担相应的不利法律后果。此外，配额持有大户还应该履行报告义务，并在交易量限制范围内进行交易的义务，否则也面临承担不利法律后果的可能性。

（三）违反履约管理的法律风险

从现阶段来看，试点省市碳市场仍是一个政府主导的市场，市场在资源配置中的决定性作用尚未在这一领域得到体现。这一判断可以从试点省市碳市场实践中存在的交易量、交易额、年均价、交易集中程度（交易量集中和交易额集中）等方面得以例证（见表1-4）。本书认为，在试点碳市场探索阶段，甚至国家碳市场建设初期，政府的监督、必要行政干预对于减少和化解碳市场中存在的盲目性、局限性都是不可或缺的。因而，在碳市场中，碳市场主管部门（行政主体）与其他碳市场主体（行政相对人）间就形成了一种特殊行政法律关系，即行政监督关系。② 对控排企业履约情况进行监管是现行碳市场立法对碳市场主管部门和其他相关部门的授权事项。那么，违反履约管理的法律风险是指在法定的碳交易履约截止日前或者依法延长的履约期限内，控排企业没有向碳交易主管部门提交与经主管部门审定的年度排放量等同的配额或者符合法定比例的配额和 CCER，以致可能需要承担相应的不利法律后果。配额清缴行为是在配额上缴阶段，控排企业基于完成履约的目的所实施的、能够产生法律上的效力、产生一定法的效果的行为。根据控排企业的配额清缴行为的表现不同，可以把违反履约管理的法律风险进一步细分为履约不能的法律风险和能而不履约的法律风险两类。

表 1-4　　　　　　　七个试点碳市场 2014 年发展概况

试点省市	开始日期	交易量（万吨）	交易额（万元）	年均价（元/吨）	交易集中程度	
					交易量集中	交易额集中
深圳市	2013-6-18	181.29	11222.30	61.90	87.01%	87.27%

---

① 行政确认程序，包括形式审查和实质审查两种，具体适用情形可参见杨解君等著：《面向低碳未来的中国环境法制研究》，复旦大学出版社 2014 年版，第 41 页。

② 参见杨解君等著：《面向低碳未来的中国环境法制研究》，复旦大学出版社 2014 年版，第 41~42 页。

续表

试点省市	开始日期	交易量 （万吨）	交易额 （万元）	年均价 （元/吨）	交易集中程度	
					交易量集中	交易额集中
北京市	2013-11-28	107.51	6386.94	59.41	88.08%	89.18%
上海市	2013-11-26	196.97	7535.64	38.26	86.24%	86.52%
广东省	2013-12-19	95.35	5154.72	54.06	99.89%	99.90%
天津市	2013-12-26	101.12	2050.78	20.28	93.43%	90.27%
湖北省	2014-4-2	700.11	16737.80	23.91	42.93%	54.73%
重庆市	2014-6-19	14.50	445.73	30.74	100.00%	100.00%

注：数据统计截至 2014 年 12 月 31 日，见于《环维易为中国碳市场报告2015》

履约不能的法律风险特指虽然一些控排企业客观上不能完成履约义务，但这是由于自身的过错，导致其不可能在规定期限或者延长期限内完成配额上交，以致可能需要承担不利的法律后果。该类风险的常见情形主要有两种：（1）碳排放量严重超排导致的履约不能。配额获取后，控排企业由于疏忽大意或者盲目自信而没有采取科学、适当的减排措施，导致其碳排放量远超出其碳排放权许可，以致其即使在碳市场购买法定比例的 CCER 冲抵部分配额，仍然不能足额上缴并完成履约义务。（2）碳排放数据原因导致的履约不能。由于控排企业的过错，出现设备监测、燃料消耗、工艺过程等方面的数据或者信息的严重丢失或者保存极其不完整，以致无法开展碳排放核查工作；或者碳排放报告中的数据存在伪造、编造现象，以致核查机构不能在法定期限内审定碳排放报告的真实性以完成核查工作。

能而不履约的法律风险是指一些控排企业客观上具备履约的条件，但出于自身经济利益的考虑或者其他人为原因，在主观上故意不完成履约义务的行为，以致可能被要求依法承担相应的不利法律后果。该类风险的实践表现主要有：（1）能如期完成履约而不上缴任何配额，即"不交付"，体现在不配合、干扰、拒绝接受核查机构开展核查工作，以致超过法定或者依法延长的履约期限；（2）能一次按期完成履约，却违法分期、拖延或者不足额缴纳配额或者一定比例的 CCER，即"交付量不足"或者"履约存在瑕疵"。[1]

----

[1]　参见韩良著：《国际温室气体排放权交易法律问题研究》，中国法制出版社 2009 年版，第 277~278 页。

第三节　根源与应对

在上节中，本书结合碳市场实践，从学理角度对碳市场控排企业内部法律风险概念、构成要素、基本特征、类型等方面进行了较为全面的探讨。本节将进一步探究产生上述风险的根源及问题解决构想。

一、根源：控排企业行为目的与法律要求的抵牾

美国著名学者凡勃伦在代表作《企业论》中指出："企业的动机是金钱上的利益，它的方法实质上是买和卖，它的目的和通常的结果是财富的积累。谁要是目的并不在于增加财产，他就不会参加企业，更不会在独立的基础上经营企业。"① 正如弗里德曼所称："公司只有一项社会责任，这就是最大限度地增加其利润。"② 哈耶克也作了类似阐述："公司的唯一目标在于按照最能获利的方式使用股东授予经营层的资本，对利润最大化目标的任何偏离都将危及公司的生存，并使董事获得无休止追求社会目标的难以控制的权力；只要公司的资源投向最有效率的领域，公司就承担了社会责任；公司不是慈善家，不能将其资源用于利润以外的其他社会目的。"③ 至此可以看出，企业具有理性和自利两个特质。其中，"理性"意味着企业决策时"具有思索分别的能力"④，"自利"表现在"总是会设法追求自己的福祉"⑤。控排企业行为目的也是出于利益最大化，这意味着其会对各种方案进行比较与选择，即在一组可供选择的方案中，总是择取能给其带来最大好处的一个。⑥ 因此，控排企业参与碳交易的行为目的也是尽可能实现和

---

① ［美］凡勃伦著：《企业论》，蔡受百译，商务印书馆 2012 年版，第 16 页。

② Dr Saleem Sheikh, *Corporate Social Responsibility：Law and Practice*, Cavendish Publishing Limited, 1996, p. 24.

③ Dr Saleem Sheikh, *Corporate Social Responsibility：Law and Practice*, Cavendish Publishing Limited, 1996, p. 25.

④ 参见熊秉元著：《解释的工具：生活中的经济学原理》，东方出版社 2014 年版，第 10 页。

⑤ 参见熊秉元著：《解释的工具：生活中的经济学原理》，东方出版社 2014 年版，第 10 页。

⑥ 参见卢代富著：《企业社会责任研究——基于经济学与法学的视野》，法律出版社 2014 年版，第 3 页。

维护自身利益。例如，有关控排企业参与碳交易目的的调查显示，72.73%的企业将其作为一种投资手段，64.65%的企业只是为了完成排放目标。①

　　利益是不同主体间的"要求、愿望或需要"，各种利益间又产生冲突或竞争，若要维护并促进文明就需要法律作出某种规定。② 随着国家环保形势的日趋严峻，国家立法使得企业的环境义务与责任得到不断强化。③ 2014年修订的《环境保护法》规定了企业实施清洁生产、减少环境污染和危害、按照排污标准和总量排放、安装监测设备、缴纳排污费、制定突发环境事件应急预案、公布排污信息、建立环境保护责任制度等方面的具体义务和责任。④《大气污染防治法》规定了企业防止和减少大气污染、符合排放标准和总量控制要求排放、取得排污许可证、安装自动监测设备、公开监测数据、设置污染物排放口，以及停止生产、进口销售或者使用严重污染大气环境的工艺、设备和产品等方面的义务与责任。此外，国家发展和改革委员会出台的《碳排放权交易管理暂行办法》和试点省市出台的碳交易管理办法也规定了控排企业的温室气体减排义务。国家的这些要求，既是对企业追求利益最大化行为的限制，也是在指引企业采取合法的手段和措施避免承担不利的法律后果。

　　控排企业的生产、经营、管理活动旨在追求利润最大化，而依据规则而行事的动机会屡屡限制其对自利的追求。⑤ 换句话说，控排企业自身存在的内在逻辑（企业本质揭示）决定了其会大肆消耗资源能源、超量排放二氧化碳等温室气体。⑥ 那么，控排企业就会基于发展、利益追求目的而冒触犯法律之风险。所以，碳市场控排企业内部法律风险产生的根源是企业的发展权与国家环境保护的法律要求的冲突。结合上节实证分析，可以进一步看出这一冲突还反映了控排企

---

① 参见《环维易为中国碳市场报告2015》，载碳排放交易网站：http://www.tanpaifang.com/tanguwen/2015/0z12/42386.html，7.2016年2月18日访问。

② 参见［美］罗斯科·庞德著：《通过法律的社会控制》，沈宗灵译，商务印书馆2010年版，第40~41页。

③ 参见吕忠梅：《〈环境保护法〉的前世今生》，载《政法论丛》2014年第5期，第59页。

④ 信春鹰主编：《〈中华人民共和国环境保护法〉学习读本》，中国民主法制出版社2014年版，第34~35页。

⑤ 参见［印］阿玛蒂亚·森著：《理性与自由》，李风华译，中国人民大学出版社2013年版，第17页。

⑥ 参见陈红心：《企业环境责任论》，苏州大学2010年博士学位论文，第98页。

业自身在防范内部法律风险方面存在制度供给不足的问题。例如，配额管理、注册登记、碳排放报告等内部制度供给方面均存在不能有效"约束主体福利或效益最大化利益的行为"。① 内部制度供给的不足，又与相关理论支持的缺乏紧密联系，例如，现行的碳排放权交易管理立法过于强调碳市场政府主管部门、核查机构、碳交易所的监管作用，而没有重视企业自身主动控制风险的作用。碳市场控排企业内部法律风险是由于企业自身的经营、管理、决策行为而引起，因此就需要寻求一种理论，其能够为企业发挥自身能动作用、建立健全内部制度以控制内部法律风险提供理论支持。

二、设想：碳市场控排企业内部法律风险的控制

以"低能耗、低排放、低污染"为特征的低碳经济，是应对气候变化的重要经济手段。它旨在通过技术创新、制度创新，实现二氧化碳等温室气体减排，实现经济发展和环境保护互促共赢。而碳排放权交易是实现低碳经济的重要市场机制。控排企业也就不仅是碳市场最主要的参与主体，还是推动低碳经济发展的主体。长期以来，控排企业发展中存在向社会转嫁其排放温室气体（或污染物）成本的问题，加剧了国家环境形势的恶化。因而，"企业有责任纠正那些由它们引起的不良的社会影响。不负责任的企业运行是违法的。……企业不能无视外部成本，来使利润最大化，而应当想办法使这些成本最小化"②。也就是说，控排企业必须转变"唯利是图"的经营目标，走低碳经济发展道路，推行环境友善行为，平衡环境责任与经济效益，③ 把环境保护状况与企业生存发展结合起来，④ 实现"生态化"生产、经营、管理，以主动方式

---

① 参见［美］道格拉斯·C. 诺斯著：《制度、制度变迁与经济绩效》，杭行译，上海三联书店1994年版，第226页。

② ［美］乔治·斯蒂纳等著：《政府、企业和社会》，张志强等译，华夏出版社2002年版，第127页。

③ 参见曾宪立、朱斌妤、吴济华：《影响企业环境友善行为之关键因素：法令制度与利害关系人之整合观点》，载《公共行政学报》2015年第48期，第45页。

④ 参见徐海静、陈柏礼：《风险社会语境下我国企业环境责任的进路选择》，载《社会科学辑刊》2015年第3期，第86页。

履行环境义务和承担环境责任。①

　　碳市场中控排企业的内部法律风险是由其自身的生产、经营、管理、决策行为引起的。若任由这种法律风险发展，则势必会影响国家温室气体排放总量控制目标的实现，这也是控排企业不履行环境义务的体现，其甚至还要因此而承担相应的环境民事、行政、刑事责任。所以，控排企业需要转变发展理念，② 综合考虑自身利益和社会整体利益，③ 以积极主动的行为控制因其自身行为所引起的碳市场法律风险，防止社会环境成本增加。也就是说，碳市场控排企业内部法律风险防范是一项复杂的系统性工程。控排企业需要在配额获取、配额交易、清缴履约等环节建立其有效的法律风险防范机制，这套机制又可为企业争取利益最大化、避免损失、适应碳市场环境变化、提升竞争力等方面提供可能。④ 简单来说，控排企业可以通过内部自律的方式进行碳市场内部法律风险的控制，主动使其生产、经营、管理、决策行为在法律规定范围内实施。⑤ "内部控制"理论无疑是一个较为理想的理论范式选择，由于其是国内外企业治理的主流理论，与控排企业的内部法律风险控制具有内在的"天然"融合性，加之其"内部环境、风险评估、内部控制活动、信息与沟通、内部监督"五个基本要素更是为碳市场控排企业内部法律风险控制提供了一个分析框架和一种实现机制。此外，2016年1月11日国家发展和改革委员会办公厅下发的《关于切实做好全国碳排放权交易市场重点工作的通知》提出"国家、地方、企业上下联动、协同推进全国碳排放权交易市场建设"的工作目标，更是为控排企业实施"内部控制"奠定了政策基础。

　　总之，"内部控制"论有望为碳市场控排企业内部法律风险控制提供理论供

---

① 赵惊涛：《低碳经济与企业环境责任》，载《吉林大学社会科学学报》2010年第1期，第132页。

② 韩利琳：《低碳时代的企业环境责任立法问题研究》，载《西北大学学报（哲学社会科学版）》2010年第4期，第162页。

③ 参见赵惊涛：《低碳经济与企业环境责任》，载《吉林大学社会科学学报》2010年第1期，第133~134页。

④ 参见周亚成、周旋编著：《碳减排交易法律问题和风险防范》，中国环境科学出版社2011年版，第113~114页。

⑤ 参见吴真：《企业环境责任确立的正当性分析——以可持续发展理念为视角》，载《当代法学》2007年第5期，第53页。

给支持，进而为基于控制内部法律风险之目的，为解决其内部相关制度供给不足提供理论向导。例如，控排企业内部环境中治理机制缺乏，配额获取、配额交易、履约清缴等方面相关的内部制度建立健全问题，等等。

第二章　国家碳市场控排企业内部法律
风险控制的理论框架

一个学科的发展、一种学术理论从产生到完善，绝非一个人或几个人、一年或几年就能完成的事情。尤其是像环境法这样充满着革命性、交叉性、互动性的新兴学科，有许多理论需要探索，有许多途径需要开辟，有许多方法需要践行，更需要多人的努力、合作与传承。①

——吕忠梅

第一节　碳市场控排企业内部法律风险控制的价值定位

碳交易体系设计的重点排放单位（包括控排企业和事业单位）指向、控排企业自身特性、内部法律风险的内生原因等因素共同决定了国家碳市场控排企业内部法律风险内控的价值定位。

一、由"政府行政监管"转向"企业内部控制"

在碳市场内部法律风险控制方式选择上，碳市场主管部门的行政命令通常被认为是最直接、效果最好的，但其业界接受性、对发展低碳经济的负面影响也是最大的，难以为继。② 也就是说，碳市场主管部门行政监管存在失灵的问题，主

---

① 吕忠梅：《小树慢慢长》，载陈虹著：《环境与发展综合决策法律实现机制研究》，法律出版社 2013 年版，序言。

② 参见王善勇：《个人碳交易体系下消费者碳排放权交易与能源消费研究》，中国科学技术大学 2015 年博士学位论文，第 I 页。

要表现在：其一，环境整体质量并无改善。在工业化上升阶段，对高排放产品的刚性需求导致高排放产能过度集中。在这种集中下，即使单独控排企业达到标准，也无法解决环境整体下降的问题。其二，控排企业减排成本可能增加。碳市场主管部门行政命令的强制性，技术强制要求甚至会干扰企业自主研发，增加其成本。其三，控排企业存在碳泄漏问题。控排企业规避动机强烈，会通过关闭、迁移等手段规避温室气体排放，以逃避减排责任。[1] 碳市场主管部门以行政命令限制控排企业自由选择应对内部法律风险的方式，本身也会产生风险。若主管部门无视或否认自己因此而产生的风险，那么控排企业等碳市场主体就会产生不安、不信，甚至不满、不服。实际上，无论碳市场主管部门采取何种方式想要令内部法律风险消除殆尽都是徒劳的，因为总会有"剩余风险"。[2] 当然，这里也并不是否定政府主管部门对碳市场风险监管的必要性和作用，而是鉴于碳市场控排企业内部法律风险产生的内源性，所以采取内部控制的方式更具有合理性，具体理由如下。

首先，内部法律风险的内部性特征决定了对其可采取内部控制的方式。控制是指某一主体为了实现法定或者约定的目标，对影响其目标实现的各种风险依法采取相应行动和措施的系列行为。将控排企业作为一个系统，若控制行为由该系统内部不同主体作出则为"内部控制"，若控制行为由该系统外主体作出则称之为"外部控制"。这里之所以区分"内部控制"和"外部控制"，是因为内部控制主体，可以"主动"采取措施应对存在的各种不确定性，这种不确定性可能来自系统内部，也可能来自系统外部；而外部控制的主体在本系统之外，并不是本系统可以主动予以把握的，对于外部控制力量，本主体往往只能采取各种措施以积极应对或者被动适应，而难以改变外部控制力量本身。[3] 从哲学角度看，内部控制和外部控制又存在着一定程度的互补关系，但外部控制（实为"外因"）需要通过内部控制（实为"内因"）才能发挥作用。换言之，外部控制依赖于

① 参见王毅刚著：《中国碳排放权交易体系设计研究》，经济管理出版社 2011 年版，第 80 页。

② 参见季卫东：《风险社会与法学范式的转换》，载《交大法学》2011 年第 2 卷，第 11 页。

③ 缪艳娟著：《企业内部控制研究》，东北财经大学出版社 2009 年版，第 19 页。

内部控制。[1] 健全的自我约束、自我管理制度，能使外部控制的各项要求在控排企业内部得以传输和扩散。碳市场控排企业内部法律风险是由控排企业内部行为引起的，也就是说内部法律风险具有引发因素的内部性特征，所以应对其进行内部控制。

其次，内部控制可以降低控排企业的成本。控排企业的健康、可持续发展需要自身采取一些内部法律风险控制的措施和行动。"不是用权力性强制，而是构建像企业自发地采取减低环境风险的行为的机制，实质地实现预防原则，是一个策略。"[2] 若控排企业将内部法律风险控制作为组织成员接受或认可的目标，组织成员就会自觉、主动地对其进行控制，这样一方面可以降低控制成本、提高控制效果、实现决策自主，另一方面还可以减少外部控制的干预。相反，若控排企业对内部法律风险控制不充分，不能实现外部预期，甚至可能对外界造成不利法律后果时，则会遭致更多的外部行政干预。换句话说，对控排企业内部法律风险进行内部控制，能减少组织内部抵触，降低组织成本，也能更好地激发其成员的主动性、创造性。

二、法律遵循性

法律是秩序与正义的综合体。"秩序的维续在某种程度上是以存在着一个合理的健全的法律制度为条件的，而正义则需要秩序的帮助才能发挥它的一些基本作用。"[3] 碳市场具有参与主体多元、利益关系复杂、综合市场属性、风险多样性等特征，所以国家碳市场主管部门和试点省市人大或政府等出于维护交易秩序安全、保障相关者利益、降低运行管理成本等考虑，已经或正在推进制定相应的法律、行政法规、部门规章、地方性法规、地方政府规章等，以便对控排企业行为给予管理和规范。这些立法通常以专家论证会、征求意见稿等形式征求包括控排企业代表在内的社会主体意见或建议（可推定为控排企业对此"同意"），所

---

① ［英］特伦斯·丹提斯、阿兰·佩兹著：《宪制中的行政机关——结构、自治与内部控制》，刘刚、江菁、轲翀译，高等教育出版社 2006 年版，第 382 页。

② ［日］黑川哲志著：《环境行政的法理与方法》，肖军译，中国法制出版社 2008 年版，第 29 页。

③ ［美］E. 博登海默著：《法理学：法律哲学与法律方法》，邓正来译，中国政法大学出版社 2004 年版，第 330 页。

以任何被纳入强制交易体系的企业均在道德上有义务遵守这些立法。①

　　遵循法律（或称守法）也是法的实现的重要内容、应有之义。② 它关乎企业的经营和可持续发展，关乎其业务目标的实现，关乎公平竞争环境营造的成败。③ 企业"只从国家享受好处，却不回报以守法，是错误的"④。"人们期待企业自发地实施具有预防原则的行为。……企业要将环境规范内面化，在自发地考虑环境后，实施行为。"⑤ 这样在绿色市场中，"考虑环境的企业得到高度评价，品牌形象得以提高，产品和服务的市场竞争力得以增加"。⑥ 因此，控排企业应在法律许可范围内开展相关活动，特别是应将内部法律风险控制作为一项"特定的义务"（仅限于企业内部成员担负的义务）、"个人的义务"（每一成员均应担负并彼此相互担负的义务）。⑦ 以此为前提进行经营、管理、决策活动，则是预防和控制不利法律后果，避免承担相应民事、行政、行事责任，避免遭受经济、名誉上损失的关键。⑧ 反之，违反内部法律风险控制义务的经营、管理、决策行为，则为控排企业不能防御各种内部法律风险的内在原因。内部控制实际上就是保证有关法律制度及其义务要求得到实施的一种制度安排。⑨ 因此，控排企业可通过法制宣传教育、强化法律遵循情况检查等形式多样的途径，来培养、强化内部所有成员的法制意识，控制其自身行为产生的内部法律风险。此外，控排企业还应执行好现有各项内部规章制度，并结合碳市场特殊性、碳市场内部法律风险

---

　　① 参见［美］布莱恩·比克斯著：《法理学：理论与语境》，邱昭继译，法律出版社2008年版，第203页。

　　② 参见舒国滢主编：《法理学导论（第二版）》，北京大学出版社2012年版，第245页。

　　③ 肖光红：《企业内部控制基本理论问题研究》，西南财经大学2014年博士学位论文，第88页。

　　④ ［英］丹尼斯·劳埃德著：《法理学》，许章润译，法律出版社2007年版，第191页。

　　⑤ ［日］黑川哲志著：《环境行政的法理与方法》，肖军译，中国法制出版社2008年版，第29页。

　　⑥ ［日］黑川哲志著：《环境行政的法理与方法》，肖军译，中国法制出版社2008年版，第26页。

　　⑦ 参见［英］丹尼斯·劳埃德著：《法理学》，许章润译，法律出版社2007年版，第531页。

　　⑧ 参见李静、李冬梅、秦喜胜著：《煤炭企业内部控制研究——基于全面风险管理的视角》，经济管理出版社2012年版，第98页。

　　⑨ 王宏、张婷著：《公司治理与内部控制》，法律出版社2011年版，第58页。

的特殊性等因素，及时建立或者完善相应的制度。

三、信息可靠性

信息是人们通过一定的载体对事物特征、现象、本质和规律的描述，其具有客观广泛性、容易获取性、可存储性、可传播性、可利用性 5 个显著特征。企业信息，是企业从事生产经营活动过程中形成的信息，以及政府部门在履行职责过程中产生的能够反映企业状况的信息。本书所指信息限于控排企业自身行为所形成的碳排放信息，即其在生产、经营、管理、服务等过程中所记录和保存的与碳排放相关的信息；主要包括有关企业温室气体排放情况、监测计划和方案及其执行情况等管理信息，与碳市场相关的各种风险与机遇信息，以及碳交易情况等相关信息；① 具有环保性、碳管理相关性、碳交易相关性 3 个显著特征。所谓环保性，即信息是与应对气候变化相关的风险与机遇信息；碳管理相关性，即信息是与企业温室气体排放情况、减排计划和方案及其执行情况等管理相关的信息；碳交易相关性，即信息是与碳排放权交易活动有关的信息。换句话说，这些信息是符合法律要求、服务于环境保护、服务于碳交易行为、服务于履约的信息。因此，这些信息又必须具有"可靠性"。②

"可靠性"是指基于控排企业的实践活动而产生的碳排放信息，其没有经过人为伪造或者篡改，是确定的、具有使用和共享价值的。企业碳排放信息要达到可靠性的要求，必须满足确定性、价值性两个要素。所谓确定性是指信息被无差错地描述（仅仅允许科学的误差存在），且能通过一定载体进行记录与保存，这一要素禁止和反对人为伪造、篡改企业碳排放数字、图表等信息；所谓价值性是指能够被人们所加工、使用，这一要素要求企业碳排放信息必须对人们是有用的、有益的。换句话说，只有具备确定性和价值性的企业碳排放信息才是可利用的、有益的，也才是可靠的。③

---

① 参见李挚萍、程凌香：《企业碳信息披露存在的问题及各国的立法应对》，载《法学杂志》2013 年第 8 期，第 30 页。

② 参见王国飞：《论企业碳排放信息公开的法律限度》，载《湖北经济学院学报》2014 年第 6 期，第 123~124 页。

③ 参见王国飞：《论企业碳排放信息公开的法律限度》，载《湖北经济学院学报》2014 年第 6 期，第 125 页。

然而，碳市场中存在诸多影响控排企业信息质量的因素。除相关技术水平低、政策出台晚等外部因素所致基础数据薄弱外，控排企业拒报、瞒报、虚报等内部违法行为是最主要的内在因素。这些危及碳排放信息质量的行为既可能影响其自身经营效率效果、资产安全、战略目标的实现等，[1] 也会波及碳市场秩序、安全、利益等，甚至会令其承担不利的法律后果。因此，控排企业必须依靠内部控制的方式保证相关信息的真实、完整、可靠，如"对其编制的碳排放报告的真实性和完整性负责"，[2] 这也是对控排企业履行环境社会责任的要求或者说是其承担环境社会责任情况的体现。[3] 实际上，控排企业内部法律风险的控制与信息是紧密联系、辩证统一的，一方面及时、真实、可靠、完整的信息可帮助控排企业控制自身行为风险；另一方面控排企业通过内部控制才能更好地保证信息质量，避免由此产生的内部法律风险。

四、最小防范成本

"最小防范成本原则"是英美习惯法里的概念，其要义是"由较低成本防范者担责"[4] 或者"最低成本避免者（cheapest cost avoider）承担"[5]。"法律条文的规定，背后的逻辑，通常可以由'最小成本'的角度解释。"[6]《碳排放权交易管理条例（征求意见稿）》《碳排放权交易管理暂行办法》以及试点省市的碳交易管理立法中，规定了诸多控排企业的作为和不作为行为。本书第一章第一节对此有较全面梳理，此处不再赘述。法律条文之所以如此规定，是因为这些行为是由于控排企业自身作出的，由其进行相应的内部法律风险控制成本是最小的。反之，若要政府、核查机构、交易所、其他市场主体等对此进行控

---

[1]　参见肖光红：《企业内部控制基本理论问题研究》，西南财经大学 2014 年博士学位论文，第 88 页。

[2]　宁金彪主编：《中国碳市场报告（2014）》，社会科学文献出版社 2014 年版，第 140 页。

[3]　参见李静、李冬梅、秦喜胜著：《煤炭企业内部控制研究——基于全面风险管理的视角》，经济管理出版社 2012 年版，第 99 页。

[4]　熊秉元：《最小防范成本原则》，载《读书》2015 年第 9 期，第 145 页。

[5]　有学者指出："根据科斯定理，损害的避免不取决于法律制度对责任的原始分配，而应当由这个'最低成本避免者'来承担。"［德］汉斯-贝恩德·舍费尔、克劳斯·奥特著：《民法的经济分析》（第四版），江清云、杜涛译，法律出版社 2009 年版，第 215 页。

[6]　熊秉元：《最小防范成本原则》，载《读书》2015 年第 9 期，第 147 页。

制，经济、时间、技术等成本会过高，效果往往也欠佳。申言之，控排企业的理性、自利的行为特征，决定了其总会在约束条件下设法最大化自己的效用，因而会采取前述中的作为和不作为的策略性行为，① 会在减排技术革新以结余配额与超许可排放购买配额完成履约间进行利弊得失权衡。② 然而，现行环境立法较以往立法一个显著特点，就是企业违法成本变得较高，相应的责任更是得到强化，例如，前文提及的 2014 年修订的《环境保护法》《大气污染防治法》等立法对企业的规定。所以，控排企业选取违法的形式通常是非理性的，也是不经济的。

相较而言，若控排企业对内部法律风险实行控制，能形成有序的制度化管理，③ 其成本则低于由此产生的收益，通常可以实现成本的最小化和利润最大化的追求，以维系企业的长久生存。④ 易言之，控排企业最关心的是经济利益，如果单纯从自身控制的角度来考虑，参与控制的人员和环节越多，控制措施越严密复杂，控制的效果就越好，其发生内部法律风险的概率就降低，但因控制活动造成的控制成本就越高。⑤ 因此，控排企业进行控制时，要"以最小成本生产出一定数量的产出"⑥。一般来讲，只需对那些在配额获取、交易、履约过程中发挥作用大、影响广的内部法律风险进行严格控制；对那些只在局部发挥作用、影响特定的一般内部法律风险，进行通常监控即可，没必要耗费过多人力、物力、财力进行控制。⑦

---

① 参见张宜霞著：《企业内部控制论》，东北财经大学出版社 2008 年版，第 108～109 页。

② 参见王善勇：《个人碳交易体系下消费者碳排放权交易与能源消费研究》，中国科学技术大学 2015 年博士学位论文，第 4 页。

③ 缪艳娟著：《企业内部控制研究：制度视角》，东北财经大学出版社 2009 年版，第 60～61 页。

④ 参见王毅刚、葛兴安、邵诗洋、李亚冬著：《碳排放交易制度的中国道路——国际实践与中国应用》，经济管理出版社 2011 年版，第 321 页；王毅刚著：《中国碳排放权交易体系设计研究》，经济管理出版社 2011 年版，第 100 页。

⑤ 参见王宏、张婷著：《公司治理与内部控制》，法律出版社 2011 年版，第 45～46 页。

⑥ [美] 保罗·萨缪尔森、[美] 威廉诺德豪斯著：《经济学》（第十九版）上册，萧琛等译，商务印书馆 2013 年版，第 215 页。

⑦ 参见王宏、张婷著：《公司治理与内部控制》，法律出版社 2011 年版，第 45～46 页。

五、碳资产安全性

2007 年开始实施的《企业会计准则》第 20 条把资产界定为："企业过去的交易或者事项形成的，由企业拥有或者控制的预期会给企业带来经济利益的资源。"第 21 条又要求作为资产的"资源的成本或者价值能够可靠地计量"。由此可见，某种资源若要被认定为资产，其需具备 4 个要素：其一，由企业过去的交易或者事项形成的；其二，企业对该资源具有所有权，或者虽无所有权，但对其有控制权；其三，能够直接或者间接为企业带来现金或者现金等价物的流入；其四，该资源的成本或者价值能够可靠地计量。[1] 据此可以分析碳排放权是否具有资产属性：首先，控排企业碳排放权获取路径有碳市场主管部门的免费发放或者是以有偿方式向其他碳市场主体购买，因此其符合要素一；其次，根据法律规定，控排企业对碳排放权具有所有权或者控制权，可见其又具备要素二；复次，控排企业可以通过出售盈余配额等方式获取直接或间接的经济利益，因而其又满足要素三；最后，控排企业在交易、履约等活动中手续费等费用是可计量的，不难看出其还满足要素四。是故，碳排放权具备资产的所有要素，应被认定为"碳资产"。

碳资产的形成同控排企业的配额获取行为、交易行为、履约行为等行为紧密联系。那么，当这些行为不符合现行碳市场法律规定时，就可能引致违法作为或者不作为的内部法律风险，进而会对碳资产安全产生重要不利影响。例如，配额获取行为中谎报碳排放量、配额交易行为中拒缴相关费用、履约行为中不履约等行为，均会导致相应的内部法律风险的产生，相应的则可能需要承担配额扣减、罚款、碳资产流失、企业信用降低等影响碳资产安全的不利后果。安全完整的碳资产是控排企业等碳市场主体从事碳交易活动、完成履约、获取收益的物质基础。因此，保护碳资产安全性是碳市场内部法律风险控制的应有之义。

第二节　碳市场控排企业内部法律风险控制的基本原则

碳市场的政策依赖性、阶段性（如配额初始分配、交易、履约等阶段），控

---

[1] 吴宏杰编著：《碳资产管理：低碳发展之路任重而道远》，北京联合出版社 2015 年版，第 3 页。

排企业行为的类型和表现形式，内部法律风险的基本特征、类型、问题及其根源、控制的价值基本定位，共同决定了控排企业在进行碳市场控排企业内部法律风险控制时需要确立以下原则。

一、以国家减排政策为导向的原则

自《联合国气候变化框架公约》以来，国内先后制定了一系列应对气候变化、控制温室气体排放的政策。相关政策主要有：《中国应对气候变化国家方案》（2007年6月4日）、《中国应对气候变化科技专项行动》（2007年6月14日）、《国家环境保护"十一五"规划》（2007年11月22日）、《中国应对气候变化的政策与行动》（2008年10月29日）、国务院常务会议决定（2009年11月25日）、《国民经济和社会发展第十二个五年规划纲要》（2011年3月16日）、《"十二五"节能减排综合性工作方案》（2011年8月31日）、《国务院关于加快培育和发展战略性新兴产业的决定》（2011年10月10日）、《节能减排"十二五"规划》（2012年8月6日）、《2014—2015年节能减排低碳发展行动方案》（2014年5月15日）、《国家应对气候变化规划（2014—2020年）》（2014年9月19日）、《强化应对气候变化行动——中国国家自主贡献》（2015年7月1日）、《生态文明体制改革总体方案》（2015年9月11日）、《中国关于联合国成立70周年的立场文件》（2015年9月21日）、《中国共产党第十八届中央委员会第五次全体会议公报》（2015年10月29日）、《中共中央关于制定国民经济和社会发展第十三个五年规划的建议》（2015年11月3日）等。这些政策为国家温室气体减排、应对气候变化、发展低碳经济等工作奠定了基础，同时也为控排企业的节能减排指明了方向、提出了要求。

综合来看，上述政策主要规定了如下几方面内容：其一，确立了温室气体减排的阶段性目标。如，提出"2014—2015年'单位GDP二氧化碳排放量两年分别下降4%、3.5%以上'""到2015年全国单位国内生产总值二氧化碳排放比2010年下降17%""到2020年单位国内生产总值二氧化碳排放比2005年下降40%~45%，非化石能源占一次能源消费比重达到15%左右""二氧化碳排放2030年左右达到峰值并争取尽早达峰；单位国内生产总值二氧化碳排放比2005年下降60%~65%，非化石能源占一次能源消费比重达到20%左右"等减排目标。其二，统一了碳市场覆盖行业领域。从试点省市结合实际选择纳入控排行业范围，到全国碳市场统一把石化、化工、建材、钢铁、有色、造纸、电力、航空行业纳入控排。① 其三，强化了企业的节能减排责任。在上述政策发展演变中，从"引导企业控制生产过程温室气体排放"到提出形成"政府推动、企业实施、全社会共同参与"的节能减排工作机制，再到形成"政府为主导、企业为主体、市场有效驱动、全社会共同参与"的节能减排工作格局。可见，在节能减排议题上，企业由一般"自愿参与"主体转向重点"强制参与"的实施主体。此外，提出了新的发展理念。把"绿色发展""低碳发展""循环发展"等理念纳入生态文明建设，这对传统企业来说具有政策导向作用，并需要根据这些理念完善或更新其相应的生产、经营、管理理念。

还可进一步看出，国家政策在低碳经济发展中发挥着重要作用，② 引领着碳市场启动、形成、模式、路径等关键问题的走向。③ 无论是国际碳市场还是国内碳市场均具有鲜明的政府色彩，体现为强烈的政策依赖性④。国际碳市场不是一个自然形成的市场，而是基于《联合国气候变化框架公约》《京都议定书》等人为规定形成的市场，其在相关国家的减排目标分解、落实、推进离不开政府政策支持，⑤ 例如，日本的低碳体系框架设计、低碳模式推进、低碳生活改造、各省碳市场建立与开展、相关立法跟进，以及完备的碳交易体系的形成等就得益于其政府政策的强有力支持。⑥ 国内碳市场亦非一个自然碳市场，从国家坚持粗放型

---

① 国家发展与改革委员会：《关于切实做好全国碳排放权交易市场启动重点工作的通知》，载国家发展与改革委员会网站：http：//ndrc. gov. cn/xxgk/zcfb/tz/201601/t2016122_963576. html？code＝&state＝123，2016 年 2 月 23 日访问。

② 参见贾立江：《我国低碳经济发展系统研究》，哈尔滨工程大学 2012 年博士学位论文，第 136～140 页。

③ 参见曹明德、崔金星：《我国碳交易法律促导机制研究》，载《江淮论坛》2012 年第 2 期，第 112 页。

④ 参见张宁著：《中国碳市场建设初探——理论、国际经验与中国的选择》，中央编译出版社 2013 年版，第 44 页。

⑤ 参见强世功：《"碳政治"与中国的战略抉择》，载《解放日报》2009 年 12 月 27 日，第 008 版。

⑥ 参见徐双庆、刘滨：《日本国内碳交易体系研究及启示》，载《清华大学学报（自然科学版）》2012 年第 8 期，第 1122～1123 页。

经济发展模式①、拒绝实施碳交易体系，到国家发展低碳经济、把碳市场作为应对气候变化的重要战略和政策工具；② 从试点的筹备、启动与发展，到国家碳市场的准备、拟启动；从总量控制目标、覆盖行业、纳入企业确定，到法规、MRV体系、交易标准等制定，③ 再到配额初始分配、交易监管、履约实现、登记/交易系统建立等，④ 以及以此为基础的分配正义、矫正正义的达致，⑤ 都离不开政府上述政策的推动作用。在此意义上，碳市场政策对控排企业来说具有"风向标"作用。尤其是，政策变动对控排企业来说属于外部因素，其无法改变，只能被动适应或者在适应中对其调整产生潜在影响。在强调企业环境责任的今天，控排企业若要生存和发展，就要根据这些政策调整自己的经营、管理、决策、行为，在对其内部法律风险控制时要服务于国家或地方的碳市场政策和目标以及国家应对气候变化的政策与目标⑥。

二、融入控排企业初始配额获取过程的原则

配额主要由现有企业配额、新增产能配额和调控配额组成，其总量通常是结合控排企业提供的排放源数据和政府的年度排放目标来确定。⑦ 配额的初始分配方式不仅关乎控排企业的市场竞争力保持⑧、减排成本和未来收益⑨，也影响其

---

① 参见刘婧：《基于强度减排的我国碳交易市场机制研究》，复旦大学 2010 年博士学位论文，第 121~122 页。

② 参见郑爽：《中国碳交易市场建设》，载《中国能源》2014 年第 6 期，第 10 页。

③ 参见李佐军：《中国建立碳市场应遵循五个原则》，载《中国经济时报》2011 年 8 月 18 日，第 009 版。

④ 参见张昕：《建设全国碳交易市场，五大问题需要关注》，载《21 世纪经济报道》2014 年 11 月 25 日，第 022 版。

⑤ 参见曹明德：《中国参与国际气候治理的法律立场和策略：以气候正义为视角》，载《中国法学》2016 年第 1 期，第 29 页。

⑥ 参见彭斯震、常影、张九天：《中国碳市场发展若干重大问题的思考》，载《中国人口·资源与环境》2014 年第 9 期，第 3 页。

⑦ 郑爽等著：《全国七省市碳交易试点调查与研究》，中国经济出版社 2014 年版，第 9 页。

⑧ 陈惠珍：《碳排放权交易的配额分配与公平竞争——欧盟的经验与启示》，载《广东外语外贸大学学报》2014 年第 4 期，第 41 页。

⑨ 参见周一帆：《碳交易初始配额分配中的博弈及政策设计》，华东理工大学 2013 年硕士学位论文，第 23 页。

年度履约灵活度、参与交易的活跃度。① 实践来看，分配方式主要有无偿分配方式、有偿分配方式、混合分配方式三种。相较之下，无偿分配方式主要借助"祖父原则"（即依据历史排放数据）、基准线法（即依据不同行业生产力水平划定基准线)②、产出法（即依据控排企业对社会的贡献），不仅具有业界与政治接受性高、碳泄漏防范性强、区分体现控排企业有利和有害碳排放行为成本③、体现分配正义等优点，也存在对控排企业过度补偿、在既有企业与新建企业间分配不公④、会减损政府经济效益等不足⑤，因此该方式多用在碳市场建设初期或初始阶段以减少各种阻力、提高机制认可度、减少管理成本、防范碳泄漏等，欧盟第一阶段和国内试点免费分配配额便为实例。有偿分配方式主要有竞价拍卖和固定价格出售两种，竞价拍卖在促使控排企业减排、增加财政收入与环保支出、体现"污染者付费原则"外，也存在导致控排企业转嫁排放成本等问题。⑥ 该方式在早期碳市场较少见，但随着国家对碳排放控制要求提高、业界对碳交易机制认可度提升，其会渐趋发展为主流方式。固定价格出售方式是政府将预留配额以固定价格出售给控排企业以稳定市场价格的调控手段，但其有违反效率原则、无法反映市场真实需求的弊病，所以一般很少使用。混合分配方式，即部分无偿、部分有偿的分配方式，两者所占比例因碳市场所处阶段、政治敏感性、减排技术发展等因素差异而不同，但一般来说，碳市场初期无偿分配占比较高、有偿占比相对低，但随着碳市场发展和减排要求提高会逐步提高有偿分配比例，直至全部实施

---

① 郑爽等著：《全国七省市碳交易试点调查与研究》，中国经济出版社 2014 年版，第 9 页。

② 该方法依赖于大量基础数据，这些数据往往获取较难，收集和处理成本也较高。Ahman M, Holmgren K. *Harmonizing New Entrant Allocation in the Nordic Energy Sectors-Current Principles and Options for EU ETS Phase* Ⅱ. TemaNord, 2006：515.

③ Gilbert Metcalf, "Paying for Greenhouse Gas Reductions：What Role for Fairness?" *Lewis & Clark L. Rev.*, 2011, Vol. 15, Issue 1, 393, 397.

④ 这是由于新建企业因缺乏历史排放数据而无法适用本方式。

⑤ 王燕、张磊著：《碳排放权交易市场化法律保障机制研究》，复旦大学出版社 2015 年版，第 117~118 页。

⑥ Robert N. Stavins, "A Meaningful U. S. Cap-and-Trad System to Address Climate Change", *Harv. Envtl. L. Rev.*, 2008, Vol. 32, Issue 1, 318.

有偿分配。①

实践中，控排企业在配额初始分配阶段主要具有如下行为表现：其一，进行"政治游说"，影响政府的配额分配方式。控排企业通常基于眼前利益考虑，借助参加配额分配方案讨论会、碳交易和碳资产管理培训会、立法听证会等机会，②向碳市场政府主管部门及相关部门施压以满足自身利益诉求。例如，通过反对严格的、对其不利的碳市场政策、立法，以影响政府决策或令其妥协，③采取不合理但对其分配较多配额有利的分配方法等行为。④例如，在存在数量限制与交易系统中，美国重工业部门曾游说政府免费配发他们一部分排放许可证。⑤若放任此行为，则会导致控排企业推迟或者不采取减排行动，扭曲市场机制，妨碍市场选择最佳减排者的过程，进而会出现延缓或不能实现市场机制应有减排效果的不利影响。其二，提供虚假排放数据，争取更多配额。在碳市场建设初期，各碳市场普遍存在基础数据保存、收集、界定、监测、核实等方面的问题，以致较大程度上依赖于控排企业自主申报的可靠性、真实性、准确性均较低的数据。例如，欧盟碳市场早期，因无法掌握控排企业历史排放数据，过度依赖于各国企业自主申报数据，最终导致初始配额过多的问题。⑥其三，不按规定提出配额竞价购买申请。控排企业若以竞价拍卖形式获取配额，则需要依据规定先提出配额购买申请、缴纳保证金并缴纳购买资金，再由政府主管部门通过注册登记系统完成相应配额的交割。例如，《广东省发展改革委关于印发广东省碳排放权配额首次分配

---

① 但也有学者研究指出，某地区无偿配额数量越少，有偿配额数量越多，或碳强度基准越低，对该地区的经济造成冲击就会越大。参见袁永娜、石敏俊、李娜：《碳排放许可的初始分配与区域协调发展——基于多区域 CGE 模型的模拟分析》，载《管理评论》2013 年第 2 期，第 49 页。

② 参见姜晓川：《我国碳排放权初始分配制度研究——以分配方式为中心》，江西财经大学 2012 年博士学位论文，第 48 页。

③ 有学者指出，这种妥协在立法时是必要的，既能减少来自控排企业的阻力，又可尽量确保立法目标的实现。参见秦天宝、付璐：《欧盟排放贸易的立法进程及其对中国的启示》，载《江苏大学学报（社会科学版）》2012 年第 3 期，第 17 页。

④ 刘慧、谭艳秋：《欧盟碳排放交易体系改革的内外制约及发展趋向》，载《德国研究》2015 年第 1 期，第 51 页。

⑤ 唐方方主编：《气候变化与碳交易》，北京大学出版社 2012 年版，第 109 页。

⑥ 参见秦天宝、付璐：《欧盟排放贸易的立法进程及其对中国的启示》，载《江苏大学学报（社会科学版）》2012 年第 3 期，第 18 页。

及工作方案（试行的通知）》《广东省印发关于 2015 年度碳排放配额分配实施方案的通知》等均对配额获取程序作了规定。若控排企业不依规定程序及要求进行，则可能承担相应不利法律后果。可见，在配额初始分配阶段，控排企业存在上述行为可能带来的内部法律风险点，因此其在内部法律风险控制时要健全相应的内部制度，有效规范这些行为，避免承担法律上的不利后果。

三、纳入控排企业配额交易过程的原则

碳市场分为一级碳市场和二级碳市场。前者是配额初始分配市场，控排企业行为多表现为被动的向碳市场主管部门申请配额的行为，其行为边界相对较窄；后者是配额交易市场，控排企业行为多表现为主动的配额买卖行为（即配额交易行为），其行为边界相对较广。控排企业的配额获取行为上文已论及，此处结合主题将讨论控排企业的配额交易的违法行为会给碳市场带来什么不利影响。

其一，引发配额价格（以下简称"碳价"）的异常波动。碳价的异常波动多表现为价格过低或过高。导致碳价出现异常的因素可分为控排企业外部因素和控排企业内部行为因素。外部因素主要有恶劣气候环境、宏观经济重大改变、政府分配配额过多、配额"寿命化"、其他市场主体的投机行为等。具体来说，恶劣的气候环境变化会刺激用能，控排企业就会碳排放超量，进而需要购买更多的配额；宏观经济发生重大变化时，政府调整配额会影响到市场供需平衡；政府不合理（或妥协）的配额分配，会导致市场配额供给过多，碳价骤降；配额通常有一定注销期限要求，履约期到来前往往出现集体抛售等现象，也会导致碳价过低；投资机构、个人等其他市场主体的"炒配额"、操纵市场行为也会影响市场供求，从而会相应出现碳价过低或过高问题。[1] 而控排企业行为因素则表现为违法违规交易行为和合法投资转移行为[2]。前者表现为不依据法定或者约定的交易方式、交易程序、交易时间、相关费用缴纳方式等要求交易，甚至出现操纵市场价格、扰乱市场持续现象；后者表现为控排企业向未纳入控排或者控排要求较低的国家或地区迁徙，即"碳泄漏"现象，这两种行为都会影响到（原）碳市场

---

[1]　参见王燕、张磊著：《碳排放交易市场化法律保障机制的探索》，复旦大学出版社 2015 年版，第 161~162 页。

[2]　王燕、张磊著：《碳排放交易市场化法律保障机制的探索》，复旦大学出版社 2015 年版，第 163~164 页。

配额的供求，进而出现碳价的非正常波动。

其二，减损碳市场机制的减排效应。控排企业采取的违规配额交易行为往往基于理性的利润最大化目的，[1] 但却引致碳价异常波动，危及利益相关者的切身利益，也会因控排企业的自利行为损及减排效果，甚至令碳交易机制无法实现良好的环境效应。[2]

但是，实践中对配额交易中控排企业的违法违规行为惩罚却是十分严厉的。欧盟设有专门的中央管理机构对碳交易行为进行监管，若控排企业出现上述行为，则会被该中央管理机构通知其所属国，并被禁止此次和未来的配额交易行为。[3] 在澳大利亚新南威尔士温室气体减排计划（Green Gas Reduction Scheme，简称 GGAS）下，若电力企业超额排放二氧化碳则会导致每吨 10.5 澳元的罚款，该罚款必须在规定期限缴纳，并可根据市场碳价作出调整。[4] 在国内，对于控排企业的操纵交易价格、扰乱市场秩序等行为，轻者被责令限期改正、警告、罚款、扣发配额、记入信用信息记录、取消节能减排政策优惠、取消企业评优资格、告知相关部门禁批新建项目、纳入国有企业领导班子绩效考评等行政责任、赔偿其他交易主体经济损失等民事责任，重者需要承担相应的刑事责任。[5] 因此，控排企业亦要重视配额交易中的内部法律风险，要借助自身内部控制，确保自身行为依据法定或者约定的交易方式、交易程序、交易时间等要求进行，避免因内部不法配额交易行为而承担上述不利的法律后果。

---

① 参见聂力著：《中国碳排放权交易博弈分析》，首都经济贸易大学出版社 2014 年版，第 90 页。

② 参见王燕、张磊著：《碳排放交易市场化法律保障机制的探索》，复旦大学出版社 2015 年版，第 161 页。

③ 参见朱伯玉、张福德等著：《低碳经济的政策法律规制》，中国社会科学出版社 2013 年版，第 173~174 页。

④ 参见朱伯玉、张福德等著：《低碳经济的政策法律规制》，中国社会科学出版社 2013 年版，第 181 页。

⑤ 综合参见《碳排放权交易管理暂行办法》第 40、41 条，《天津市碳排放权交易管理暂行办法》第 33 条，《上海市碳排放管理试行办法》第 40 条，《重庆市碳排放权交易管理暂行办法》第 36 条，《湖北省碳排放权交易管理和交易暂行办法》第 46~49 条，《广东省碳排放管理试行办法》第 36、37 条，《深圳市碳排放权交易管理暂行办法》第 70、71 条。

四、植入控排企业配额履约过程的原则

著名法理学学者布莱恩·比克斯指出："如果我们相信通过遵守法律而不是自己做出判断更可能做出道德上的更佳的选择，并且我们具有这样的信念时，我们有按照法律的规定行为的道德理由。"① 前文已对控排企业选择遵守碳市场法律的利弊进行了简单分析，理性的控排企业也一般会选择履约。2015 年，广东、北京、上海控排企业履约率均达 100%，其他试点均在 90%以上便是实例。只有控排企业履约，才能在碳市场上形成供求关系，并根据供求关系释放正确的价格信号。② 从目前履约形式来看，主要有以下几种：其一，以初始分配中获取的配额履约。即，控排企业根据核定实际排放量，用从一级碳市场以无偿（免费分配）、有偿（多表现为拍卖）形式获取的配额清缴。碳市场建设初期，普遍存在配额分配过多现象（欧盟和国内 7 个试点均如此），所以这种清缴方式在早期最常见。其二，以购买配额的形式履约。这种履约形式多出现在超额排放、新设企业或新设项目、减排成本高于碳价等情形时。其三，以借用或使用储存配额的形式履约。所谓"借用"是指本年度或本阶段履约时配额存在不足时，可用未来的年度或阶段的配额来履约，将来再把所用配额补足。而"储存"是指本年度或本阶段履约完成后，配额尚有剩余的企业可将其储存至下一年度或阶段供使用或交易。但学界对此种形式的履约存在褒贬不一的评价。赞成者认为，此种方式可增强履约的灵活性，保障履约实现。"借用"尽管会增加早期配额，但总体排放额不变，并不会减损减排效应；③ "储存"可将闲置配额储存于减排要求更严苛、排放价格呈上升趋势的后期使用，这对早期减排具有"加速器"④、稳定市场价

① ［美］布莱恩·比克斯著：《法理学：理论与语境》，邱昭继译，法律出版社 2008 年版，第 207 页。

② 王燕、张磊著：《碳排放权交易市场化法律保障机制的探索》，复旦大学出版社 2015年版，第 225 页。

③ Robert N. Stavins, "A Meaningful U. S Cap-and-Trade System to Address Climate Change", *Harv. Envtl. L. Rev.*, 2008, Vol. 32, Issue 1, p. 315.

④ A. Denny Ellerman. *US Experience with Emissions Trading: Lessons for CO_2 Emissions Trading, in Emissions Trading for Climate Policy: US and European Perspectives (Bernd Hansjurgens ed.)*, Cambridge University Press, 2005, p. 84.

格的作用，控排企业也会以此在后期获取更多的收益。① 而反对者则认为，这一方式可能产生降低减排制度确定性或因初始分配配额过多致减排进程减缓的消极影响。② 其四，以核证减排量的形式履约。这一形式需借助抵消机制实现，即控排企业购买组织边界外的经核证减排量后，根据比例限制换算为配额后完成履约或出售谋利。此形式在国外多允许控排企业在减排成本相对较低的国家或地区"择地减排"，用于降低在本国市场履约成本，而受普遍欢迎;③ 在国内，试点碳市场普遍要求 CCER 是组织边界之外，且属于本行政区域内产生，这一地区限制的"藩篱"随着全国碳市场启动或将被"打破"。但是，这一情形也招致不少批评，认为其会对配额市场造成冲击，减损减排目标，甚至是"多余性"的。④ 其五，以配额的自动扣除形式履约。针对控排企业本年度或本阶段"能而不履约"或"履约不能"的情形，履约监管部门可从其账户中主动扣除所欠数额配额或者在下一年度或阶段发放配额时直接扣除相应（处罚要求）的配额。

高履约率现象的出现，不仅得益于上述市场机制下多元化履约形式降低减排成本的作用，还离不开法制手段的有力保障，特别是具有威慑性的惩罚制度对违法行为的严密监督。⑤ 综合现行碳市场专门立法与相关立法看，主要规定了以下机制来保障履约的实现：MRV 机制、核查机制、抽查与复查机制、惩罚机制（涵盖民事、行政、刑事责任）。就惩罚机制来说，涉及控排企业违背减排协议承诺、超额排放致人损害等情形时的民事责任，拒报、报告不实、违法交易等情形时的行政责任，以及相关行为构成犯罪时相应的刑事责任。若控排企业不履约，或将承受"昂贵"的处罚。例如，美国"酸雨计划"规定了未足额履约时每吨

---

① 参见王燕：《市场激励型排放机制一定优于命令型排放机制吗?》，载《中国地质大学学报（社会科学版）》2014 年第 1 期，第 23 页。

② 王燕、张磊著：《碳排放权交易市场化法律保障机制的探索》，复旦大学出版社 2015 年版，第 185~186 页。

③ Ann E. Carlson, "Designing Effective Climate Policy: Cap-and-Trade and Complementary Policies", *Harv. J. on Legis*, 2010, Vol. 49, Issue 2, p. 225.

④ 有学者认为，该方式并没有鼓励控排企业新减排行为的作用，而对原本便会发生的减排行为进行了额外的奖励。甚至激励了控排企业的虚假和不实减排行为。王燕、张磊著：《碳排放权交易市场化法律保障机制的探索》，复旦大学出版社 2015 年版，第 188~189 页。

⑤ Ian Ayres, John Braithwaite, *Responsive Regulation: Transcending the Deregulation Debate*. Oxford University Press, 1992, pp. 20-21.

2963 美元的超额排放处罚，Reclaim 机制规定了未清缴部分会被在第二年分配时预先扣除，并给予高于配额价格数倍的罚款。[1]

然而，上述高履约率却存在真实性、可靠性的问题。碳交易机制的有效性若得以实现，除了需解决总量设定科学性、配额分配过多等前提问题外，还要确保碳排放计算和报告是准确的，以证实控排企业是否真的履约了。[2] 若控排企业内部没有有效控制实际排放的监控手段（如缺乏持续碳排放的实时监控技术），没有保障碳排放报告质量的控制手段（如缺乏专人、编制程序、方法、监督）等，即使控排企业形式上完成了履约，实际上并没有起到控排的环境效应。这样的履约就是虚假的、不可靠、不可信的，一旦被碳市场主管部门和相关部门查证属实，控排企业就要承担不利的法律后果，轻者限期履约、罚款、扣发配额，重者则会追求相关责任人员刑事责任，甚至影响企业生存发展。因此，控排企业要重视履约行为，特别是在进行相应内部法律风险控制时，要将其与履约紧密联系起来，以有效的内控制度避免提交不实数据、存疑数据等影响履约的现象发生。

第三节　研究范式：内部控制整体框架理论

前文章节中，首先梳理了碳市场中控排企业的具体行为，接着探讨了这些行为产生了哪些内部法律风险及其对控排企业的影响，紧接着借助实证研究剖析了控排企业为何会出现这些风险及其反映出的具体问题。在此基础上，进一步追问并回答了这些具体问题产生的根源，并提出了抽象的应对构想。即控排企业的行为目的与法律要求的抵牾是内部法律风险产生的根源所在，这一根源具体来讲又是相关风险理论和控制制度供给不足所致。据此认识，又探讨并提出了控排企业内部法律风险控制的价值定位、基本原则。接下来，本书将进一步论证内部控制理论是否如构想中所提出的能够为碳市场控排内部法律风险控制提供理论支持？换句话说，内部控制理论的特点与碳市场控排企业内部法律风险的特点是否契

① Lesley K. McAllister, "The Critical Role of Enforcement and Compliance: Putting Persuasion back in the Equation: Compliance in Cap-and-Trade Programas", *Pace Enutl. L. Rev.*, 2007, Vol. 24, Issue 2, p. 330.

② Stephanie Benkovic, Joseph Kruger, "To Trade or not to Trade? Criterria for Applying Cap and Trade", *The Sci. World J.*, 2001, Vol. 1, Issue 1, p. 956.

合？内部控制理论的目标与碳市场控排企业内部法律风险控制的价值定位是否契合？内部控制理论又是否与环境法的相关理论相契合？

一、内部控制整体框架理论的嬗变

（一）内部牵制阶段：公元前 3600 年—20 世纪 40 年代

内部控制的思想萌芽可追溯至公元前 3600 年的美索不达米亚文化时期。[1] 这一时期，为防范经手钱财的丢失、私自挪用，古苏美尔人采用了账目核对[2]、多样标志记录等"牵制"方法查验钱财生产或使用情况。[3] 但是，囿于当时低下的生产力，这一时期的钱财保管手段方法十分简单，也无形成内部控制的概念。到 15 世纪末，资本主义经济得以初步发展，出现了复式记账、账目间相互核对，岗位得到一定程度分离，内部牵制逐渐发展成熟。受 18 世纪产业革命影响，生产力水平得以较快发展，手工劳动被机器取代，家庭作坊被工厂取代，企业规模渐趋扩增，公司制企业出现，"职责牵制"开始建立并被效仿。[4] 到 19 世纪中后期，股份制企业出现，美国成为工业革命中心，其对铁路企业管理进行了组织、职责、业务，以及内部审计等方面创新，并探索出了对钱、财、物控制的新方法，例如，职务分离、实物牵制、物理牵制和簿记牵制等。[5] 一直到 20 世纪 40 年代，内部控制仍处于防范内部错弊的内部牵制阶段。[6]

从学理角度看，内部牵制理论是基于两个基本判断："两个或两个以上的人或部门无意识犯同样错误的可能性很小；两个或两个以上的人或部门有意识地合伙舞弊的可能性大大低于一个人或部门舞弊的可能性。"[7] 其要义是涉及钱、财、

---

[1] 参见张宜霞著：《企业内部控制论》，东北财经大学出版社 2008 年版，第 14 页。

[2] 参见肖光红：《企业内部控制基本理论研究》，西南财经大学 2014 年博士学位论文，第 44 页。

[3] 参见张颖、郑洪涛著：《企业内部控制》，机械工业出版社 2009 年版，第 6 页。

[4] 参见张颖、郑洪涛著：《企业内部控制》，机械工业出版社 2009 年版，第 7 页。

[5] 参见肖光红：《企业内部控制基本理论研究》，西南财经大学 2014 年博士学位论文，第 45 页。

[6] 参见吴鑫著：《内部控制工程论》，经济科学出版社 2007 年版，第 19~20 页；吴益兵著：《内部控制审计：信号传递、价值相关性与监督效应》，东北财经大学出版社 2013 年版，第 10 页。

[7] 张颖、郑洪涛著：《企业内部控制》，机械工业出版社 2009 年版，第 6~7 页。

物的管理，不能由一人独揽，而应由两个或两个以上的人进行"职责分工、账户核对"，形成相互牵制，如，实物牵制、物理牵制、分权牵制、簿记牵制，以防错弊，保证组织有效运转。①

（二）内部控制制度阶段：20世纪40年代—70年代初

内部牵制思想受社会化大生产、企业规模扩增、新技术采用、股份公司出现等因素影响，于20世纪40年代至70年代初进入了内部控制制度阶段。20世纪40年代开始，由"组织结构、岗位职责、人员配置、业务流程、检查标准和内部审计"等要素组成的控制系统取代了内部牵制，正式的内部控制概念被提出。1949年，美国的审计程序委员会在特别报告《内部控制：系统协调的要素及其对管理部门和独立公共会计师的重要性》中，首次正式界定了"内部控制"的概念。即，"内部控制包括在组织内部采用的，以保证资产的安全性、核查会计数据的准确性和可靠性、提高经营效率、促进管理政策的贯彻和实施为目的的计划，以及所有与之相协调的方法和措施。"② 该定义以企业经营管理视角定位内部控制，使其超越了财务和会计控制范围，③ 并拓展了内部控制内涵，令其还涵盖了"预算、成本、报告、统计、培训、内部审计、技术"等广泛内容。④ 这一定义，受到企业管理层欢迎，但因定义所涉范围极广而令会计师无所适从。

在1958年，该委员会在《独立审计人员评价内部控制的范围》中，采"制度二分法"把内部控制细分为"内部会计控制"与"内部管理控制"。前者以财产安全、会计记录的准确性与可靠性为主要控制内容，后者以管理方针遵循、经营效率提高为目标，但实践中二者边界难以区分，且后者概念过于空泛、模糊，难以操作。鉴于此，1972年美国审计程序委员会发布的《审计准则公告第1号》对二者概念进行了重述。管理控制涉及（但不限于）组织规划、部门业务授权决

---

① 参见刘明辉著：《独立审计准则研究》，东北财经大学出版社1997年版，第192页；参见吴鑫著：《内部控制工程论》，经济科学出版社2007年版，第19~20页；吴益兵著：《内部控制审计：信号传递、价值相关性与监督效应》，东北财经大学出版社2013年版，第10页。

② 肖光红：《企业内部控制基本理论研究》，西南财经大学2014年博士学位论文，第48页。

③ 李凤鸣著：《内部控制学》，北京大学出版社2002年版，第10页。

④ 张宜霞、舒惠好著：《内部控制国际比较研究》，中国财政经济出版社2006年版，第5页。

策过程的程序与记录；会计控制除包括组织规划、资产保护、财务记录可靠性外，还包括经管理部门授权的经济业务处理、资产接触、资产定期核对等内容。① 综上来看，内部控制制度阶段的内部控制概念依然抽象，该阶段具有会计控制和管理控制两要素特征，其控制目标主要包括：其一，确保企业财产安全；其二，保证企业会计信息可靠；其三，提高企业经营效率；其四，遵循企业管理计划。②

（三）内部控制结构阶段：20 世纪 80 年代—90 年代初

到 20 世纪 80 年代至 90 年代初，内部控制理论取得新进展，进入内部控制结构（internal control structure）阶段。1988 年 5 月，在美国审计程序委员会发布的《审计准则公告第 55 号》中提出了"内部控制结构"概念。内部控制结构旨在为"企业特定目标"实现提供保障，并出台相关政策与程序。该理论由控制环境（control environment）、会计制度（accounting system）、控制程序（control procedure）三个要素构成。控制环境包括管理者、组织结构、董事会及其下属委员会职能、职责确定、控制方法、人事情况、外部检查等；会计制度包括诸项经济业务管理、资产和负债管理责任确定、经济业务分类与计价、业务发生日期确定、财务报表编制等；控制程序包括经济业务或互动的授权、全体员工职责分工、账簿与凭证管理流程、资产和记录的接触限制、登记业务的记录和复核等。③

但是，内部控制结构理论存在一些弊病。首先，该理论是由外部审计部门提出，而非企业内部管理者提出。也就是说，内部控制结构理论是以外部审计师的角度来看待内部控制，其相关的方法、措施、制度、政策或程序也均是站在外部监管者的角度设计的。其次，该理论以外部审计技术为导向，而非以企业内部管

---

① 参见张颖、郑洪涛著：《企业内部控制》，机械工业出版社 2009 年版，第 8～9 页。

② 参见吴鑫著：《内部控制工程论》，经济科学出版社 2007 年版，第 20 页；吴益兵著：《内部控制审计：信号传递、价值相关性与监督效应》，东北财经大学出版社 2013 年版，第 11 页。

③ 参见吴鑫著：《内部控制工程论》，经济科学出版社 2007 年版，第 20 页；吴益兵著：《内部控制审计：信号传递、价值相关性与监督效应》，东北财经大学出版社 2013 年版，第 11～12 页；张颖、郑洪涛著：《企业内部控制》，机械工业出版社 2009 年版，第 10～11 页。

理为导向。审计师提出该理论，旨在为审计工作提供技术支持，服务于外部审计目的的。① 这种以外部审计师主导、推动的内部控制，与企业管理者的内部控制存在执行主体、控制目标等方面的显著差异。

（四）内部控制整体框架阶段：1992 年至今

以 1992 年 9 月 COSO 委员会发布的研究报告《内部控制——整体框架》为标志，内部控制理论实现了"革命性"发展，并渐趋得到改进。② 该研究报告后于 1994 年得到修订。从报告内容来看，具有以下显著变化：首先，内部控制概念实现整合，具有一定的普适性。该报告整合了来自审计界、企业界、政界等关于内部控制的认识，形成了一个共识性的内部控制概念，即"内部控制是由企业管理人员设计的，为实现营业的效果和效率、财务报告的可靠及合法合规目标提供合理保证，通过董事会、管理人员和其他职员实施的一种过程"。这一概念为企业内部、企业和外部间的有效沟通与交流奠定了基础。其次，内部控制目标实现突破，呈现出了多元性。该报告把经营的效率和有效性、财务报告的可靠性、对适用法规的遵循作为三个控制目标，③ 摆脱了传统的一元性目标——财务报告目标的束缚，使内部控制目标朝着多元化方向发展。再次，内部控制要素体系化，具有了灵活性。控制环境、风险评估、控制活动、信息与沟通、监控五要素有机联系，并被植入企业管理过程，彻底打破了以往机械的、散乱的内部控制，令内部控制由静态控制向动态过程控制转变。最后，内部控制责任全覆盖，具有了督促性。所有企业员工在内部控制中都起着不可或缺的作用，均承担着相应的控制责任，这有助于企业上下联动，形成合力，使内部控制得以落实。

2003 年，COSO 委员会发布了《全面风险管理框架（草案）》，后于 2004 年正式发布了《企业风险管理——整合框架》。内部控制理论由此再次得以较大改

---

① 参见肖光红：《企业内部控制基本理论研究》，西南财经大学 2014 年博士学位论文，第 50 页。

② 参见肖光红：《企业内部控制基本理论研究》，西南财经大学 2014 年博士学位论文，第 52~54 页。

③ 参见张颖、郑洪涛著：《企业内部控制》，机械工业出版社 2009 年版，第 11~12 页；吴益兵著：《内部控制审计：信号传递、价值相关性与监督效应》，东北财经大学出版社 2013年版，第 12 页。

进，改进后的主要变化有：其一，内部控制开始以风险管理为重点。内部控制概念的内涵得以拓展，突出了企业的风险控制。① 其二，内部控制目标由 3 个增至 4 个。由"经营的效率和有效性、财务报告的可靠性、对适用法规的遵循" 3 个目标增加至"战略目标、经营目标、报告目标、合规目标" 4 个目标。其三，内部控制要素由 5 要素增至 8 要素。由"控制环境、风险评估、控制活动、信息与沟通、监控" 5 要素细化为"内部环境、目标设定、事件识别、风险评估、风险应对、控制活动、信息和交流、监控" 8 个要素。② 8 个要素间相互关联，融入企业管理过程，其中"控制环境"变为"内部环境"，突出了风险管理的内在环境状况；"风险评估"要素被拆解为"目标设定、风险识别、风险评估、风险应对" 4 个要素。但是，在 2013 年 COSO 委员会发布的 COSO 报告新版本中，内部控制上述 5 要素得以回归。

此外，受国外内部控制理论与实践的影响，我国财政部、证监会、审计署、银监会、保监会于 2008 年 5 月 22 日制定了《企业内部控制基本规范》（简称"基本规范"），该规范已于 2009 年 7 月 1 日开始实施。从基本规范的内容看，有以下几个特点：其一，目的的多重性。包括规范企业内部控制、提高企业经营管理水平和风险防范能力、促进企业可持续发展、维护市场秩序和社会公众利益。③ 其二，现行法律的遵从性。企业的内部控制是现行法律框架下的控制，其不能与《公司法》《证券法》《会计法》和其他相关法律法规相抵触。④ 其三，适用范围的特定性。该规范规定的内部控制适用于国内设立的大中型企业，而小企业和其他单位也可参照建立和实施。⑤ 其四，组成要素的国际化。内部控制组成要素采用了国际通行构成要素，即由内部环境、风险评估、控制活动、信息与沟通、内部监督 5 要素构成。⑥

基于对内部控制理论的系统认识，依据本土立法和相关规范的具体要求，以及"控排企业内部法律风险控制"的特殊研究目的，本书提出一个"改造版"

---

① 吴鑫著：《内部控制工程论》，经济科学出版社 2007 年版，第 21 页。

② 梁晟耀编著：《全面风险管理实务操作指南》，电子工业出版社 2015 年版，第 8 页。

③ 《企业内部控制基本规范》第 1 条。

④ 《企业内部控制基本规范》第 1 条。

⑤ 《企业内部控制基本规范》第 2 条。

⑥ 《企业内部控制基本规范》第 5 条。

的内部控制整体框架。该内部整体框架理论构成要素亦采用国际通行的 5 要素，即内部环境、风险评估、控制活动、信息与沟通、内部监督，但在控制要素内涵、控制目标方面予以改进，以满足研究之需要。下文将对此理论展开阐释与论证。

二、内部控制整体框架理论的特点

较内部牵制理论、内部控制制度理论、内部控制结构理论，内部控制整体框架理论的一个重大转变是其由内部审计导向转为内部管理导向。这种管理导向的内部控制整体框架把内部风险的预防作为控制的关键，以对内部的经营、管理、决策行为进行主动、全面、动态的控制为着力点。

（一）内部风险的自主规制

长期以来，环境立法强调行政监管，注重国家强制力对风险的直接控制，但实践中碳市场等特殊领域风险的复杂性常常令行政监管显得乏力。这由于国家不能随意突破行政监管的法定边界，也不能恣意扩大行政监管资源的规模与比例。① 国家行政监管的风险范围的确定也常常基于国家相关政策水平，政策水平越高的国家对风险监管的范围相对较广，此范围内的风险监管也就成为国家义务。但是，依靠国家强制力排除所有风险实现"零风险"是不可能实现的，也总会存在法律上容忍的或者被允许的"剩余风险"。此外，风险的行政监管还存在其他制约其作用的因素：其一，行政监管的效果无法保障，这囿于简政放权的国家政策导向，以致很难配备足够的人力、安排充裕的资金监管风险；其二，行政机构受制于特殊领域的专业技术，以致自身很难及时、科学的、经济的进行风险监管。

内部控制整体框架理论则可以弥补企业风险行政监管上的上述不足。这也是内部控制理论发展至整体框架理论阶段的一个重要使命。换言之，内部控制框架理论提出的动力源自企业主动控制内部风险的需求。它要求企业发挥自身的积极性、主动性、创造性，运用自身掌握的控制风险的专业、技术、信息等方面的优

---

① 参见裴敬伟：《试论环境风险的自主规制——以实现风险最小化为目标》，载《中国地质大学学报（社会科学版）》2015 年第 3 期，第 48 页。

势，关注、查找引发内部风险的关键控制点，在事态发生恶化之前自主行动，[1]对这些关键控制点采取必要的措施或控制活动，[2] 最大限度地降低或者避免损失，[3] 更好地保持竞争优势。[4] 而包括行政监管在内的外部控制则常常具有滞后性，且外部控制一旦奏效，风险损失往往也已经出现，并常难以挽回。当然，这里并非否认行政监管等外部控制的价值，而是说进行风险控制时应进行成本效益分析。当内部控制各主体的成本之和超出单一外部控制实施成本时，国家亦可采用完善外部控制的方式控制风险，[5] 反之则由企业进行内部自主控制为宜。内部自主控制既可以基于自身的利益考虑，也可以出于公共利益的维护，这诚如部分学者所主张"某个个人的法主体的权利和自由以受到外部影响为契机，主动采取的为了实现公共利益的适合的行动"[6]。随着企业环境责任的渐趋严格化、公私合作领域的深入拓展、多元治理理念的不断法制化，内部控制整体框架理论的内部风险自主控制的这种特征也将愈加彰显。

（二）内部行为的过程控制

企业行为由经营、管理、决策等一系列行为组成。内部控制的实质是对企业内在系列行为进行控制，实现企业目标。这种控制不是简单的、静态的、机械的控制，而是系统的、动态的、开放的控制。

首先，面向企业内部的行为控制。企业的上述系列行为，因视角差异、领域不同、标准不同，种类划分也繁多迥异。例如，碳市场控排企业的行为依据阶段性、行为目的标准，可分为配额获取行为、配额交易行为和配额清缴行为。内部

---

① 参见缪艳娟著：《企业内部控制研究：制度视角》，东北财经大学出版社 2012 年版，第 31 页。

② 参见李静、李冬梅、秦喜胜著：《煤炭企业内部控制研究——基于全面风险管理的视角》，经济管理出版社 2012 年版，第 62 页。

③ 参见花双莲：《企业社会责任内部控制理论研究》，中国海洋大学 2011 年博士学位论文，第 96 页。

④ 参见张国康、张璐：《现代企业内部控制特征评析》，载《重庆工商大学学报（西部论坛）》2005 年第 2 期，第 107 页。

⑤ 缪艳娟著：《企业内部控制研究：制度视角》，东北财经大学出版社 2012 年版，第 31~32 页。

⑥ 参见［日］原田大树：《自主规制的制度设计》，马可译，载张海洋主编：《山东大学法律评论》，山东大学出版社 2007 年版，第 237 页。

控制整体框架理论就是一种面向企业内部不同行为的内部控制理论。① 它关注的是企业各层级、各部门及其全体员工的内部行为是否符合有关法律规定，是否符合与其他利益相关者的约定，是否符合企业章程的要求。若企业行为违反或可能违反相关法定、约定或章定要求，可能会危及他人利益、社会公共利益，会对正常的市场秩序、安全造成影响，乃至破坏，那么企业就应主动理性的预先进行行为控制。特别在企业环境责任日趋严格化的今天，若企业对此不够重视，任由其发展，则会令其不堪重负。申言之，企业不能仅仅着眼于市场分配、市场地位的争夺和最大化利润的疯狂追求，更需要在内部整体框架理论指导下全面审视自己行为的法律遵从情况，确保不同阶段、不同环节的相应行为均符合相关要求。

其次，面向企业目标的动态控制。《企业内部控制基本规范》中将内部控制定位于"旨在实现控制目标的过程"。也就是说，内部控制并非单一文件制度或机械规定，而是一个发现问题、反馈问题、解决问题、循环往复的动态过程。② 这个"动态过程"是内部控制与经营、管理、决策等行为相结合的过程，是董事会、监事会、经理层及全体员工共同实现企业所设具体控制目标的过程。③ 只有把内部控制融入企业的组织体系、生产经营管理过程中，并使其成为风险控制的核心所在，内部控制才更能发挥出自身的理论优势，才能应对来自企业内外的环境变化。④ 具体来说，企业要通过健全的内部环境、科学的风险评估、有效的控制活动、畅通的信息与沟通、良好的内部监督，⑤ 来实现企业的合法性、可靠性、安全性、效益性等目标。

---

① 参见李静、李冬梅、秦喜胜著：《煤炭企业内部控制研究——基于全面风险管理的视角》，经济管理出版社 2012 年版，第 67 页。

② 参见张国康、张璐：《现代企业内部控制特征评析》，载《重庆工商大学学报（西部论坛）》2005 年第 2 期，第 107 页。

③ 熊靖菊：《我国新〈企业内部控制基本规范〉的特点与考量》，载《江西教育学院学报（综合）》2011 年第 6 期，第 121 页。

④ 参见徐翔：《国有企业内部控制机制及运行研究》，西南财经大学 2014 年博士学位论文，第 52 页。

⑤ 参见花双莲：《企业社会责任内部控制理论研究》，中国海洋大学 2011 年博士学位论文，第 97 页。

三、内部控制整体框架理论的目标

（一）合法性目标

"合法性"概念有狭义和广义之分。狭义的合法性，是指行为或状态的存在符合法律的规定，即"合法律性"；广义的合法性，是指行为或状态的存在符合某种道德原则或价值标准，即"正当性""合理性"。① 内部控制整体框架理论所追求的是狭义合法性目标。具体来说，它关注的是企业内部的经营、管理、决策、执行行为是否有现行法律依据，是否符合国家法律的要求，或者说这些行为是否为现行立法所确认或保护，即形式意义上的合法。② 也就是说，它强调并尊重现行法律的规范性与权威性，尊重现行法律的基础性、法律体系的连续性、新立法与原有立法的协调性。③ 因此，它要求企业各层级、各部门及全体员工相应的经营、管理、决策、执行行为要有法律依据，要符合相应的法律要求，即行为的合法性约束。如有的学者所强调，企业"在谋取自身及其投资者最大经济利益的同时，从促进国民经济和社会发展的目标出发，为其他利害关系人履行某方面的社会义务"④。现行立法中，《企业内部控制基本规范》第 6 条、《内部会计控制规范——基本规范（试行）》第 4 条特别规定，企业建立、实施内部控制制度，要依据有关法律法规、此规范、其他配套规定。也只有合法的经营、管理、决策、执行行为才能令企业避免不利的法律后果，实现经营、管理、决策的经济、环保等目的。因此，合法性目标是内部控制整体框架理论的首要目标，也是其他目标实现的前提或保障。

（二）信息质量目标

从内部控制理论的历史发展看，保证会计信息的准确、可靠是其基础目标。

---

① 刘杨：《正当性与合法性概念辨析》，载《法制与社会发展》2008 年第 3 期，第 19 页。

② 参见蔡守秋：《论环境法的正当性的依据》，载《政法论丛》2010 年第 6 期，第 36、40 页。

③ 蔡守秋：《论环境法的正当性的依据》，载《政法论丛》2010 年第 6 期，第 40 页。

④ 张士元主编：《企业法（第二版）》，法律出版社 2005 年版，第 5 页。

但这一信息范围过于狭窄，非会计信息未被纳入，这是由于长期以来以外部审计为导向的内部控制所致。在强调管理导向的内部控制的今天，特别是内部风险的控制，要求确保所有与经营、管理、决策、执行相关的数据与信息均准确、可靠。基于此，内部控制整体框架理论的另一重要目标应为保证信息的质量。实际上，信息质量与内部控制是紧密联系、相互促进的。① 一方面，良好的内部控制可保证信息质量。信息质量依赖于内部控制的情况，完备的内部控制可以为企业经营、管理、决策、执行等内部行为提供及时、相关、完整、可靠、真实的信息，也可以根据主管部门、相关部门等单位要求提供相应的数据和信息，履行法定义务。另一方面，高质量信息能为内部控制提供信息支持。组织良好的方案使信息以最易于理解的形式公布，可减少相关风险。② 内部控制离不开信息，及时、相关、完整、可靠、真实的信息能帮助董事会、监事会、经理层，以及全体员工有效监督、控制组织的行为，避免风险，免遭或者减少损失。此外，及时、相关、完整、可靠、真实的信息报告对外披露，还有助于维护和提高企业的声誉与社会形象。③ 因此，内部整体框架理论下的内部控制应不局限于会计信息，还应把经营、管理、决策等方面信息一并纳入，④ 并确保数据和信息的收集、处理与报告与法有据，完整、可靠、真实。⑤

（三）资产安全目标

资产安全是内部控制整体框架理论的重要目标。⑥ 它是企业生存发展的物质

---

① 参见李培根：《内部控制目标及其实现途径》，载《兰州大学学报（社会科学版）》2003年第3期，第109页。

② 参见〔美〕凯斯·R. 孙斯坦著：《风险与理性——安全、法律及环境》，师帅译，中国政法大学出版社2005年版，第333页。

③ 参见杨淑红：《浅论企业内部控制目标》，载《联合日报》2009年9月19日，第002版。

④ 参见李荣梅、刘爽、刘晓宁：《企业内部环境与内部控制目标——基于辽宁省国有企业的调研数据分析》，载《辽宁大学学报（哲学社会科学版）》2015年第1期，第87页。

⑤ 蒋宗良：《内部控制目标具体化与应用分析》，载《财会通讯》2010年第5期，第100页。

⑥ 肖光红：《企业内部控制基本理论问题研究》，西南财经大学2014年博士学位论文，第88页。

基础、基本需求，关乎投资者、债权人以及其他利益相关者的利益维护与实现。① 概括来讲，资产安全指企业资产完整、保值、增值的一种状态。具言之，一方面是指企业资产的法学意义上的安全，即资产自身不存在法律上的缺陷、瑕疵，是完整无缺、未受毁损的；另一方面是指企业资产经济意义上的安全，即资产的价值是有保障的，不会因企业人员的管理、使用行为令其价值显著折损（贬值），甚至造成资产损失、资产流失。②

影响资产安全的因素是普遍存在且多样的。例如，《世界最高审计机关组织内部控制准则》中规定的"浪费、舞弊、管理不当、错误、欺诈及其他违法事件而遭致损失"。③ 如果资产因这些行为而遭受损失，企业其他目标也将因缺少必要的或者充足的物质保障而难以全面实现，企业的社会影响力也将受到不同程度的影响。完备、有效的内部控制，可以为资产安全与完整提供有力的保障。其一，可以通过授权、批准、专人负责等方法，确保资产不被损毁、丢失。其二，可采取科学的资产管理，最大限度地合理利用资产，并努力使其保值、增值。其中，国有企业资产流失现象在国内各领域普遍存在且较严重，以内部控制保证国有资产的完整、安全，防止其流失就显得尤为重要。

（四）效益性目标

效益性是内部控制的最终目标。以营利为目的是企业的重要本质属性。④ 企业所从事的生产、经营、管理等活动也往往出于这一目的，其实现又依赖于各种市场资源。然而，在市场上，资源对所有企业来说常常是有限和稀缺的。企业理性、自利特质决定了其会设法通过有限、稀缺的资源，来实现利润最大化的预期目的追求。这必然促使其努力追求经营效率和效果。这正如 COSO 报告新版本中

---

① 参见杨淑红：《浅论企业内部控制目标》，载《联合日报》2009 年 9 月 19 日，第 002 版。

② 参见蒋宗良：《内部控制目标具体化与应用分析》，载《财会通讯》2010 年第 5 期，第 100 页。

③ 李凤鸣著：《内部控制学》，北京大学出版社 2002 年版，第 53 页。

④ 张士元主编：《企业法（第二版）》，法律出版社 2005 年版，第 5 页。

所强调"经营目标是各控制主体最基本的使命，是控制主体生存的根本"。① 也就是说，企业应该把创造效益与内部控制紧密结合起来，"不了解降低风险的成本和收益就无法有效地控制风险"②。因此，"在论证某项风险预防措施时还要对其本身的收益和风险进行比较"③，以平衡收益和风险。具言之，通过对内部控制的内部环境、风险评估、控制活动、信息与沟通、内部监督等要素的制定与设计，来以最小成本充分利用有限资源，进而实现企业经营活动的逐利目的、管理活动的高效率、决策活动的科学性、执行活动的及时性。

四、内部控制整体框架理论与碳市场控排企业内部法律风险特点的契合

本书之所以选择内部控制整体框架理论作为碳市场控排企业内部法律风险控制的新型研究理论范式，首先在于其理论特点（内部风险的自主控制与内部行为的过程控制）能够契合碳市场控排企业内部法律风险的特点（存在于碳市场领域、引发于控排企业行为、可预见性、相对确定性、可控制性）。

（一）以自主控制消弭控排企业内部法律风险

根据第一章的研究可知，碳市场控排企业内部法律风险的产生，是由于控排企业自身的生产、经营、管理、决策等行为违反碳市场现行立法对其规定或者合同对其约定而产生。这类法律风险具有区别于其他法律风险的显著特征，即存在于碳市场领域、引发于控排企业行为、可预见性、相对确定性、可控制性，前文已述及，此处不再赘述。若任由这类法律风险发展，则势必会影响国家或地方初始配额分配的公平性、准确性，纵容控排企业减缓或不采取减排行为，以致国家或地区总量控制目标流于形式；势必会影响到配额交易中的市场供求、价格发现与形成，甚至扰乱市场秩序、危及市场主体利益与安全；势必会影响到配额清缴

---

① 肖光红：《企业内部控制基本理论问题研究》，西南财经大学 2014 年博士学位论文，第 88 页。

② ［美］凯斯·R. 孙斯坦著：《风险与理性——安全、法律及环境》，师帅译，中国政法大学出版社 2005 年版，中文版序，第 2 页。

③ ［德］乌多·迪·法比欧：《环境法中风险预防原则的条件和范围》，陈思宇译，载刘刚编译：《风险规制：德国的理论与实践》，法律出版社 2012 年版，第 275 页。

工作的如期启动与完成，甚至出现集体非正常延期履约、不可信的"高履约率"现象等。

鉴于此，国家和地方试点的碳市场主管部门及相关部门也采取了一些监管手段，但是效果不尽如人意。例如，综合《碳排放权交易管理暂行办法》和地方试点立法规定，采取了责令限期改正、警告、罚款、扣发配额、记入信用信息记录、取消节能减排政策优惠、取消企业评优资格、告知相关部门禁批新建项目、纳入国有企业领导班子绩效考评等行政责任、赔偿其他交易主体经济损失等民事责任，承担相应的刑事责任等手段。但是，实践中碳市场主管部门多是"睁一只眼闭一只眼"、公布几个"典型"了事，严格执行的十分少见。问题根源如前文分析，是由于控排企业行为目的与相关法律要求间的抵牾，这又是因为控排企业内部法律风险的内部控制制度的缺失或者不健全所致。在强化控排企业环境责任、多元治理、公私合作成为立法趋势的今天，控排企业需要转变观念，积极主动地构筑或者完善自身的内部控制机制。以此来更好地实现利益最大化、避免损失、适应碳市场环境变化、提升竞争力等目的。

概括来说，控排企业应从如下五个方面来主动消弭碳市场控排企业内部法律风险：首先，自主健全内部环境。通过主动完善内部法律风险的治理结构、内部组织结构、不同层级和相关人员权责、人事制度，以及培育企业法制文化等方面，实现内部环境的创建。其次，自主评估法律风险。也就是说，内部主动对初始配额获取、配额交易、配额清缴三阶段的内部法律风险进行识别、分析，并提出应对策略。再次，自主采取控制活动。根据对内部法律风险的评估结果，采取及时、有针对性、有实效的控制手段和措施。复次，自主进行信息与沟通。积极、主动、科学、全面、完整、正确的进行碳排放数据和信息的收集、分析、处理，并依据规定将相关信息和数据在内部共享，或者依法主动对外披露，或者依法向碳市场主管部门及相关部门提供。最后，自主开展内部监督。健全内部控制机构，明确其监督权责、内容、流程，以内部监督或者专项监督的形式，监督控排企业内部法律风险自主控制的效果，并反馈、分析存在的问题，及时作出进一步的修正与完善。

（二）以过程控制防范控排企业内部违法行为

碳市场控排企业的行为具有阶段性特点。即多集中在初始配额获取、配额交易、配额清缴三个阶段。相应的违法行为也集中在这三个阶段。控排企业之所以出现这些内部违法行为，主要基于以下目的：其一，在配额初始分配阶段，非法影响碳市场主管部门决策，争取更多的免费配额，竭力维护本行业的利益。其二，在配额交易阶段，非法影响碳市场配额供求关系，或者垄断、操纵碳市场，实现价格"低买高卖"，获取更多经济利益。其三，在配额清缴阶段，非法拒绝、抵制、干扰正常核查，非法拒缴、延缴、少缴配额或者一定比例的 CCER，旨在非法减少或者避免承担履约成本。这些非法行为会产生诸多不良影响：首先，配额初始分配阶段，非法获取脱离自身减排实际的超量配额行为，会减缓控排企业的减排行动，甚至令国家或地方温室气体总量控制效果打折或者落空。其次，配额交易阶段，非法交易行为，影响控排企业自身利益安全，也会扰乱碳市场的正常秩序与安全，损及其他碳市场主体的利益。最后，配额清缴阶段，非法履约行为会令履约机制检验市场运行效果、减排效果的"试金石"作用得不到应有的发挥。

然而，现行的行政监管手段注重的是行为结果的监管，而非行为过程的监管。也就是说，行政监管手段在应对控排企业违法行为上，呈现出的是一种末端治理，而非事先或事中的预防。这种现象，与国家行政重行政相对人的行为结果，轻行政相对人的行为过程的传统有关，也与国家长期以来环境治理重"一元管理"，轻"多元共治"① "公私合作"的传统有关。换句话说，在环境治理问题上，政府采取的仍是"末端治理"为主的理念，"风险预防"理念尚未得以充分体现，即，考虑的是行为相对人行为结果合法与否，行为过程是否存在违法行为及该行为影响大小并未像环境影响评价制度那样有系统的、预先的评估；政府、企业、公众长期以来普遍认为环境保护是政府的事情，与自己无关，近年的立法虽开始体现出了"多元共治"的理念，但是一些相应的机制尚未真正建立起来，如环境信息公开机制未得以真正落实、环境公益诉讼机制还不够畅通、专门针对碳市场控排企业行为的内部控制机制尚未普遍建立。

但是，从哲学角度来讲，外因通过内因起作用，内因是解决问题的关键。碳市场行政监管制度最终要靠控排企业去执行和落实，没有控排企业的积极配合再

---

① 刘佳奇：《环境规划制定过程法律规制研究》，中南财经政法大学 2014 年博士学位论文，第 55 页。

好的制度也失去"光彩"。"打铁还需自身硬"的道理，反映在控排企业应对自身违法行为问题上讲，就是要有健全的内部控制制度，并以此规范自己各阶段可能出现的违法行为。简单来说，就是凭借内部控制整体框架理论的过程控制优势：首先，对控排企业获取初始配额过程进行控制。即对控排企业基于初始配额获取目的而进行的碳排放数据和信息的保存、收集、处理、提交等行为进行全面控制。其次，对控排企业配额交易过程中自身行为进行控制。也就是说，控排企业内部要确保自身作出的要约行为、承诺行为、邀约邀请行为等合法有效。最后，对控排企业配额清缴过程进行控制。即控排企业通过规范自身的碳盘查、配合核查、碳排放报告、配额上缴、配额变更、配额注销等行为，确保如期完成履约。

五、内部控制整体框架理论与碳市场控排企业内部法律风险控制价值定位的契合

内部控制整体框架理论为学界研究法律风险提供了一个新的视角，尤其是为碳市场中控排企业内部法律风险控制提供了新的理论研究方式。内部控制整体框架理论之所以能够成为碳市场控排企业内部法律风险控制的理论范式，不仅在于其契合碳市场控排企业内部法律风险的特点，更在于该范式目标（合法性目标、信息质量目标、资产安全目标、效益性目标）契合碳市场控排企业内部法律风险控制的价值定位（法律遵循性、信息可靠性、最小防范成本、碳资产安全性）。

（一）适应控排企业内部法律风险控制的法律遵循性定位

2015 年 7 月，《强化应对气候变化行动——中国国家自主贡献》提出，"二氧化碳排放 2030 年左右达到峰值并争取尽早达峰；单位国内生产总值二氧化碳排放比 2005 年下降 60%～65%，非化石能源占一次能源消费比重达到 20% 左右"的自主减排目标。2015 年 9 月，《生态文明体制改革总体方案》在建立全国碳排放总量控制制度和分解落实机制、深化碳排放权交易试点、建设全国碳排放权交易市场、设定全国碳排放权交易总量与配额分配方案、建设交易注册登记系统、建立碳排放权交易市场监管体系等方面提出了要求。2015 年 11 月，《中共中央关于制定国民经济和社会发展第十三个五年规划的建议》着重强调"建立健全碳

排放权初始分配制度"。可见，运用市场机制进行节能减排，是国家应对气候变化的重大举措。但是，这些减排政策的要求，最终主要分解落实到"高能耗、高排放、高污染"的控排企业身上。换句话说，只有控排企业积极主动地按照国家或地方的政策和相关立法要求进行严格减排，上述政策目标才有实现的可能，否则国家政策减排效果恐将打折，乃至无法实现。然而，在碳市场实践中，出现了因控排企业自身的生产、经营、管理、决策等行为，违反碳市场现行立法对其规定或者合同约定对其要求的现象，即控排企业内部法律风险。这些风险的存在，对碳市场机制来说，影响着碳排放总量目标的实现，影响着碳排放权初始分配的公平性等；对控排企业及其相关责任人来说，可能以此遭致多种形式的行政处罚、赔偿他人损失的民事责任，甚至被追究有关的刑事责任。因此，碳市场控排企业内部法律风险控制把对相关法律的遵循性作为一个基本的目标。

从内部控制理论的发展看，合法性一度是其追求的目标。从内部牵制、内部控制制度、内部控制结构到内部控制整体框架理论，都无一例外地把合法性作为其内控目标。实践中，美国、加拿大、英国、法国、日本等主要国家的内部控制也均将合法行为作为不可或缺的目标。① 这里的合法性目标包括了所有对其有规定的现行法律，所以碳市场专门立法、公司法、企业法等均在其范围之内。也就是说，内部控制整体框架理论的合法性追求与碳市场控排企业内部法律风险控制的法律遵循性定位是基本一致的，前者以后者为其子目标（组成部分）追求，后者是前者的应有之义。

（二）符合控排企业内部法律风险控制的信息可靠性定位

碳市场中信息具有"多源多样"特点。从信息源来看，主要来自碳市场主管部门、交易所、核查机构、金融机构、控排企业和其他碳市场主体；从信息类别看，主要有国家或地方的政策与法律信息、交易所的交易行情、核查机构的核查信息、金融机构的借贷信息、控排企业的碳排放信息和数据等。这里的控排企业内部法律风险控制的信息主要是指产生于控排企业内部，且具有环保性、碳交易管理相关性、碳交易相关的信息，外部的信息则是一种辅助性信息，其可靠性与

---

① 参见肖光红：《企业内部控制基本理论问题研究》，西南财经大学 2014 年博士学位论文，第 74~75 页。

否通常是控排企业无法掌控的，而内部信息可靠性则是可以依据法律和其他规范性文件要求进行实现的。前文已经提及，控排企业提供的碳排放信息与数据等关乎碳排放总量控制的科学性与合理性、关乎配额初始分配的公平性、影响到碳交易的供求关系及碳价，甚至会减损碳市场机制的减排效果。控排企业非法提供这些信息和数据则有可能承担法律上的不利后果。所以，信息可靠性对市场机制的目标实现至关重要，对控排企业内部法律风险控制同样重要。

内部控制整体框架理论突破了传统内部控制理论"财务报告"或"会计信息"的局限，拓展至所有与内部控制相关的信息和数据，并特别注重信息和数据的质量。它要求，把与企业有关的生产、经营、管理、决策、执行等方面的信息和数据一并纳入进来，并通过规范的信息和数据的收集、整理、处理、共享、传递等环节，确保信息和数据的完整、真实、可靠。当然，这里的信息和数据是涵盖控排企业内部的碳排放信息和数据的。可见，内部控制整体框架理论的信息质量目标与碳市场控排企业内部法律风险控制对信息可靠性的定位是非常吻合的。

(三) 迎合控排企业内部法律风险控制的碳资产安全定位

碳资产是控排企业的一种无形资产。它以数字化形式存在于其注册登记账户和交易账户中。控排企业从碳市场主管部门获取的初始配额，通常是被直接打入注册登记账户。若控排企业想把盈余配额拿到碳市场去卖，一般需要先转至交易账户，才可在交易所平台上进行交易操作。在充满网络风险的今天，这种数字化的无形资产较有形的实物等资产更容易出现保护上的纰漏。在国际碳市场，曾经出现了网络钓鱼欺诈、增值税舞弊、内幕交易与市场操纵、信息纰漏等危及碳资产安全的现象。[①] 在国内碳市场，虽尚无官方报道出现上述情形，但碳资产安全与控排企业的配额获取行为、配额交易行为、配额履约行为密切相关，若行为违法则可能导致危及碳资产安全，例如，行政处罚中的罚款、配额扣发、减发，"高买低卖"行为导致碳资产流失。碳资产安全关乎控排企业的经济利益，关乎控排企业履约义务能否实现、关乎利益相关者利益维护、关乎碳市场信用建立、关乎市场减排机制能否有效运行。鉴于此，碳排放控排企业内部法律风险的控制

---

① 马海涌、张伟伟、李泓仪：《国际碳市场的风险、监管及其对我国的启示》，载《税务与经济》2011 年第 6 期，第 54~55 页。

把碳资产安全作为控制目标就显得尤为重要。

内部控制整体框架理论把资产安全性作为重要目标。这里的资产安全既包括企业的机器设备、厂房等有形资产安全，也包括碳排放权、排污权、有价证券等无形资产安全。完备的内部控制不仅可以为碳资产安全完整提供有力的内部制度保障，例如，配备专人专岗、合理授权来防止碳资产流失，防止危及碳资产安全的内部法律风险的发生，实现碳资产保值；还可以通过碳盘查、碳审计、碳披露、碳抵押、碳质押、碳出借等方式提高碳资产管理水平，促进碳资产增值。①可见，内部控制整体框架理论的资产安全性目标能够促进碳市场控排企业内部法律风险控制的碳资产安全性定位的实现。

（四）契合控排企业内部法律风险控制的最小防范成本定位

控排企业的理性和自利特质，决定了其在进行生产、经营、管理、决策前要进行成本效益的衡量。这里的成本效益衡量包括生产投入与产出的衡量、经营模式选择的衡量、管理成本与效果的衡量、决策机会成本的衡量等。实际上，也有违法与守法的衡量，例如，依法获取配额与非法获取配额、合规配额交易与不合规碳交易、履约与不履约等情形下的收益与损失的衡量。其实，立法者在进行碳排放权交易立法时也隐含了成本与效益的考量。例如，2014 年修订的《环境保护法》《大气污染防治法》等对企业环境义务与责任的强化，《全国碳排放权交易管理条例（送审稿）》《碳排放权交易管理暂行办法》以及试点相关立法均强化了控排企业的初始配额获取阶段、配额交易阶段和配额清缴阶段的义务与责任。其背后又进一步蕴涵了"让制造风险者来控制风险往往更经济"的经济学道理，这既符合最小防范成本原则的要求，也是与控排企业理性自利追求相一致的。是故，碳市场控排企业在进行内部法律风险的控制时，会把最小防范成本作为自身行动的内在追求。

从内部控制理论内控目标的沿革看，除了内部牵制阶段未将"经营性"或"效益性"作为目标外，内部控制制度、内部控制结构和内部控制整体框架理论阶段均将其作为企业生产、经营、管理、决策活动的最终目标。这里的"效益性"目标是一个争取利润最大化、实现成本最小化的目标。那么，企业要实现自

---

① 参见王宏、张婷著：《公司治理与内部控制》，法律出版社 2011 年版，第 57 页。

身这一目标，就要通过完备的内部控制来防范自身行为引致的法律风险，避免较大成本或者损失。至此，不难看出碳市场控排企业内部法律风险控制的最小防范成本定位与内部控制整体框架理论的效益性目标追求是"不谋而合"的。甚至可以说，有效的、完备的内部控制是实现内部法律风险控制最小防范成本价值定位的前提。

六、内部控制整体框架理论与环境法风险预防原则相契合

（一）环境法风险预防原则的提出

当代社会，风险处于一个核心的地位。[1] 社会充斥着转基因食品、气候变化等给人体和环境带来的不确定性影响，[2] 一个风险社会渐趋形成。[3] 若仍以传统须经科学证实才能采取行动的理念或者以不确定存在作为拒绝的"权利来源"来应对这些问题，[4] 那么待科学证据充分、因果明确时，恐将已造成了不可逆转、无法弥补的损失。风险预防原则由此提出，并体现在《里约宣言》《联合国气候变化框架公约》《京都议定书》《巴黎协议》等国际公约及内国政策法律中。例如，《里约宣言》原则 15 和 2014 年修订的《环境保护法》第 5 条"预防为主"规定均是这一原则的体现。这些法律原则要求"在有关环境危害存在科学上的不确定性的情况下预防环境损害发生的义务"，其核心在于防范严重的、不可逆转的或重大的，且充满科学不确定性的风险危害。[5] 气候变化问题位列世界环境问题之首，因其影响范围波及一个地区、一个国家乃至全球的工业、农业、人体健康、环境质量，因此，即使没有充分的科学证据，只要有造成严重或不可逆转环境损害威胁的存在，也必须采取预防措施。[6]

---

① ［英］阿兰·斯科特：《风险社会还是焦虑社会？有关风险、意识与共同体的两种观点》，载［英］芭芭拉·亚当、［英］乌尔里希·贝克、［英］约斯特·房·龙编著：《风险社会及其超越：社会理论的关键议题》，赵延东、马缨等译，北京出版社 2005 年版，第 48 页。

② 参见彭峰：《环境法中"风险预防"原则之再探讨》，载《北京理工大学学报（社会科学版）》2012 年第 2 期，第 126 页。

③ ［英］乌尔里希·贝克著：《风险社会》，何博闻译，译林出版社 2004 年版，第 3 页。

④ 参见吕忠梅主编：《环境法导论》，北京大学出版社 2008 年版，第 48 页。

⑤ 参见吕忠梅主编：《环境法导论》，北京大学出版社 2008 年版，第 47~48 页。

⑥ 参见吕忠梅主编：《环境法导论》，北京大学出版社 2008 年版，第 48 页。

（二）环境法风险预防原则的法律适用

该原则的法律适用需满足三个条件①：首先，存在不确定性。主体行为与一定损害间的因果关系尚存在科学上的不确定性。其次，基于评估的阈值。风险的大小与程度，需在科学证据的认定、成本效益的平衡、不同利益间的平衡和环境伦理因素的考虑等综合评估基础上确定。② 反之，"不考虑利益权衡的风险预防过于极端"。③ 一般来讲，高阈值意味着风险较高的容忍度，需达严重或重大情形时才宜采用该原则；低阈值代表着风险较低的容忍度，即风险易发且一旦发生容易造成重大、不可弥补损失，需及时采取预防。最后，适当预防措施的采取。根据主体行为、风险类型、风险阈值、主观认知程度等不同，结合成本效益分析、比例原则等因素，来采取适宜的措施。"适宜的措施" 又包括 "对具体危险的抵抗或抗拒、对环境有危险性行为的预防、对未来环境美好采取预先的保护措施" 三方面内容。④ 该原则要求相关法律主体，事先评估自身活动的风险，主动承担采取相应防范措施的义务和责任，避免或减少损害。⑤ 具言之，在行为前，相关主体要充分、全面考虑风险类型与程度、相关措施的成本与效益，结合不同的风险采取能够避免或降低风险、自由限制或负担较小，且获益超过成本的措施；在执行中，要定期审查措施必要性、适当性和有效性，⑥ 并随着科学证据和信息的全面掌握，及时作出取消、放松或新增相关措施的调整。⑦

（三）内部控制整体框架理论与环境法风险预防原则之契合

内部控制整体框架理论的产生正是基于风险预防的目的。该理论具有内部风

---

① 参见吕忠梅主编：《环境法导论》，北京大学出版社 2008 年版，第 50~51 页。

② 李艳芳、金铭：《风险预防原则在我国环境法领域的有限适用研究》，载《河北法学》2015 年第 1 期，第 44 页。

③ 金自宁著：《风险中的行政法》，法律出版社 2014 年版，第 63 页。

④ 参见陈慈阳著：《环境法总论》，中国政法大学出版社 2003 年版，第 170~171 页。

⑤ 徐以祥：《风险预防原则和环境行政许可》，载《西南民族大学学报（人文社科版）》2009 年第 4 期，第 105 页。

⑥ 参见高晓露、孙界丽：《论风险预防原则的适用要件——以国际环境法为背景》，载《当代法学》2007 年第 2 期，第 114 页。

⑦ 参见褚晓琳：《试论风险的预防原则》，载《黑龙江省政法管理干部学院学报》2007 年第 4 期，第 112 页。

险的自主控制和内部行为的过程控制两个特点。它要求企业主动对经营、管理、决策中的不确定风险进行全面评估，包括风险识别、分析与应对，避免或减少由此产生的风险及其危害；① 主动对不同阶段或环节的自身行为进行事前、事中、事后的全面的过程控制，确保行为的法律遵从性；主动对控制措施的采取进行成本效益分析，确保措施的适当性、必要性，使其符合效益性目标；主动对控制措施实施情况进行日常监督和或专项监督，根据监督情况提出反馈意见，并根据实际情况作出是否整改的调整。这种完备的内部控制还有助于正常市场秩序、安全与利益的维护，这同风险预防原则对安全、秩序、公平等法律价值的追求具有一致性。② 可见，内部控制整体框架理论与环境法风险预防原则也是高度契合的。

第四节　实现机制：内部控制整体框架理论的要素

前面章节回答并论证了内部控制整体框架理论何以能成为碳市场控排企业内部法律风险控制的理论范式。研究至此，就面临并需要解决下一个极其重要的问题，即内部控制整体框架理论该如何实现？换句话说，内部控制整体框架理论的"工具箱"是什么，又需要哪些必备的"工具"？借此，就可以从两个层面理解内部控制控制理论的实现：首先，"工具箱"层面。也就是说，从宏观层面来看内部控制整体框架理论的必要构成，这里称之为"基本要素"。其次，"工具"层面。具体说，从微观角度来分析内部控制整体框架理论的"内核"，本书称之为"扩展要素"。基本要素和扩展要素是该理论实践的核心或关键。接下来，将分别析之。

一、基本要素

（一）释义与特征

（1）释义。从系统论角度看，"基本要素"是指具有共同特性和关系的一组

---

① 参见吴真：《企业环境责任确立的正当性分析——以可持续发展理念为视角》，载《当代法学》2007 年第 5 期，第 53 页。

② 唐双娥著：《环境法风险预防原则研究——法律与科学的对话》，高等教育出版社 2004 年版，第 43~48 页。

现象或一个确定的实体及其目标的表示，是按照确定方式联结成系统的基本元素。① 在哲学视野中，"基本要素"是指构成事物的实质或基本组成部分。在法学视野中，"基本要素"可被理解为在一定活动中，相关主体行使权利（力）、履行义务的必备的基础、环节、手段、条件、保障。因此，内部整体框架理论的基本要素可描述为在风险预防导向的内部控制活动中，各层级内部控制主体控制自身行为、预防风险的重要内部环境、重要环节、重要手段、重要条件和重要保障。

（2）特征。作为构成系统的基本单元、事物必要组成部分，基本要素具有以下特征：其一，不可或缺性。基本要素是构成系统的必要组成部分，不能弃之，也不可替代。其二，功能特定性。基本要素特殊性决定了彼此功能的差异。例如，内部环境为风险控制提供基础保障，风险评估为风险控制提供技术支持，控制活动为风险控制提供行动措施，信息沟通为风险控制提供共享资讯，内部监督为风险控制提供实效保障。其三，紧密联系性。基本要素不仅具有独立性、功能特定性，相互间还相互影响、不可分割、有机联系。

（二）要素与构成

从内部控制整体框架理论历史沿革可知，内部整体框架理论具有五大基本要素构成。接下来，将对这五大基本要素及其内部构成进行分析。

（1）内部环境。内部环境是内部控制整体框架理论的首要基本要素，也是该理论实现的前提。② 内部环境主要包括治理结构、机构设置、权责分配、内部审计、人力资源、法制文化等事项。这些内部环境事项是内部控制赖以存在与运行的环境，对约束控制主体行为具有重要作用。③

（2）风险评估。风险评估是指识别、分析影响目标达成的各种不确定因素，并提出风险应对策略。根据该定义可知，风险评估由目标设定、风险识别、风险

①　肖光红：《企业内部控制基本理论问题研究》，西南财经大学 2014 年博士学位论文，第 91 页。

②　参见宋明哲著：《公共风险管理——ERM 架构》，台湾地区财团法人台湾金融研训院 2015 年版，第 80 页。

③　参见李凤鸣著：《内部控制学》，北京大学出版社 2002 年版，第 66~67 页。

分析、风险应对构成。其中，目标设定是风险评估的先决条件，① 风险识别是查找影响目标实现的风险的过程，风险分析是针对识别出的风险进行发生可能性和影响程度的评价，风险应对是基于对风险发生原因、风险重要性等分析来确定不同风险策略的过程。②

（3）控制活动。控制活动是控制主体根据风险评估结果，为实现控制风险目标而采取的各种措施和手段。风险类型、大小、影响程度以及控制目标要求的不同，决定了决策主体、管理主体、执行主体和监督主体需要采取不同的控制活动。如授权、审核、批准、内部报告、职务分工等。总之，这些控制措施和手段是服务于风险评估结果、实现风险控制目标的。

（4）信息沟通。信息沟通指控制主体及时、准确、完整地收集与企业风险控制相关的各种信息，并将这些信息以规定的方式在企业内部有关层级间进行及时传递、有效沟通和正确使用的过程。③ 之所以强调信息沟通，是因为在企业控制主体间，存在信息不对称导致的"无知"情形，即特定的主体不拥有且无法获得他人占有的信息和知识资源。④ 换言之，信息沟通则可克服这种"不知道"，乃至"错误地知道"⑤ 的现象。因此，在内部控制框架理论下，相关的信息若能及时获取并及时传输给正确的人，并能在组织的不同控制主体间获得良好的沟通，最终风险控制目标才可能顺利完成。

（5）内部监督。内部监督是有关控制主体对企业自身控制制度的健全性、合理性和有效性进行监督检查和评估，形成书面报告并作出相应处理的过程。⑥ 内部整体框架理论下的内部控制是开放而非封闭的，企业内外部环境会因时空产生变化，内部控制的相关制度也要适应这一变化，这个适应的过程离不开必要的内

---

① 参见李凤鸣著：《内部控制学》，北京大学出版社 2002 年版，第 66~67 页。

② 参见梁晟耀编著：《全面风险管理实务操作指南》，电子工业出版社 2015 年版，第 16 页。

③ 王宏、张婷著：《公司治理与内部控制》，法律出版社 2011 年版，第 43 页。

④ 参见金自宁：《风险规制与行政法治》，载《法制与社会发展》2012 年第 4 期，第 64 页。

⑤ 这里的"错误地知道"根源于自身"有知"的局限，而并非自身过错所致，因而不具可指责性。参见沈岿：《反歧视：有知和无知之间的信念选择》，载《清华法学》2008 年第 5 期，第 20 页。

⑥ 王宏、张婷著：《公司治理与内部控制》，法律出版社 2011 年版，第 43 页。

部监督的促成。

（三）内在关系

内部控制整体框架理论的要素间、要素与系统间、系统与环境间是相互独立、相互联系、相互制约的。这些要素及其构成，共同决定了内部控制整体框架理论的基本内容与基本形式。具体来说，要素、系统、环境间存在如下关系。

首先，要素与要素间的独立协同关系。由前文基本要素构成分析可知，一方面要素是彼此独立、各司其职的。要素间不存在包含与被包含、主导与附属关系，彼此均有不同分工。例如，在内部整体框架理论实现中，内部环境是重要基础，风险评估是重要环节，控制活动是重要手段，信息沟通是重要条件，内部监督是重要保障。另一方面要素间又是相互制约、相互协同的。相互制约表现在要素间相互作用、相互影响（见图2-1），自由度得以限制或减少；相互协同体现在要素间不可分割、有机联系，系统功能效应得以整合或放大。

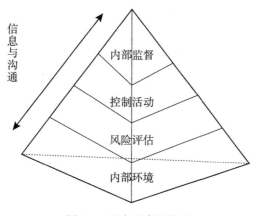

图 2-1　基本要素的关系

其次，要素与系统间的被包含与包含、相互影响的关系。相较于各要素，内部控制就是一个系统。两者间的包含与被包含关系表现在，要素组成系统，又存在于、运行于系统之中、在系统中发挥作用，即局部与整体的关系。两者间的相互影响关系体现在，要素是动态的，随时空而变化，这由于"利益不是静态的东西，因为新的环境与新的发展会不断地创造新的需要与新的主张"①。那么，系统及其功能则会随之不断发生变化，系统的整体目标或功能追求又需要调整、丰富、完善相应的要素及其构成。

二、扩展要素

任何组织的功能可以归结为各种不同的权利由一个与它相关的个人向另一个人的让渡。② 委托代理理论认为，现代企业是由一系列委托代理关系组成的。这些委托代理关系体现在四个层面：第一层面，股东（大）会与董事会间的委托代理关系。即，企业全体股东依据法律和企业章程设立董事会，并基于所有权和经营权分离原则，把企业资产所有权委托董事会行使。第二层面，股东（大）会与监事会间的委托代理关系。由于股东分散、专业知识和经营能力局限，使得股东或股东（大）会难以直接行使监督权，因而需要股东（大）会选出监事会作为专门监督机关，代表全体股东行使对企业经营、决策、业务执行、财务等方面的监督职权。第三层面，董事会与经营管理者间的委托代理关系。董事会将资产的经营管理权委托给经营管理者行使，并基于经营决策权和执行权分离原则，委托经营管理者执行董事会作出的经营管理决策。③ 第四层面，经营管理者与其他员工间的委托代理关系。经营管理者（总经理）委托中层管理人员、其他工人来操作和执行日常具体的生产经营活动。④

在内部控制整体框架理论者看来，内部控制是控制主体基于委托代理关系，在内部控制权的配置、实施与受监督中与其他主体间的相互作用、相互影响在时间和空间上的各种表现形式和状态，是这些委托代理关系中诸主体间相互作用的

①　[英] 丹尼斯·罗伊德著：《法律的理念》，张茂柏译，上海译文出版社 2014 年版，第 160 页。

②　[美] Y. 巴泽尔著：《产权的经济分析》，费方域、段毅才译，上海人民出版社 1997 年版，第 9 页。

③　辛学俊：《现代企业委托代理关系探析》，载《华东交通大学学报》2007 年第 6 期，第 27~28 页。

④　王普松：《公司治理和内部控制中的委托代理关系》，载《山西财经大学学报》2004 年第 3 期，第 78 页。

环节、阶段、步骤、方式等复合构成的活动和过程。① 这一活动和过程的实现，除了具备内部环境、风险评估、控制活动、信息与沟通、内部监督五个基本要素外，更需要有实现这五个基本要素的扩展要素的存在。基本要素与扩展要素的关系实际上是"外壳"与"内核"、被实现与实现的关系。也就是说，即使有了五个基本要素，内部控制也只是拥有了形式上的架构或外壳，尚不能发挥其控制功能，各基本要素必须有了扩展这些要素"内核"的配置才可运作起来。本书认为，内部控制整体框架理论的实现必须具备主体、客体、权利、信息、程序、方法、时间、空间七大扩展要素。

（一）主体要素

内部控制的主体，指内部控制设计、执行和考核评价的主体。② 既然内部控制存在四个层面的委托代理关系，那么股东会、董事会、监事会、管理层、其他员工就必然是不同层面的控制主体。内部控制的专业化、科学化、复杂化，③ 控制目标与企业目标的导向性，又决定了各主体间要分工协作。例如，股东和董事会的战略控制、董事会的治理控制、监事会的监督控制、管理层的管理控制、其他员工的作业控制等。④ 其中，董事会是最重要的决策者，而管理层和其他员工是决策的执行者，监事会是各项活动的重要监督者。尽管各控制主体可能存在着地位强弱、控制目标大小、信息拥有多少、利益追求不同等方面的差异，但是均应把自身控制目标与内部控制总体目标、企业目标的实现相协调或保持一致，从而形成主体间彼此联系、彼此制约的关系（见图 2-2）。具体来说，股东（大）会与董事会、股东（大）会与监事会、董事会与管理层、管理层与其他员工分别是委托人与代理人的关系，监事会与董事会、董事会与管理层、董事会与其他员工是监督与被监督的关系。因此，他们均应成为内部控制实现过程中不可或缺的

---

①　参见王普松：《公司治理和内部控制中的委托代理关系》，载《山西财经大学学报》2004 年第 3 期，第 78 页。

②　李凤鸣著：《内部控制学》，北京大学出版社 2002 年版，第 3 页。

③　罗国莲：《浅论内部控制研究的理论框架》，载《财会通讯》2014 年第 12 期（下），第 90 页。

④　肖光红：《企业内部控制基本理论问题研究》，西南财经大学 2014 年博士学位论文，第 87 页。

主体。

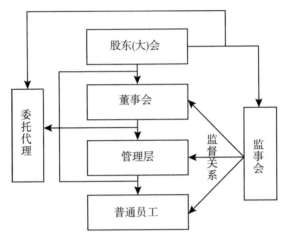

图 2-2　内部控制主体间的关系

（二）客体要素

客体是相较主体而言的，它是主体通过实践活动而认识并加以改造的对象。① 法律关系客体是指法律关系主体之间权利和义务所指向的对象。法律关系客体是一定利益的法律形式。任何外在的客体，一旦承载某种利益价值，就可能会成为法律关系客体。换句话说，法律关系客体是一个历史的概念，随着社会历史的不断发展，其范围和形式、类型也在不断地变化着。主流法理学认为，主要有：（1）物。这里的物必须满足"得到法律认可、为人类所认识和控制、具有经济价值、具有独立性"四个条件。（2）人身。人身成为客体是有条件的，前提是不得违反国家法律的禁止性规定、不得有伤风化、不得超出法律授权界限。（3）精神产品。即智力成果或无体财产。（4）行为结果。即义务人完成其行为所产生的能够满足权利人利益要求的结果，这种结果包括物化结果（如产生一定产品）和非物化结果（如服务行为）。②

---

① 刘翠霄：《论法律关系的客体》，载《法学研究》1988 年第 4 期，第 5 页。

② 舒国滢主编：《法理学导论（第二版）》，北京大学出版社 2012 年版，第 155～157页。

内部控制中主要存在着上述四对委托代理法律关系。该法律关系客体主要有三种：其一，物。即内部控制主体依法获取的、实际控制的、具有经济价值、具有独立性的有体物或无体物、天然物或生产物、活动物或不可活动物。例如，资源、能源、物料、设备、设施，以及各种信息等。其二，行为。主要是内部控制主体的作为（积极行为）和不作为行为（消极行为）。前者，如董事会的决策、授权、批准等行为，管理人员申请、报告、履约、信息收集、处理、传递等行为，其他员工的交易操作行为；后者，相关主体不报告、不履约等行为。其三，智力成果。智力成果指智力活动所创造的精神财富，如商标、商号、专利、商业秘密、集成电路布图等。这些委托法律关系客体也正是内部控制主体的权利义务指向的对象，即内部控制的客体。但是，内部控制客体不是一成不变的，它的范围和类型随着权利义务类型的不断丰富而呈扩大和增多趋势。

（三）权利要素

各层面主体间要协同实现不同环节、不同阶段的内部控制的目标，就需要被配置（明确赋予）相应的权利，从而令不同层面主体间形成权利义务关系。详细说来，内部控制中的股东（大）会享有重大事项决策权，同时也要履行相应的义务。如2018年修订的《公司法》第37、100条明确赋予了股东（大）会决定经营方针和投资计划、审议批准董事会的报告、审批批准监事会或监事的报告、审议批准年度财务预算方案和决算方案、审议批准利润分配方案和弥补亏损方案、决议增减注册资本、决议发行债券、修改章程、选举和更换董事和监事（还包括董事和监事的报酬），以及决议合并、分立、解散、清算或变更公司形式十一项职权。董事会对股东（大）会负责，享有重要事项决定权，履行相应义务。如《公司法》第46条明确赋予董事会召集股东会会议、执行股东会决议、决定经营计划和投资方案、制订年度财务预决算方案、制订利润分配方案和弥补亏损方案、制订增减注册资本和发行债券方案、决定内部管理机构的设置、制定基本管理制度、决定经理人事及报酬（包括据经理提名聘任或解聘副经理、财务负责人及其报酬），以及制定公司合并、分立、解散或者变更方案等十项职权。经理对董事会负责，享有重要事项执行权，并履行相应义务。如《公司法》第49条明确赋予了经理主持生产经营管理和实施董事会决议、实施年度经营计划和投资方案、拟订内部管理机构设置方案、拟订基本管理制度、制定具体规章、提请聘任或解聘副经理和财务负责人、决定聘任或解聘除董事会决定以外的管理人员、列席董事会会议等八项职权。监事（会）享有监督检查权，并承担相应义务。如《公司法》第53条明确规定了监事（会）检查公司财务、监督董事和高级管理人员的执行职务行为（包括提出罢免建议）、要求董事和高级管理人员纠正损害公司利益的行为、提议召开（董事会不履行时可召集和主持）临时股东会会议、向股东会提议案、对董事和高级管理人员提起诉讼七项职权。其他管理人员、员工也要在相应的授权范围内依法行使职权，履行义务。可见，内部控制是一个复杂的权利义务互动过程，其有效实现离不开各控制主体依法（或章程）行使权利。

（四）信息要素

信息是人们通过一定的载体对事物的特征、现象、本质和规律的描述，其具有客观广泛性、容易获取性、可存储性、可传播性、可利用性五个显著特征。企业信息是企业从事生产经营管理活动过程中形成的信息，以及政府部门在履行职责过程中产生的能够反映企业状况的信息。[1] 及时、完整、真实、可靠的企业信息是内部控制的信息要求或者信息基础。但是，"一个复杂体系的管理者不可能有他需要的所有信息，以便能够理智地实施控制"[2]。股东（大）会、董事会、监事（会）、管理层、其他员工若要实现有效配合，就需要将各自收集、处理、生成或者保管的信息依法（或章程）在不同主体间进行传递与反馈。

实践中，由于不同主体的权限不同，所掌握的信息资源也不尽相同，因此这些主体间就出现了信息不对称的现象。但是，这种现象实际上是由于内部委托代理关系导致的信息接触权差异形成的，属于一种正常现象。也就是说，只要各主体依照权限把所掌握职责范围内的信息进行纵向（上下层、不同环节、不同阶段、不同时间）、横向（同层、不同部门）的及时传递，并根据不同主体的反馈意见进行修正与完善，再进行传递与共享，这一过程可能是一次完成的，也可能

---

① 王国飞：《论企业碳排放信息公开的法律限度》，载《湖北经济学院学报》2014年第6期，第123页。

② ［美］理查德·波斯纳著：《法律的经济分析》（第七版），蒋兆康译，法律出版社2012年版，第583页。

需要多次"传递—反馈—修正—再传递"的循环往复，① 才能有效帮助或配合相关主体行使内部控制职权。实际上，这里还具体涉及信息的披露与报告问题，即信息由谁披露或报告，向谁披露或报告，披露或报告什么，怎么披露或报告。即披露或报告的主体、对象、内容、程序、时间、频率等。

（五）程序要素

内部控制整体框架理论的实现还必须借助一定的方式、步骤、工具或手段，即"程序"要素。程序的一个重要功能是"保证相对性的认知结果具有可接受性"，"弥补人类理性能力在认识论方面的局限"。② 它要求控制主体针对不同的阶段、不同的活动、不同的行为、不同的风险等内容采取相应的手段。内部控制实践中，主要有以下四种程序：其一，组织结构控制程序。首先根据不相容职务相分离的原则，科学设置内部机构，再依法划分其职权，使彼此间相互影响、相互制衡。其二，授权批准控制程序。明确内部控制主体的授权批准的范围、权限、责任等，决策主体、管理主体、执行主体均要在其被授权范围内行使权利、履行义务。其三，报告控制程序。通过建立健全内部报告制度，规范有关主体的报告范围、权限、对象、方式、程序、责任等，明确信息的收集、处理、报告等程序；明确报告的要式或非要式方式，例如，报送纸质年度碳排放报告时，也要电子报告。其四，财产安全控制程序。明确有关控制主体的财产占有权、使用权、收益权、处分权（如转让、消费、出售、封存、赠与等）等，防范财产毁损、丢失或流失，确保财产安全、保值、增值。但是，内部控制的程序不是一成不变的，它会随着新的控制目标、新的风险类型、特殊的行为等因素的出现而不断调整、丰富与完善。

（六）时间要素

内部控制整体框架理论旨在对产生内部风险的内部主体行为及其过程的控

---

① 参见刘佳奇：《环境规划制定过程法律规制研究》，中南财经政法大学 2014 年博士学位论文，第 71 页。

② 陈贻健著：《气候正义论——气候变化法律中的正义原理和制度构建》，中国政法大学出版社 2014 年版，第 217 页。

制。那么，这种内部风险自主控制、内部行为过程控制就离不开时间要素。首先，内部风险具有未来指向性。也就是说，内部风险是关注未来、面向未来的，具有时间上的持续性、不可逆性。① 其次，内部风险的原因行为具有环节性、阶段性。引起内部风险的内部行为往往因主体不同、环节不同、阶段不同，而具有层次性、环节性、阶段性。所谓"行为的层次性"指这些行为存在发生在决策层、管理层、执行层的不同。如股东（大）会和董事会的决策行为、经理的管理行为、员工的执行行为。所谓"行为的环节性"指不同控制主体的行为被分散在不同决策环节、管理环节、执行环节。如，碳排放监测计划由编制、备案（或批准）、实施、变更、终止等不同行为环节组成。所谓"行为的阶段性"指某一项活动具有阶段性特征，行为主体的多样行为也因此分别集中在不同的阶段。如碳市场中，初始配额获取行为集中在配额分配阶段，配额交易行为集中在配额交易阶段，配额清缴行为集中在配额履约阶段。因此，对内部原因行为的过程控制就需要结合不同环节、不同阶段作出时间顺序上的安排。

（七）空间要素

内部控制整体框架理论的实现除需具备主体、客体、权利、信息、程序、方法、时间要素外，还需要一个重要的载体，即空间要素。具体来讲，空间要素，一方面，指供不同控制主体行使决策权、管理权、执行权、监督权的场所。例如，召开股东（大）会会议、董事会会议、监事会会议、总经理会议、部门经理会议。另一方面，供不同控制主体进行信息披露、报告、交流、沟通的场所。例如，碳排放监测计划制定讨论会、碳排放报告编制讨论会、配额获取情况汇报会、配额交易情况汇报会、履约能力预评估会议等。

---

① 参见黄家瑶：《哲学维度：反思现代风险》，载《辽宁大学学报（哲学社会科学版）》2007年第2期，第18页。

第三章 国家碳市场控排企业内部
法律风险的控制过程

在清晰、明确的决策情况下，个体理性地行为；相对应，如果决策情况是困难的，个体就有限理性地行为并放弃最大化。①

—— ［德］汉斯-贝恩德·舍费尔、克劳斯·奥特

第一节 控排企业的内部环境

根据《企业内部控制基本规范》第 2 条第 1 款规定，"大中型企业"被要求实施内部控制，而对"小型企业"未作硬性要求。那么，控排企业是否均属于大中型企业？《统计上大中小型企业划分办法（暂行）》（国统字［2003］17 号）、《工业和信息化部、国家统计局、国家发展和改革委员会、财政部关于印发中小企业划型标准规定的通知》（工信部联企业［2011］300 号）结合行业特点，依据从业人员、营业收入、资产总额等指标对大中小微型企业进行了划分。其中，大中型企业因所属行业不同，具体认定标准也不同。例如，工业企业行业中，大型企业需满足从业人员 2000 人及以上、销售额 3 亿元及以上、资产总额 4 亿元以上；而中型企业标准为从业人数 300～2000 人、销售额 3 千万元以上 3 亿元以下、资产总额 4 千万元以上 4 亿元以下。由《关于切实做好全国碳排放权交易市场启动工作的通知》（发改办气候〔2016〕57 号）可知，要成为控排企业需满足三个条件：其一，所属行业属于石化、化工、建材、钢铁、有色金属、造纸、电

---

① ［德］汉斯-贝恩德·舍费尔、克劳斯·奥特著：《民法的经济分析》（第四版），江清云、杜涛译，法律出版社 2009 年版，第 63 页。

力、航空八大行业范围；其二，在 2013—2015 年中，任意一年综合能源消费总量达到 1 万吨标准煤以上；其三，必须是企业法人单位或独立核算企业单位。地方碳市场控排企业纳入标准与之相较，门槛或相同或稍高。从试点碳市场已经纳入的控排企业看，这些控排企业不仅具有"高能耗、高排放、高污染"的特征，且多为大中型企业。例如，上海碳交易试点以大中型企业为主。① 这说明，建立和实施内部控制对大多控排企业来说属于法定要求。由前文研究可知，内部环境是内部控制整体框架理论的基本要素之一。该要素也是控排企业实施内部法律风险控制的前提或基础。因为它是控排企业不同控制主体实施内部控制时所采取方法、手段赖以存在和运行的环境。② 控排企业内部控制的内部环境要素主要由治理结构、机构设置与权责配置、内部审计、人力资源、法制文化等构成。接下来，本节将详细分析这一基本要素及其构成，以为后文控排企业进行典型内部法律风险控制奠定基础。

一、治理结构

（一）治理结构的影响

治理结构是企业内部不同主体间权利和利益关系的一组制度安排。③ 具体来说，它是基于分权与制衡理论进行治理机关设置和权责配置，以此明确股东（大）会、董事会、监事会、管理层等主体间的关系及其权利边界。从权利的角度看，这种不同主体间的关系实为决策权、管理权、执行权的关系。④ 若治理结构不合理，主体间不能形成制衡，则会促使各利益主体努力追求自身利益，最终损及其他利益相关者利益。换言之，"雇员就会有更大的空间从事为自己利益服

---

① 参见刘静：《上海碳交易市场慢热》，载《中国环境报》2014 年 2 月 27 日，第 010 版。

② 参见李凤鸣著：《内部控制学》，北京大学出版社 2002 年版，第 66~67 页。

③ 吕联盟：《现代公司治理结构下内部控制的建立与完善》，载《黑龙江对外经贸》2006 年第 6 期，第 69 页。

④ 程新生：《公司治理、内部控制、组织结构互动关系研究》，载《会计研究》2004 年第 4 期，第 14 页。

务的行为，而不是为企业利益服务"①。正如《萨班斯-奥克斯利法案》所界定，"当以某种方式介入或者似乎介入个人私利时，就会发生与公司整体利益的冲突。"② 进一步讲，健全和完善的治理结构既是三种权利间的有效制衡，也是内部控制有效实施的关键。若股东（大）会、董事会、监事会、管理者间的权利配置和职责划分不够科学，那么内部控制的合法性目标、信息质量目标、资产安全目标、效益性目标的实现就缺少了基础保障。

（二）控排企业治理结构存在问题和原因分析

控排企业的治理结构在内部法律风险控制方面存在两个显著问题：其一，治理结构的制衡作用需加强。既有治理结构仅仅注重现行法律形式上的要求，但在决策权、管理权、执行权配置上没有考虑到低碳经济发展对控排企业提出的新要求。例如，三种权利在内部法律风险控制上的作用没有平衡考虑。其二，治理结构的治理目标要拓展。对大多控排企业来说，治理结构的目标以经济效益和效率为最重要追求，新减排形势下的内部法律风险控制要求未被考虑进来。

究其问题产生原因，主要有两个方面：首先，利益博弈。治理结构设计是一个博弈过程，涉及决策者、管理者、执行者的权益。若决策权过大，则会限制管理者、执行者的过多自由，导致其控制内部法律风险的积极性不高；若管理权过大，则可能会产生管理者追求自身利益最大化、损及其他利益主体的风险；若执行权过大，则可能会出现碳交易操作员等普通员工不按授权进行违规交易操作的风险。其次，认知限制。碳市场、碳市场立法对大多刚被纳入或拟将纳入碳交易体系的企业来说，是个陌生的事物，该机制能否给企业增加额外的经济利益大多存疑。这些控排企业甚至认为，被纳入碳交易机制增加了自身的负担，以致仅把碳交易作为一个边缘化业务，由既有部门或人员兼（代）管。所以，控排企业很少在治理结构设计时把相关内部法律风险控制考虑进来。

---

① ［美］理查德·波斯纳著：《法律的经济分析》（第七版），蒋兆康译，法律出版社2012 年版，第 583 页。

② New York Stock Exchange, *Final Corproate Governance Rules* (4 November 2003), 16. This Section 303 A compliance document can be viewed at http：//www.nyse.com/pdfs/finalcorpgovrules.pdfs. 转引自［美］斯科特·格林著：《〈萨班斯-奥克斯利法案〉与董事会：公司治理的最佳技巧及范例》，荆新译，东北财经大学出版社 2012 年版，第 124 页。

(三) 面向碳市场控排企业内部法律风险控制的治理结构构建

碳约束是发展低碳经济的应有之义。对此，国家对控排企业提出了碳排放强度和碳排放量的双控要求。随着国家碳市场的启动与发展 (尤其是有偿配额比例不断提高)、自主减排承诺的阶段性要求逼近，国家和地方相关立法不断跟进与完善，控排企业环境责任也将得到不断强化，相应的违法成本也会逐渐提高。因此，控排企业要重视治理结构的科学性和合理性问题，并加以完善。

首先，平衡利益。治理结构是控排企业实施内部控制、与外部主体产生各种法律关系的组织基础。因此，控排企业要严格按照《公司法》《企业内部控制基本规范》等法律法规规章规定，设立股东 (大) 会、董事会、监事会、经理层等，并规范其在控制碳市场控排企业内部法律风险方面的权利、义务、责任，加强各控制主体间的制衡作用。这样，科学、合理、合法、合规的治理结构才能为内部控制系统的正常运行提供基础保障。

其次，拓展目标。治理结构的构建虽然应当以控排企业的经济利益目标实现为中心，但是也应当充分考虑低碳经济发展背景下碳市场控排企业内部法律风险控制的实际需求，保证内部不同主体的行为均纳入可控范围，并在不同层级内部控制主体间形成监督与制约，防止决策主体、管理主体、执行主体的过错行为导致的企业法律风险。

二、机构设置与权责配置

(一) 现行法律框架下的机构设置

在现行法律框架内，控排企业基本属于大中型企业、公司制企业，所以股东 (大) 会、董事会、监事会、经理层四大机构往往是俱全的。其中，股东 (大) 会由全体股东组成，代表股东利益，属于企业最高权力机构，拥有重大事项决定权；董事会由股东 (大) 会选举产生并对其负责，属于企业的决策机构，依法行使经营管理权；管理层由董事会委托产生并对其负责，属于企业的执行机构，在董事会授权范围内行使管理权；监事会由股东 (大) 会选举并对其负责，属于企业的监督机构，依法行使对董事会、管理层的监督权。

（二）面向碳市场控排企业内部法律风险控制的机构权责分配

根据 2018 年修订的《公司法》第 37、46、49、53、54 条等规定，股东（大）会、董事会、经理层、监事会具有不同法定职权。其中，股东（大）会重大事项决定权包括：经营方针和投资计划的决定，董事、监事的选举与更换及其报酬决定，董事会报告、监事会报告、年度财务预算方案和决算方案、利润分配方案和弥补亏损方案的审议批准权，增减注册资本、发行债券以及合并、分立、解散、清算、变更公司形式的决议权，章程修改权等。董事会的经营管理权主要有：召集股东（大）会并报告工作，执行股东会的决议，经营计划和投资方案、内部管理机构的设置、高级管理人员聘任或解聘及其报酬的决定权，年度财务预算方案和决算方案、利润分配方案和弥补亏损方案、增减注册资本与发行公司债券方案、基本管理制度以及合并、分立、解散或者变更公司形式方案的制定权。经理层的法定授权经营管理权主要有：生产经营管理工作主持权，董事会决议、年度经营计划和投资方案的组织实施权，内部管理机构设置方案、基本管理制度拟定权，具体规章制定权，副经理和财务负责人的提请聘任或者解聘权，一般管理人员的聘任或解聘决定权。监事会的监督权主要体现在：临时股东会会议提议权、财务检查权、提案权，对董事与高级管理人员的监督权、罢免建议权和要求纠正权、提起诉讼权，对董事会决议事项的咨询权或建议权，公司经营异常情况的调查权。

在强调绿色发展、低碳发展的今天，若想有效控制控排企业在碳市场机制下产生的内部法律风险，就需要在上述法律框架内进一步明确四个机构的职责。

首先，股东（大）会不宜亲力亲为。股东（大）会因股东众多、专业和能力限制，难以直接控制内部法律风险，所以应依法选出代表股东利益、有能力、值得信赖的少数董事组成董事会进行管理。

其次，董事会就碳市场控排企业内部法律风险控制的有效性对股东（大）会负责。主要履行如下职责①：其一，审议并向股东（大）会提交控排企业内部法

---

① 在美国，COSO 发布的《企业风险管理框架》（*Enterprise Risk Management Framework*）将董事会的职责归纳为以下 3 项：其一，实施治理、指导和监督；其二，任命管理层、确定诚实与道德规范并通过监督予以落实；其三，有权作出重大决策、制订战略、设立高标准目标和分配各种资源。Committee of Sponsoring of the Treadway Commission, *Enterprise Risk Management*（September 2004），19.

律风险控制年度报告；其二，确定控排企业内部法律风险控制目标、风险偏好、风险承受度，批准风险控制策略和重大法律风险解决方案；其三，了解和掌握控排企业面临的各项重大内部法律风险及其现状，作出有效控制内部法律风险的决策；其四，批准内部法律风险评估报告和审计报告；其五，批准内部法律风险控制组织机构设置及其职责方案；其六，批准内部法律风险控制措施，纠正和处理任何组织或个人超越内部法律风险控制制度做出的风险性决定的行为；其七，批准重大决策、重大内部法律风险、重大事件和重要业务流程的判断标准或判断机制；其八，督导控排企业内部法律风险控制文化的培育。

再次，经理层在董事会授权范围内，行使碳市场控排企业内部法律风险控制权。经理层由总经理、副总经理、财务负责人等在内的高级管理人员组成，负责处理控排企业的日常经营事务。其中，总经理就碳市场控排企业内部法律风险控制的有效实施向董事会负责。总经理或其委托的高级管理人员，负责主持控排企业内部法律风险控制的日常工作，负责组织拟订内部法律风险控制组织机构设置及其职责方案。

最后，监事会就董事会和经理层控制控排企业内部法律风险情况实施监督。监事会的监督是对董事会和经理层执行内部法律风险控制活动的监督，并就监督情况向股东（大）会报告，但是其一般不参与董事会和经理层的相关决策和控制活动。

三、内部审计

（一）审计的类型

根据实施主体的不同，审计可分为国家审计、民间审计和内部审计三类。其中，国家审计由国家审计机关依据《审计法》实施，具有强制性；民间审计又称为"独立审计"，由接受委托的注册会计师依据《独立审计基本准则》实施，具有有偿性；内部审计则由企业内部专门的审计机构和人员依据《企业内部控制基本规范》等规定实施的，具有自我建设性和内向服务性。国家审计和民间审计非本书研究内容，此处不赘述。而控排企业的内部审计才是本书的重点研究内容，需展开析之。

（二）面向碳市场控排企业内部法律风险控制的内部审计功能拓展

控排企业内部审计是控排企业的内部审计机构及人员依据《企业内部控制基

本规范》《企业内部控制审计指引》《企业内部控制审计指引实施意见》等规定，对控排企业的财务收支、经济效益、经济责任等情况实施的一种独立、客观的保证工作与咨询活动。它的一个重要目的是促进内部控制目标的实现。具体来说，对控排企业的财务收支进行真实、合法和效益审计即，财务收支审计；对控排企业生产、经营、管理等诸环节存在问题提出整改，避免出现风险，提高经济效益，即，经济效益审计；对控排企业的经济责任，依据盈亏、国有资产保值增值、业务经营、职工收入分配等指标进行审查，即经济责任审计。①

这种内部审计对碳市场控排企业内部法律风险控制具有重要作用。首先，内部审计有助于识别控排企业的内部法律风险。审计人员一方面可以从评价控排企业各部门内部控制制度入手，查找、发现企业内部控制各环节、阶段、领域可能存在的法律管理上的漏洞，另一方面可以深入经营管理中的细微环节，查找、分析内部控制主体行为可能带来的法律风险。例如，可分析碳排放监测计划编制、备案（或提请批准）、实施、变更等行为是否符合法律规定。其次，内部审计可为控制控排企业内部法律风险提供咨询。内部审计人员基于识别、分析结果，可以向决策层、管理层、执行层提出内部法律风险控制建议，指导控制主体对内部法律风险控制作出反应。再次，内部审计可为控制控排企业内部法律风险提供协调。内部审计机构隶属于董事会，所以其可以在管理者间发挥协调作用。一旦不同部门的管理者、普通员工的行为可能产生内部法律风险，内部审计机构可基于对这些风险的分析及相关信息，协调不同部门进行风险控制。此外，审计人员还可以针对碳市场控排企业内部法律风险控制存在的重大缺陷，向股东（大）会、董事会、监事会报告。总之，内部审计可以提高碳市场控排企业内部法律风险控制的有效性。

四、人力资源

（一）人力资源对控排企业之法律意蕴

财政部出台的《企业内部控制应用指引第 3 号——人力资源》旨在优化内部控制的内部环境。根据该指引第 2 条可知，控排企业的人力资源由董事、监事、

---

① 李小海著：《企业法律风险控制》，法律出版社 2009 年版，第 49 页。

高级管理人员和全体员工组成。这些人力资源构成既是内部控制的决策主体、管理主体、监督主体、执行主体，也是产生或引发碳市场控排企业内部法律风险的不同行为主体。这些主体的缺乏或过剩、知识结构合理与否，以及相应的引进、开发、使用和退出机制是否合理，① 均影响到控排企业的内部环境的优化、内部控制的构建与实施、企业目标的实现。在此意义上，人力资源不仅是控排企业的宝贵财富，更是实现碳市场控排企业内部法律风险控制的关键所在。因此，控排企业若要有效地进行内部法律风险的控制，就要重视人力资源。

（二）面向碳市场控排企业内部法律风险控制的人员结构的优化

控排企业人员结构合理化是重点。由前文实证研究部分可知，控排企业在内部法律风险控制上存在人力资源方面的不足。一方面，碳交易人员数量配备不足、岗位设置不够合理。例如，59%的控排企业仅安排了1~2人，全职岗位仅占11%、它岗代理却占到了65%。另一方面，碳交易人员的知识结构不合理。这些人员多是它岗代理、兼职岗位人员，相对缺乏碳交易方面的专业知识。例如，对碳市场的政策和法律掌握、碳交易的基本原理、碳资产管理的意义与价值等存在认识不全面、把握不足的问题。因此，控排企业要设置必要的新岗位、配备具有专业化知识的必要人员。

五、法制文化

（一）法制管理与经营管理的剥离

文化会影响经济发展和竞争力。② 控排企业若要在碳市场中获得经济利益，保持或提升竞争力，就需要保证其相关的生产、经营、管理等活动是合法的。但是，实践中，控排企业的法律管理与经营管理等活动存在"剥离"或者"两张

---

① 参见李静、李冬梅、秦喜胜著：《煤炭企业内部控制研究——基于全面风险管理的视角》，经济管理出版社2012年版，第108页。
② ［美］劳伦斯·哈里森：《文化为什么重要》，载［美］塞缪尔·亨廷顿、劳伦斯·哈里森主编：《文化的重要作用：价值观如何影响人类进步》，程克雄译，新华出版社2010年版，第30页。

皮"现象。即法律管理与经营管理没有得到有效融合,① 依法决策、管理、执行的制度体系尚不完善,甚至出现相关的法律风险,导致企业在法律纠纷中遭受经济损失。例如,配额清缴阶段,一些控排企业因不了解相关法律未能履行,遭致罚款、扣减配额等行政处罚。这说明了控排企业不够重视法制文化建设,自身法律风险控制意识不强。

(二) 法制管理与经营管理需融合

控排企业要强化法制文化建设,需完善两方面的工作。首先,系统普法。涉及控排企业的立法,既有《环境保护法》《大气污染防治法》《公司法》《审计法》《反不正当竞争法》等面向所有企业行为的一般性法律,也有《碳排放权交易管理暂行办法》、试点碳市场立法等重点针对控排企业行为的专门立法。控排企业可把这些立法全部纳入日常普法教育内容,也可借助企业法律顾问的作用,使得决策层、管理层和执行层系统、全面了解、学习相关立法,进而以此影响其决策行为、管理行为和执行行为。其次,法制管理融入企业实践。控排企业要在法律的框架内,开展生产、经营、管理等行为。具言之,控排企业的内部控制主体要依据法律、法规、规章、行业规则等,主动规范内部行为,维护资产、资金安全,维护市场公平竞争,履行环境保护社会责任等。② 例如,控排企业要依法规范在初始配额获取过程、配额交易过程、配额清缴过程中的系列行为,防止违法行为的出现和内部法律风险的发生,避免承担不利的法律后果。

第二节 控排企业的内部法律风险评估

目前,控排企业面临着激烈的碳市场竞争,法律风险无处不在。③ 例如,控排企业在初始配额获取、配额交易、配额清缴阶段就存在诸多内部法律风险。这

---

① 杨连成:《加快促进法律管理与经营管理有效融合》,载《光明日报》2009 年 12 月 1日,第 007 版。

② 雷兴虎、刘斌:《〈企业社会责任法〉:企业践行社会责任的法制保障》,载《法治研究》2010 年第 4 期,第 50 页。

③ 参见李静、李冬梅、秦喜胜著:《煤炭企业内部控制研究——基于全面风险管理的视角》,经济管理出版社 2012 年版,第 110 页。

些风险的存在影响到企业的生存与发展。控排企业若要控制这些风险，就需要对其全面、系统、深入地了解，并进行评估。这里的控排企业的内部法律风险评估是指内部控制主体依据设定的控制目标，识别、分析生产、经营、管理、决策等过程中可能产生的内部法律风险并提出应对策略的过程。根据该定义，控排企业内部法律风险的评估需遵循四个步骤：首先，设定明确的控制目标。即明确控排企业控制内部法律风险的具体目标。[①] 其次，内部法律风险的识别。即查找、描述各阶段、环节中影响控制目标实现的内部法律风险。[②] 再次，内部法律风险的分析。即对内部法律风险的产生原因、具体程度、影响范围、发生可能性、潜在后果进行分析。最后，内部法律风险应对。即基于成本效益、企业目标等考量，选择或制定相应的内部法律风险应对策略、应对计划。[③] 接下来，本节将对这个四个步骤展开分析。

一、控制目标的设定

（一）设定要求

控制目标设定是控排企业开展内部法律风险评估的先决条件。没有控制目标的内部法律风险评估是盲目的。那么，该如何设置控制目标，又应包括哪些具体目标呢？控制目标的设定须与碳市场控排企业内部法律风险控制的定位、基本原则保持一致。换句话说，法律遵循性、信息可靠性、最小防范成本、碳资产安全性等都是其控制目标，该目标要以国家减排政策为导向、要融入控排企业初始配额获取过程、要纳入控排企业配额交易过程、要植入控排企业配额清缴过程。

（二）信息收集

信息是内部法律风险评估的重要保障。控制目标设定后，就要收集与控制目标相关的信息。根据《企业内部控制基本规范》第 20 条、国家标准化委员会发

---

① 参见李凤鸣著：《内部控制学》，北京大学出版社 2002 年版，第 67 页。

② 参见肖光红：《企业内部控制基本理论问题研究》，西南财经大学 2014 年博士学位论文，第 94 页。

③ 参见张宜霞、舒惠好著：《内部控制国际比较研究》，中国财政经济出版社 2006 年版，第 22~23 页。

布的《企业法律风险管理指南》（GB/T27914-2011）第5.2.3规定，控排企业需要明确内部法律风险环境信息。所谓控排企业内部法律风险环境信息是与控排企业内部法律风险及其控制相关的各种信息。这些信息主要包括：（1）控排企业在内部法律风险控制方面的使命、愿景、价值理念；（2）控排企业内部法律风险控制的目标、职责、相关制度和资源配置情况；（3）控排企业内部法律风险控制现状；（4）控排企业曾发生的内部法律风险事件情况；（5）控排企业相关的法律规范库和内部法律风险库；（6）控排企业内部法律风险控制的信息化水平。[1] 由于控排企业内部环境是一个动态变化的过程，因而控排企业内部法律风险环境信息也应是一个持续的更新过程，并应根据控排企业内部法律风险变化及其控制需要对信息的收集范围和内容进行相应补充调整。[2]

二、内部法律风险的识别

（一）内部法律风险识别的释义

内部法律风险识别是指，在内部法律风险事故发生前，内部控制主体运用科学的方法，查找和辨识控排企业各业务单元、各项重要经营管理活动、重要业务流程中存在的内部法律风险的过程。它的目的在于全面、系统和准确地描述控排企业内部法律风险的状况，为内部法律风险分析明确对象和范围。可见，内部法律风险识别在碳市场控排企业内部法律风险评估中具有基础性作用。同样，内部法律风险识别对碳市场控排企业内部法律风险控制的影响也非常大。首先，若无法准确地识别出内部法律风险，也就谈不上对其控制的问题。某一阶段的重大内部法律风险若未被识别出来，一旦法律风险事故发生，则可能给控排企业造成重大损失，甚至关停、破产。其次，内部环境的变化，增加了内部法律风险识别的难度，进而影响到内部法律风险的有效控制。不仅控排企业外部的政策、法律、经济、气候等外在环境因素在变，其治理结构、管理制度、业务流程等内在环境因素也在变化。这就要求控排企业识别时要把这些内在的变动因素考虑进来，确

---

[1] 参见徐永前主编：《企业法律风险管理基础实务》，中国人民大学出版社2014年版，第118页。

[2] 参见戴文良、王素华、陈科杰著：《企业法律风险防范与管理》，法律出版社2015年版，第48页。

保准确地识别出内部法律风险，进而提出针对性的控制策略。

（二）内部法律风险识别的内容

碳市场控排企业内部法律风险是指，控排企业内部的生产、经营、管理、决策等行为及其变化违反了碳市场相关立法对其规定或者合同对其约定，可能会对他人利益或者碳市场秩序、安全造成不良影响，令控排企业承担相应不利法律后果的可能性。根据该定义，内部法律风险识别的内容就是指内部控制主体确定的控排企业内部法律风险的辨识范围。再结合风险构成理论，可以把内部法律风险识别的内容进一步分为内部法律风险因素的识别、内部法律风险事件的识别和内部法律风险后果的识别。其中，内部法律风险因素的识别指对引起或者增加内部法律风险事故发生的机会或增加损失的条件的识别。主要包括控排企业内部的管理制度、治理结构、业务流程等情况。内部法律风险事件的识别指对引发潜在危险转化为现实损失的内部具体行为或事件的识别。主要涉及在初始配额获取过程、配额交易过程和配额清缴过程中，控排企业内部的相关控制主体、具体违法行为或具体事件。内部法律风险后果的识别指在内部法律风险事故发生后，对给控排企业带来的不利后果的识别。例如，控排企业各阶段违法行为出现后，对企业及其相关人员可能需要承担的民事责任、行政责任和刑事责任及其范围的识别。

（三）内部法律风险清单的编制

内部法律风险清单是对控排企业内部法律风险综合情况的集中反映。控排企业内部法律风险的识别，最终就是要形成这样一份清单。该清单是进行法律风险分析的必要准备。它一般由基础信息、规章制度信息、管理信息三部分内容构成。其中，基础信息呈现的是对内部法律风险、内部法律风险事件的描述；规章制度信息则是对与内部法律风险有关的内外部规章制度、责任与后果的描述；管理信息为对涉及内部法律风险的业务部门、责任人员、业务流程和其他主体等事项的描述。

编制内部法律风险需遵循一定的程序或步骤。根据清单不同区域信息差异及内在联系，可分为三大步骤：首先，基本信息的分类整理。即收集整理已查找出的内部法律风险事件，接着明确描述各风险事件对应的内部法律风险，进而完成对内部法律风险的类别、编号与名称的设置并填入内部法律风险清单的指定区域。其次，规章制度信息的分类整理。整理各种内部法律风险对应的法律规定、内部规章制度规定，以及可能产生的不利的法律后果。接着把这些事项填入内部法律风险清单的对应区域。最后，管理信息的分类整理。把各种内部法律风险可能影响到的部门、控制主体、流程、活动等事项填入内部法律风险清单的相应模块。这样，控排企业内部法律风险清单初步完整，还需要以调查问卷、座谈会等方式进一步争取相关部门、人员的意见，并基于意见作出相应完善，以形成最终的内部法律风险清单。

三、内部法律风险的分析

（一）内部法律风险分析的概念

内部法律风险分析是指控排企业的内部控制主体运用定性和定量的分析方法，对识别出的内部法律风险进行分析，以为内部法律风险应对提供支持。[1] 从该定义可以看出，内部法律风险分析在该风险评估中具有重要作用。具体来讲，它是内部法律风险评估的中间环节、关键环节，其在内部法律风险识别与应对间具有桥梁作用。只有运用科学的方法对已经识别出的内部法律风险进行分析，才能对导致内部法律风险事件的原因、内部法律风险事件发生的可能性及后果、影响后果和可能性的因素等作出较为清晰而准确的判断，进而为后续内部法律风险应对工作奠定基础。

（二）内部法律风险分析的内容

内部法律风险分析的内容由风险发生可能性、风险影响程度和风险水平构成。其中，内部法律风险的发生可能性是指在一定时间段内该风险发生频次的高低；风险影响程度指该风险一旦转化为现实可能给控排企业造成的损失情况；风险水平则为综合考虑风险发生可能性与风险损失度后对风险严重程度作出的判

---

[1] 参见叶小忠、贾殿安主编：《中国企业法律风险管理发展报告》，法律出版社 2013 年版，第 33 页。

断。在进行内部法律风险分析时，需根据不同的构成内容分别考虑与之相关的因素。

其一，内部法律风险的发生可能性分析可考虑的因素。尽管不同类型的内部法律风险，影响其发生可能性的因素存在差异，但在实践中可考虑如下因素：（1）控排企业外部相关政策法律的完善程度与执行情况；（2）控排企业内部相关控制内部法律风险的规章和制度的完备程度与实施情况；（3）控排企业内部控制主体的法律素养，即控制主体了解、掌握相关碳市场政策、法律和企业内部规章、制度的程度。

其二，内部法律风险的影响程度分析可考虑的因素。内部法律风险事件对控排企业经营管理、业务发展影响程度，可考虑以下因素进行评价：（1）损失的类型，如控排企业的财产类损失与非财产类损失；（2）责任的类型，即控排企业及相关责任人员的民事责任、行政责任和刑事责任；（3）损失的程度，如控排企业财产损失大小和非财产损失的影响范围。

其三，内部法律风险的风险水平分析可考虑的因素。内部法律风险的发生可能性和影响程度分析完成后，则可根据内部法律风险行为的可能性与损失程度之乘积得出风险水平。

（三）　内部法律风险分析的方法

根据内部法律风险分析的概念可知，定性分析和定量分析是其两大分析方法。前者强调对事物"质"的分析，而后者更注重对事物"量化"研究。[1] 控排企业内部控制主体应当采取定性与定量相结合的方法，按照内部法律风险发生的可能性及其影响程度等，对识别的风险按照"规模或水平"进行分析和排序，[2] 确定关注重点和优先控制的风险。[3] 具体来说：

其一，内部法律风险的定性分析。该方法是用文字的形式或叙述性的分类等

---

[1]　参见洪芳：《定性研究和定量研究的比较分析》，载《南方论坛》2013年第12期，第52页。

[2]　［英］珍妮·斯蒂尔著：《风险与法律理论》，韩永强译，中国政法大学出版社2012年版，第178页。

[3]　李静、李冬梅、秦喜胜著：《煤炭企业内部控制研究——基于全面风险管理的视角》，经济管理出版社2012年版，第111页。

级来描述控排企业内部法律风险发生可能性及影响程度。它一般适用于如下情况：（1）控排企业进行初步的内部法律风险分析；（2）内部法律风险数据资料不够充分，无法进行（半）定量分析；（3）内部法律风险评价模型不成熟、不完备，无法进行（半）定量分析；（4）内部法律风险控制处于起步阶段的控排企业。实践中，控排企业内部控制主体可采取问卷调查、访谈、研讨会等形式进行定性分析。

其二，内部法律风险的定量分析。根据是否具备完全的定量分析条件，该方法又可分为半定量分析和定量分析。其中，半定量分析是在定性分析的基础上设定一定的数值标准，从风险的发生可能性、影响程度、风险级别等视角分析控排企业的内部法律风险。其目的旨在确定一个比定性分析更为精确的有限顺序。但是，半定量分析也存在使用数据无法反映风险间的联系、风险可能性及影响程度过高或过低时无法有效区分风险等局限，其适用情形基本同定性分析。

而定量分析则基于这样一种认识，每个控排企业内部法律风险由若干独立行为组成，各内部风险行为的可能性和损失度决定了整个风险的可能性和损失度，继而从内部风险行为着手分析。首先，为内部风险行为的可能性和损失度设定不同分析维度，并为每种维度设定评分标准；其次，内部控制主体对每个分析维度评分；最后，根据内部法律风险和内部风险行为分析间数学关系，将评分结果转化为内部法律风险发生可能性、损失度与内部法律风险水平的具体数值。该方法适用通常需要有充分的内部法律风险数据资料、完备的内部法律风险评价模型。实践中，定量分析应有控排企业内部控制主体中的专业人士组成风险分析小组，按照严格规范的程序开展工作，以确保风险分析结果的准确性。

四、内部法律风险的应对

"无论在什么语境或者情况下，任何风险评估都应该有赖于对潜在结果赋予的价值，而非仅仅依赖于结果的概率。"[①] 内部法律风险应对是控排企业根据内部法律风险分析结果及其期待价值，对内部法律风险或内部法律风险事件采取相应措施，将其控制在控排企业可承受的范围。内部法律风险应对一般由内部法律

[①] ［英］珍妮斯蒂尔著：《风险与法律理论》，韩永强译，中国政法大学出版社 2012 年版，第 27 页。

风险应对策略选择、内部法律风险应对现状评估，以及内部法律风险应对计划的制定与实施三环节构成。

（一）内部法律风险应对策略的选择

内部法律风险应对策略主要包括规避风险、降低风险、转移风险和接受风险，可根据实际需要选择单独或组合使用。其中，规避风险指内部控制主体以变更计划的方式，来消除内部法律风险或内部法律风险发生的条件；降低风险指内部控制主体通过采取适当的措施，来降低内部法律风险发生的可能性或减少内部法律风险事件发生时造成的损失；转移风险指内部控制主体以法定或约定方式，将内部法律风险转移给他人承担的方法，如控排企业的环境责任保险；接受风险指内部控制选择由控排企业承担内部法律风险事故可能造成的损失。内部法律风险应对策略的选择，实际上是控排企业理性、自利特质的体现，因为它在作出选择前通常是基于以下因素的综合考量：其一，控排企业的发展目标、环境责任等；其二，控排企业内部法律风险控制的定位、目标、资源以及风险承受度等；其三，各种内部法律风险控制策略实施的成本效益衡量；其四，利益相关者的诉求，例如碳市场政府主管部门、第三方核查机构等主体可能的要求。申言之，内部法律风险应对策略的选择，需要结合控排企业的内外部因素进行权衡利弊，以确保策略实施的有效性。

（二）内部法律风险应对现状的评估

若控排企业选择规避、降低或转移内部法律风险，则需要评估当前的内部法律风险应对状况，了解、查找应对之缺陷或不足，以为内部法律风险应对计划的制定提供支撑。内部法律风险应对现状的评估需要遵循以下原则：其一，重大或重要内部法律风险优先。基于内部法律风险识别、分析阶段确定的重大或重要应优先考虑。其二，充分考虑内部法律风险对控排企业目标的影响。要判断内部法律风险的应对措施是否会严重影响到控排企业发展目标的实现，若存在则应从评估对象中予以剔除。其三，充分考虑内部法律风险应对的成本效益。若某项内部法律风险应对的投入明显超过收益，则亦应从评估对象中去除。其四，具体到内部法律风险行为。即，要细化到引起各种内部法律风险的具体内部风险行为，这才是评估的对象，而非内部法律风险本身。

评估维度是控排企业内部法律风险应对的核心与关键。鉴于评估控排企业内部法律风险应对现状的基本目标是对应对现状进行全面系统的梳理，在评估维度的设定上同样要保证其完整性和系统性。也就是说，这些评估维度要涵盖各种类型的控排企业内部法律风险应对活动。国内外实践中，主要采用以下评估维度：（1）资源配置。即控排企业内部的相关机构设置、人、财、物配备能否满足内部法律风险应对需求。（2）职责权限。即与内部法律风险应对相关的职权是否明确。（3）过程监控。即对控排企业内部持续的经营管理活动是否有定期或不定期的监控、证据材料保留，以及信息沟通和预警。（4）奖惩机制。即控排企业对内部控制主体的内部法律风险应对工作是否有绩效考核机制。（5）实施主体能力要求。即控排企业对内部法律风险应对的实施主体能力是否有要求。（6）部门内法律审查。即业务部门是否被要求审查部门内部的一般法律问题。（7）内部法律风险意识。即控排企业有关控制主体是否对内部法律风险的存在、可能后果及风险应对有基本的认识与理解。

（三）内部法律风险应对计划的制定

控排企业内部法律风险应对现状评估完成后，就需要从制度、流程、活动等角度提出应对措施。通常有如下几类措施：（1）资源配置措施。即建立健全与内部法律风险应对相关机构，配备必要的人、财、物。（2）制度和流程措施。即建立健全与内部法律风险应对相关的制度、流程。（3）标准和规范措施。即针对内部法律风险，编撰内部规范或标准，供相关内部控制主体使用。（4）培训措施。即对关键岗位人员进行内部法律风险培训，提高其内部法律风险意识和内部法律风险控制能力。如，对碳交易操作员、碳资产管理人员的技能等培训。（5）信息措施。即对内部法律风险事件发布预警信息。如对非法买卖配额的行为以警告。（6）活动措施。即开展一些特殊活动，以实现特定内部法律风险的规避、降低或转移。

上述内部法律风险应对措施确定后，应对其汇总，形成内部法律风险应对计划。应对计划的制定要以有效性、可操作性、统筹性、规划性为目标，该应对计划一般需要反映出如下内容：其一，明确实施机构、人员、责任分配和奖惩机制。其二，需要采取应对措施的经营管理活动。例如，针对初始配额获取、配额交易和配额清缴中的内部法律风险行为采取应对措施。其三，内部相关报告、监督及检查要求。例如，碳排放报告编制、提请核查、提请审定等内部要求。其四，资源需求及其配置。例如，保证充足的配额交易资金。其五，内部法律风险应对措施实施的优先顺序与条件。其六，时间要求。例如，碳排放监测计划编制、备案、变更等方面的时间要求。

第三节　控排企业的控制活动

控制活动是控排企业根据内部法律风险评估结果，为确保内部控制主体的内部法律风险应对计划得以实施而采取的各种措施和手段。它涉及控排企业内部各层级、相关机构。内部法律风险的类型、大小、影响程度不同，控排企业采取的控制活动也不尽相同。但是，控制活动应与控排企业的经营目标[1]、内部法律风险控制目标、应对策略与计划保持一致，应坚持内部法律风险控制与运营效率效果相平衡的原则。控排企业对重大或重要内部法律风险涉及的管理和业务流程，应制定覆盖各环节的全流程控制措施；对一般的内部法律风险所涉及业务流程，可仅把关键环节作为控制点来采取相应的控制措施。国内外实践中，控排企业多采取不相容职务分离、授权审批、内部报告、风险预警、审计核查、绩效考评、控制责任等控制措施。接下来，本节将逐一进行阐释。

一、不相容职务分离控制

某些职务若由一个人或部门负责，则可能发生错弊行为，且错弊行为可能被掩盖，因而需要采用一种制度安排将这些职务予以分离，即所谓的不相容职务分离制度。该制度旨在通过对重要岗位一岗双人、双职、双责的设置，[2] 形成相互制衡，达到防止错弊行为发生的目的。它要求企业要全面、系统地梳理和分析生产、经营、管理、决策等活动中所涉及的不相容职务，并采取相应的职务分离措

---

[1]　肖光红：《企业内部控制基本理论问题研究》，西南财经大学 2014 年博士学位论文，第 94 页。

[2]　参见李小海著：《企业法律风险控制》，法律出版社 2009 年版，第 482 页。

施，从而使相关主体各司其职、各负其责、相互制约。

　　具体来说，控排企业应根据初始配额获取、配额交易和配额清缴等业务和事项的流程与特点，系统、全面地梳理和分析有关的不相容职务。在此基础上，根据权力（利）制衡理论、权利义务对等理论，进行权、义、责的设定的方式实现不相容职务分离控制。在碳市场实践中，控排企业涉及的应当分离的不相容职务主要有：授权审批与执行、执行与监督审核、碳资产保管与处分、授权批准与监督检查。在对这些职务作出安排时，应考虑以下三点：首先，控排企业相关的经济业务或事项，须由两个及以上的部门或人员来实施，且彼此间能够进行检查核对。其次，职务分离设计要充分体现权力（利）分配的制衡原则，即相关部门、人员的权（力）利与义务相对等、责任与权利相适应。最后，职务分离设计建立监督检查机制，对被授权的部门或人员来说都有可能出现超越职权、玩弄职权、不履行职责、以权谋私等问题，因此必须有一套监督检查机制以防止权力（利）被滥用。

二、授权审批控制

　　授权审批制度是规范企业不同岗位和事项的权限、程序和责任的一种制度安排。它要求企业依据常规授权、特别授权之规定，明确相关岗位办理业务和事项的权限范围、审批程序和相应责任。其中，常规授权指在日常经营管理活动中，企业根据既定的职责和程序进行的授权；而特别授权则为企业在特殊情况和特定条件下所进行的授权。[①] 一般来说，企业均应编制常规授权的权限指引，并严格控制特别授权，如明确授权的范围、权限、程序及责任。企业内部控制主体行使职权不能超越授权范围，且应承担相应责任。对于重大的业务和事项，企业须实行集体决策审批或联签，任何个人均无权单独作出决策或恣意改变集体决策。

　　控排企业应该结合碳市场内部法律风险的特殊性、产生原因、集中阶段、产生机理、控制定位等因素，建立健全授权审批制度。具体来说，首先，控排企业应区分岗位授权和事项批准。对内部法律风险控制所涉岗位，须明确授权的对象、条件、范围、额度等，且任何部门或个人均不能超越权限作出风险性决定。例如，碳交易操作员应具备相应资格，并严格依据授权进行交易操作。对内部法

---

① 《企业内部控制基本规范》第 30 条。

律风险控制所涉重要事项，须明确批准的程序、条件、范围、额度、必备文件及批准主体的相应责任。其次，控排企业应明确常规授权和特别授权，以保证内部控制主体在授权范围内行使职权、承担责任。再次，控排企业应确立重大业务和事项的集体决策或联签制度。例如，控排企业购买配额履约、增减排放设施、新增高排放项目等，均属于重大业务和事项，均应由集体决策或联签决定。最后，控排企业应将授权批准书面化，并通知到各环节、流程中所涉人员，确保相关业务和事项严格依照授权批准执行。

三、内部报告控制

内部报告有狭义和广义之分。狭义的内部报告仅指企业的会计报告、财务报告，且只能在企业内部主体间进行信息传递；而广义的内部报告还包括碳排放报告、碳资产报告、风险控制报告等，其既可以在企业内部主体间进行信息传递，也须依据法律规定把内部信息向外部主体传递。例如，根据现行立法，控排企业须向第三方核查机构提交碳排放报告，须向碳市场主管部门提交碳排放报告和核查报告，其中的碳排放报告从形成上看，实为企业内部所形成，但其既可在企业内部相关主体间传递，也须用来履行法定义务。在内部法律风险控制语境下，本书将内部报告描述为根据内部法律风险应对的实施需要而编制的，以实现内部法律风险控制为目标，提供具有相关性、完整性、可靠性、真实性、客观性、可比性信息保证的文件。① 换句话说，内部报告与内部法律风险应对的实施具有密切的关系。内部报告是内部法律风险控制信息的载体，内部法律风险应对通过对内部报告的转换和传递来实现，内部报告是内部法律风险应对的重要依据。在此意义上，内部报告的质量关乎内部法律风险应对实现。因此，控排企业须将内部报告予以进一步的规范化、制度化，以确保内部报告的质量，进而满足内部法律风险应对的需要。

也就是说，控排企业需要根据内部法律风险应对实施的需要，建立健全内部报告制度。该制度要明确规定报告主体、接受主体、报告时间、内容、频率、传递方式等。具体说来，其一，报告主体。报告主体指履行内部报告义务的主体。

① 参见王玉红：《基于决策的内部报告体系框架研究》，载《社会科学辑刊》2010 年第 3 期，第 177 页。

内部控制主体由于所处层级不同、分工不同、掌握信息不同等，从内部报告信息的完整性来讲，这些主体均应纳入报告主体范围。这些主体要依法依章进行相关报告的编制、备案、变更、实施等。其二，接受主体。接受主体是接受内部报告的主体。它是个相对概念，某内部主体就其下级主体来说是接受内部报告的主体，就其上级主体却又是内部报告主体。例如，经理层就普通员工来说是接受主体，较董事会来说又是报告主体。其三，报告时间和频次。内部报告须有时间和频次上的要求，具体时间和频次可根据法律和章程的规定、内部法律风险发生可能性和影响程度等因素来确定。其四，报告内容。内部报告的内容是指内部法律风险应对所涉的各种信息，如碳排放监测信息和数据、碳排放报告要求的信息等。其五，传递方式。传递方式可分为对内传递和对外传递两种方式：对内传递是在内部控制主体不同层级的传递；对外传递则是向主管部门、第三方核查机构、交易中心等外部主体的传递。具体形式上，可表现为书面形式和非书面形式。

四、重大内部法律风险预警控制

重大内部法律风险一般会影响到控排企业的生存和发展。若控排企业内部没有一套完善的预警制度，那么重大内部法律风险一旦转化为现实将会给其造成重大经济损失，甚至被关停；相反，若有一套完善的预警制度，则会减少风险发生或其可能造成的损失。鉴于此，理性的控排企业通常会选择构建或健全重大风险预警制度，以配合重大内部法律风险应对计划的实施。控排企业在设计该制度时需注意以下几点。

其一，明确风险预警标准。重大内部法律风险预警制度是将预警的理论、方法应用到碳市场控排企业内部法律风险控制领域。实践中，可根据内部法律风险清单、内部法律风险的定性和定量分析及应对现状评估等因素，确定重大内部法律风险的预警标准，从而使其区别于一般内部法律风险和重要内部法律风险。

其二，制定应急预案。重大内部法律风险应急预案制定应体现预防为主和防治结合的原则，具体来说：（1）明确规定重大内部法律风险的内部应急管理机构。（2）确保内部法律风险信息和报告的准确、具体、真实、可靠，以为重大内部法律风险应急提供真实情况。（3）实行重大内部法律风险强制应急措施。例如，关停排放设备、暂停相关内部控制主体的工作等。（4）规定重大内部法律风险应急的善后处理原则和措施。如，对外承担相应的民事、行政和刑事责任，对内追究相关控制主体的责任。

其三，明确责任人员。碳市场控排企业的内部法律风险行为阶段性特征，决定了重大内部法律风险会出现在控排企业初始配额获取、配额交易、配额清缴阶段中的不同环节、不同岗位。因此，这些环节和岗位就必须要有明确的责任人员。

其四，规范处置程序。重大内部法律风险预警制度的逻辑过程主要包括四个环节：明确警情、寻找警源、分析警兆和预报警度。① 从重大内部法律风险的客观存在到重大内部法律风险的现实转化，必然会有内部法律风险行为和内部法律风险事件等"征兆"。重大内部法律风险预警目的就是基于这些"征兆"进行及时处置。通常需要对重大内部法律风险信息的收集、分析、报告、处置通报等程序进行规范。

其五，实施与保障机制。实施机制方面，可通过定期或不定期对重大内部法律风险责任部门和人员的访谈，了解重大内部法律风险防范情况，根据反馈作出决策上的调整；对重大内部法律风险的主要指标进行定期或不定期的监控；要求重大内部法律风险控制的责任部门和人员作定期风险控制情况的自我评价；把重大内部法律风险控制情况与绩效考评、责任追究结合起来。保障机制方面，可开展专项风险评估提升决策质量；采用内部法律风险信息系统，动态管控重大内部法律风险；形成长效机制，实现重大内部法律风险预警和应急的常态化、规范化和制度化。

五、内部审计核查控制

内部审计机构是实施内部审计核查活动的主体。它一般隶属于董事会，其开展的内部审计不仅有助于内部控制效率的提高和董事会对管理层监督职能的实现，② 还对控排企业内部法律风险的控制具有积极意义，前文第一节对此已有论

---

① 蓝楠著：《饮用水源保护法律调控研究》，中国地质大学出版社 2005 年版，第 144 页。

② 参见吴益兵著：《内部控制审计：信号传递、价值相关性与监督效应》，东北财经大学出版社 2013 年版，第 131、144 页。

述，此处不再赘述。建立、实施内部审计是控排企业的一项法定义务，因此其须建立健全内部审计核查制度。该制度的目的旨在促进内部审计机构的审计监督职能的实现和督促相关内部控制主体实施内部法律风险应对计划。在设计该制度时，需根据《企业内部控制基本规范》及配套指引等规定要求，结合内部法律风险控制的有关要求、方法、标准与流程，明确如下事项。

其一，明确内部审计核查的对象。这里的内部审计核查是指在一个既定的履约周期的特定日期截止前，内部审计机构对本级各部门和下级各部门的控排企业内部法律风险控制情况、业务经营情况、财务收支情况进行审计，并形成审计意见。根据该定义，内部审计核查的对象由三部分组成：（1）风险内部控制审计，即对内部法律风险控制的内部环境（治理机构设置、权责配置、人力资源、法制文化等）、风险评估（风险识别、分析、应对）等方面的有效性所进行的审计；（2）经营审计，即对控排企业的碳交易、碳资产管理等业务经营情况所进行的审计；（3）财务审计，即对控排企业的碳交易、碳资产管理等相关的财务收支活动所进行的审计。

其二，确定内部审计核查的内容。内部审计核查的内容主要包括与碳交易和碳资产管理相关的财务、经营管理数据和信息的合法性、真实性、准确性、完整性、可靠性，碳资产的经营管理效益，内部法律风险应对计划的执行情况，内部控制主体的违法行为。

其三，规定内部审计核查的方式。内部审计核查的方式指内部审计机构审计时的行为方式。根据不同的划分标准，会有不同的内部审计方式。例如，内部审计范围划分标准下的全部审计和局部审计；内部审计手段划分标准下的手工操作审计和计算机审计；内部审计时间划分标准下的预告审计、事中审计、事后审计。其中，预告审计、事中审计、事后审计的划分更契合内部控制整体框架理论的过程性控制特点，也符合内部法律风险的阶段性分布特点。因此，本书认为内部审计核查的方式宜采此划分标准。详言之，预告审计指内部机构开展审计活动前，应预先通知相关被审计部门和人员；事中审计指内部审计机构对内部法律风险应对计划、与碳交易和碳资产管理有关预算的执行过程的审计；事后审计指内部审计机构对内部法律风险应对计划、与碳交易和碳资产管理有关预算的执行结果的审计。

六、绩效考评控制

内部法律风险应对的现状需要绩效考核制度。在国内外碳市场实践中，控排企业常出现内部法律风险应对的执行力不足、反馈评价不及时、矫正活动滞后等问题。出现这些问题的一个重要原因是控排企业相应的考核机制不健全、效果差，应有的激励约束作用未得以发挥。鉴于此，控排企业应健全绩效考评制度，考虑把各责任部门、相关员工执行内部法律风险应对的情况与绩效薪酬相挂钩。

详言之，控排企业在构建绩效考评制度时，应考虑如下因素：首先，明确绩效考评目标。把控排企业内部法律风险控制这个总目标分解落实到各层级的相关部门和人员，且确保针对性和可实现性。其次，科学设置考核指标。建立定量指标和定性指标相结合的指标体系，且有相应的权重，以便计算比较。再次，确定考核评价标准。可根据内部法律风险控制的不同分解目标，采用不同的评价标准。复次，评定考核结果。综合分解目标、评价指标和评价标准，对相关内部控制主体执行内部法律风险应对计划、控制内部法律风险的业绩进行定期考评，并形成考评结果。最后，采取奖惩措施。将此专项的考评结果与其他事项的考评结果相结合，以确定内部控制主体的薪酬、职务晋升、评优、降级、调岗和辞退等依据。

七、责任控制

在国内外碳市场实践中，控排企业在内部法律风险应对计划执行中还出现互相推诿、越权控制等现象。出现这些现象的另一个重要原因是内部法律风险控制责任制度的缺失。若没有控制责任制度，一旦内部法律风险转化为现实，则会给企业带来经济损失等后果，但企业内部却难以落实责任和追究责任。这样发展下去，最终可能会导致控排企业整个控制系统出现失灵。① 相反，若有一套健全的内部法律风险控制责任制度，则一方面可以对内部控制主体的违法行为起到监督、震慑作用，另一方面还可以激发内部控制主体的主观能动作用，更好地对内部法律风险行为和事件进行控制，确保内部控制系统得以持续、有效地运行，从

---

① 参见吴晓云：《在内部控制系统中建立责任追究制度探析》，载《大庆社会科学》2005 年第 5 期，第 39 页。

而促进内部法律风险应对计划的实现。

鉴于上述认识，控排企业需要建立专门的内部法律风险控制责任制度。在构建这一制度时，控排企业至少需要考虑如下几点。

首先，制度设计要体现权、义、责相统一的原则。控排企业需要按照权利、义务和责任相统一的原则，明确规定不同内部控制主体、不同岗位应负的责任。

其次，控制责任制度和绩效考评制度衔接起来。与内部法律风险应对相关的绩效考评目标、绩效考核指标、绩效考核标准、绩效考核结果，均可作为追究相关主体控制责任的重要参照、甚至依据；认定的控制责任也可以作为扣减薪酬、降级、调岗和辞退等内部惩罚的重要依据。

最后，控制责任制度要覆盖所有相关环节或阶段。从微观层面看，以欧盟温室气体排放碳排放监测报告为例，该报告形成前就涉及数据流的测量、监测、分析、记录、处理和计算参数等诸多环节，那么内部控制责任就应该被分配到这些环节中。① 从宏观层面看，内部法律风险集中在控排企业的初始配额获取、配额交易、配额清缴三个阶段，这三个阶段各种内部法律风险均可能发生，因此，内部控制责任又必须覆盖各阶段。

第四节　控排企业的信息与沟通

信息与沟通是内部控制整体框架理论的一个极其重要的基本要素。这一要素由信息和沟通两方面构成，两者联系紧密，前者是后者的对象和内容，后者是前者传递的手段。它像"血液"一般贯穿于内部控制环境、风险评估、控制活动和内部监督之间，并为之提供信息支持。良好的信息与沟通能提高内部控制运行的有效性，继而更好地促进控排企业内部法律风险控制的实现。换言之，以某一形式，在某一时间框架内，及时收集、捕获、处理相关信息并进行交流，促使内部控制主体规范自身行为、有效履行职责，这对实现内部控制整体框架理论的目标和内部法律风险控制的目标均是必不可少的。然而，在碳市场实践中，控排企业因普遍不太重视碳交易，以致对内部法律风险信息的概念、收集内容、收集渠

---

① 参见焦小平主译：《欧盟温室气体排放监测与报告指南》，中国财政经济出版社2011年版，第47页。

道、信息处理，以及内部法律风险信息沟通的内涵、作用、实现方式等了解甚少，加之相关学术成果也鲜见，不利于控排企业实现上述目标。接下来，本节将尝试对这些问题进行研究，以期能对碳市场控排企业的内部法律风险控制有所助益。

一、内部法律风险信息的获取

内部法律风险信息的管理是指在内部法律风险控制过程中，控排企业收集、处理、利用内部法律风险信息的活动总称。根据内部控制整体框架理论，内部法律风险信息的获取过程包括信息收集、筛选、核对、整合。

（一）内部法律风险信息的收集

1. 内部法律风险信息释义

根据前面研究结论可知，碳市场控排企业内部法律风险是指控排企业内部的生产、经营、管理、决策等行为及其变化，违反了碳市场立法对其规定或者合同对其约定，可能会对他人利益或者碳市场秩序、安全造成不良影响，令控排企业承担相应不利法律后果的可能性。国家标准化委员会发布的《企业法律风险管理指南》（GB/T27914-2011）第5.2.3把"内部法律风险环境信息"界定为"与企业法律风险及其管理相关的各种信息"。类似地，在内部整体框架理论下，本书可把控排企业内部法律风险信息定义为"与控排企业内部法律风险及其控制相关的各种信息"。据该定义可知，此处的信息并非控排企业所有的信息，而仅指与控排企业内部法律风险控制相关的信息。一般来说，这些信息涉及与内部法律风险及其控制相关的内部环境、风险评估、控制活动和内部监督信息的历史与现状。要弄清楚这些相关信息的历史与现状就要完成信息的收集工作。

2. 内部法律风险信息收集的内容

内部法律风险信息的收集是指，运用适当的方法和手段，对控排企业内外部与内部法律风险及控制相关的信息进行收集、分析、整理、归纳的一系列过程。信息收集的内容是信息收集的具体范围。根据信息的来源，可将内部法律风险信息进一步分为内部信息和外部信息，即二元划分。

所谓内部信息是指来源于控排企业内部且与内部法律风险及控制相关的信

息，主要包括：控排企业的战略目标、盈利模式、业务模式；控排企业的经营管理流程、活动、部门分工；控排企业内部法律风险控制的目标、相关制度、职责、资源配置；控排企业内部法律风险控制现状；控排企业内部控制主体的法律遵从情况、奖惩方式；控排企业的初始配额获取、配额交易、配额清缴管理情况等。

而外部信息则为来源于控排企业外部的同内部法律风险及控制有关的信息，主要包括：国际气候变化谈判成果，如《巴黎协议》《京都议定书》《联合国气候变化框架公约》等对国家节能减排的影响；国家低碳政策变化情况，如国家气候变化规划、减排承诺、行业和能源结构调整、碳市场建设安排等政策对发展低碳经济、建设国家碳市场的具体要求；国家和地方的相关立法情况，如正在推进的《应对气候变化法》《碳排放权交易管理条例》和 2014 年修订的《环境保护法》《大气污染防治法》《碳排放权交易管理暂行办法》、各点立法及配套实施细则对控排企业减排的要求；国家和地方碳市场主管部门的培训、核查、履约等资讯；各交易所（中心）的交易规则、会员管理、风险管理等情况；第三方核查机构的名单、资质、核查指南、核查要求、核查结果等情况；碳市场不同产品的供需、价格波动、CCER 抵消限制等情况；能源市场的能源供需、价格波动等情况；碳金融市场的发展情况，如碳抵押、质押、信托等碳金融衍生品的发展，以及气候变化情况等。

3. 内部法律风险信息收集的渠道

根据信息是否出自控排企业，可以把内部法律风险信息收集的渠道分为内部信息获取的渠道和外部信息收集的渠道。前者指内部信息获取的具体形式，后者指外部信息获取的具体形式。根据《企业内部控制基本规范》规定，内部信息的获取主要依靠控排企业内部的财务会计资料、经营管理资料、调研报告、专项信息、内部刊物、办公网络等渠道，这些渠道信息中的"优质信息可能源于高管以下级别的经理，因之更贴近企业的脉搏"；① 外部信息的获取主要凭借控排企业外部的行业协会组织、社会中介机构、业务往来单位、市场调查、来信来访、网络媒体以及有关监管部门等渠道。

---

① ［美］斯科特·格林著：《〈萨班斯-奥克斯利法案〉与董事会：公司治理的最佳技巧及范例》，荆新译，东北财经大学出版社 2012 年版，第 105 页。

内部法律风险信息要依法进行获取。首先，获取手段须合法。收集人不得采取窃取、欺骗、非法交易等违反法律法规禁止性规定的方式进行。其次，履行保密义务。收集人对于未公开的涉及国家秘密、商业秘密、个人隐私的信息要履行保密义务，对已经合法途径公开的信息须合理使用。最后，不影响被收集人的正常生产经营管理。收集人在获取信息过程中不得影响、干扰控排企业内部及外部单位的正常的生产、经营管理工作，因不法获取行为给他人人身和财产造成损失的要依法承担相应的责任。

(二) 内部法律风险信息的加工

信息加工是确保信息质量的必要方式。内部法律风险信息的加工是指控排企业对收集来的与内部法律风险及控制相关的内部信息与外部信息进行去伪存真、去粗取精的处理过程，它旨在提高信息的质量和有用性。这是由于控排企业内部法律风险虽然具有"相对确定性"的特征，但是其也会因影响因素的多样、动态、变化而表现出"不确定性"的一面。而信息质量是控制这种不确定性的关键。一方面信息质量是影响内部控制主体进行科学、正确决策的关键因素，另一方面信息的有效性传递又是以信息质量为前提和保证的。可见，信息加工对控排企业控制内部法律风险来说是必要的，其主要包括信息筛选、核对和整合三个环节。

首先，内部法律风险信息的筛选。所谓内部法律风险信息的筛选是指，控排企业对收集到的内部信息和外部信息依据一定的标准进行精简，排除无用或关系不大的信息，保留有用或关系紧密的信息。但是信息的筛选不能盲目进行，需要遵从一定的标准或目标。内部法律风险信息的筛选应以实现内部控制整体框架理论的信息质量目标和控排企业内部法律风险控制的信息可靠性定位为出发点和归宿。

其次，内部法律风险信息的核对。所谓内部法律风险信息的核对是指，控排企业对筛选保留下来的内部信息和外部信息进行去伪存真的分析比对，进一步排除虚假、存疑信息，保留真实、可靠的信息。例如，核对筛选保留下的信息资料或文件是否属于原始资料、原件，收集的复印件信息与原件信息是否一致。可见，核对环节对确保信息的质量是必要的。同样，核对筛选后的信息也需要遵循一定的原则，如合法性原则、客观真实性原则、关联性原则。此处所谓合法性原则是指内部法律风险信息必须是由内部控制主体依法律认可的方式调查、收集的。换句话说，即使内部法律风险信息是真实、可靠的，若属于违反国家禁止性规定获取的，仍不得使用，应予以排除。客观真实性原则是指这些筛选后的信息必须是能反映出控排企业的内部法律风险真实情况的客观存在。关联性原则指筛选后的信息不仅是客观存在的，还须与内部法律风险存在法律上的联系。反之，筛选后的信息将不具有使用价值。

最后，内部法律风险信息的整合。所谓内部法律风险信息的整合是指，控排企业运用信息技术等手段把核对后保留下的内部信息和外部信息进行综合化、系统化处理的过程。整合环节可以避免信息的孤立化、片段化，有助于建立起不同信息间的联系，以更便于信息管理，尤其是信息的沟通。

二、内部法律风险信息的沟通

信息不对称是内部法律风险产生的一个重要原因。在控排企业的权力主体、管理主体、执行主体、监督主体间存在着信息不对称的问题。这主要因各自权限不同、接触信息多寡、信息交流渠道不畅等因素所致。若信息不对称问题不能以适当、有效的方式加以解决，那么就会导致相关内部控制主体不能及时、准确、全面地获取、掌握、分析内部法律风险信息，从而贻误内部法律风险应对的最佳时机，甚至可能会给控排企业带来不利法律后果。反之，若内部法律风险信息能够在控排企业的内部、内部与外部间进行有效传递，那么则有助于内部控制主体及时获取相关信息，以便凭此作出科学、正确的决策，并及时采取内部法律风险应对措施，从而实现内部控制的目的。换言之，内部法律风险信息的收集、加工不是最终目的，其需要有效地沟通才能发挥、实现信息的价值。

（一）内部法律风险信息沟通的内涵

沟通是不同主体间进行信息传递的过程。内部法律风险信息沟通是指控排企业内部控制主体将整合后的内部法律风险信息进行向内和向外传递的过程。根据该定义可知，内部法律风险信息沟通具有如下特点。

其一，内部法律风险信息的整合性。即进行沟通的内部法律风险信息，须为经科学技术手段进行综合、系统地整合后的信息。而未经任何筛选、核对、整合等加工程序处理的初始收集信息，不能用于传递。这主要因为这些信息的质量难以保证，不利于内部控制主体作出正确的决策，甚至可能会因信息质量问题而产生信息传递失效，内部控制无效果或者效果不符合成本效益原则，从而造成人力、物力、财力巨大浪费的问题。

其二，传递途径的双重性。即内部法律风险信息传递包括控排企业内部的传递和控排企业外部的传递。控排企业内部的传递，是控排企业内部法律风险信息在组织内部的传递。它不仅包括在控排企业的股东会、董事会、监事会、管理层、其他员工等不同层级控制主体间的纵向传递，还包括在同一层级、同一部门的控制主体间的横向传递。控排企业外部的传递，是控排企业依法把内部法律风险信息向组织外部的有关主体传递。在碳市场实践中，控排企业信息的外部传递主要有三种情形：第一种情形由控排企业向碳市场政府主管部门传递。控排企业要获取政府分配配额、完整履约义务，就需要依法向碳市场主管部门提交包括内部法律风险信息在内的相关信息。第二种情形由控排企业向碳排放权交易所（中心）传递。根据现行立法和交易所（中心）规则，控排企业需要完成注册登记，才能进行交易。交易所（中心）对控排企业的交易行为具有监管职责。因此，控排企业需要根据交易所（中心）的要求及时提供内部法律风险信息，并采取控制内部法律风险的相应措施。第三种情形由控排企业向第三方核查机构的传递。根据现行立法，控排企业有接受、配合核查机构的义务，其须根据核查的需要依法向核查机构提供相关的信息资料，其中也包括控排企业的内部法律风险信息。

（二）内部法律风险信息沟通的作用

内部法律风险信息的二元划分和内部法律风险信息传递途径的双重性，共同决定了内部法律风险信息沟通具有对内和对外两种不同的功能或作用。换言之，内部信息和外部信息的内容不同，其用途、目的也不尽相同；对内传递和对外传递的路径不同，其对象、方法也存差异。但这些不同的信息内容和不同的传递渠道，对控排企业实现内部法律风险控制目的和依法履行对外义务具有重要作用。

一方面，为控排主体控制内部法律风险提供信息基础。从第一章第三节的实证研究部分可知，控排企业内部控制主体不了解碳市场政策法律是产生内部法律风险的一个重要原因。控排企业的法律风险评估、信息与沟通调查结果又进一步反映出，内部法律风险信息的质量无保障，以致内部控制主体缺乏及时作出科学、正确决策的信息。而经严格加工程序处理后的内部法律风险信息往往具有较高的质量保证。因此，这种内部法律风险信息的沟通就可以更好地帮助内部控制主体了解风险发生可能性、风险程度等情况，从而作出符合成本效益原则的决策，及时采取有针对性的措施。

另一方面，为控排企业依法履行对外义务提供信息保障。根据碳市场立法、交易规则和报告核查指南规定，控排企业对外需要向碳市场主管部门、交易所（中心）、第三方核查机构、金融机构、交易相对人等履行规定或约定的义务。概括起来主要有：碳排放监测计划提请备案或批准、实施监测、碳排放报告提交核查、配合核查、碳排放报告和核查报告提请审定、交易限制和履约、抵消限制、配额清缴等。这些义务的履行，都离不开有关内部法律风险信息的有效传递。否则，控排企业可能会因内部法律风险信息有效沟通缺乏而面临内部法律风险，甚至会因此被迫承担不利的法律后果。据环维易为公司调查，控排企业未履约的原因其中就涉及信息及传递。例如，不了解碳交易及其程序，未将信息及时传达致使控排企业高层不了解情况等。① 而有效的内部法律风险信息的对外沟通，可以帮助控排企业了解、理解相关法律要求，明确内部控制主体的职责，以积极主动地对外履行法定或法定义务，避免或减少损失。

（三） 内部法律风险信息沟通的障碍

据前文实证数据分析显示，仅有7%的控排企业明确了内部法律风险信息的传递程序，24%的控排企业建立了信息沟通与反馈机制，12%的控排企业建立了内部法律风险信息反舞弊机制。这说明控排企业在内部法律风险沟通方面尚存在不畅通的问题。

首先，传递方式单向化。由委托代理理论可知，控排企业内部不同层级主体间存在委托代理关系，权力层、管理层和执行层的权限也不同。下级主体须对上级主体负责。通常，上级的决策犹如"行政命令"般交付给下级无条件地去执

---

① 环维易为公司：《环维易为中国碳市场报告2015》，http：//www.environomist.com/index.php?_m=mod_bulletin&a=bulletin_content&bulletin_id=7. 2016年3月23日访问。

行，上级很少关注下级的感受、想法和意见。加之，不同层级间存在着利益追求不同，这就会导致不同主体间利益上的冲突。作为下级内部法律风险控制主体，通常掌握着最"一线"的内部法律风险信息，却往往基于自身利益的衡量选择隐瞒、不报或谎报信息。此外，控排企业与外部主体间的沟通也多为单向，多是被动地履行义务，控排企业往往很少能有效地参与并影响到相关决策的制定。此种现象除了法律环境等外在原因外，也有控排企业内在原因，如控排企业不重视、不了解碳交易。

其次，传递程序需规范。不同类型的内部法律风险信息，应由谁去传递，传递给谁，怎么实现有效传递？这实际上就是内部法律风险信息传递的规范化、制度化问题。然而，调研数据显示，这一问题并没有在控排企业内部得以普遍解决。若这一重要程序问题不能得以很好的解决，再好的内部法律风险信息也无法有效传递，终将会影响到内部法律风险控制目标的实现。

最后，舞弊现象待根治。在碳市场中控排企业及其内部控制主体的舞弊行为是多样的。在初始配额获取阶段，存在控排企业或内部控制主体利用自身掌握的信息优势，故意提供捏造、伪造的虚假碳排放信息的行为等。在配额交易阶段，存在交易操作员未经授权或超越授权范围进行交易造成碳资产流失的行为，控排企业与其他交易者、交易所（中心）等外部主体间的恶意串通行为等。在配额清缴阶段，存在内部控制主体的滥用职权、虚假报告、恶意串通等行为。这些违法现象的存在会给内部法律风险信息的沟通带来阻碍，因此须由一套健全的内部监督机制来加以防范。

（四）内部法律风险信息沟通障碍的克服

鉴于上述分析，控排企业及内部控制主体要提高内部控制运行的有效性和实现内部法律风险控制的价值定位，就需要针对信息传递中存在的现实问题，建立健全内部的信息传递机制、信息传递程序和监督机制。

第一，建立双向沟通机制。所谓双向沟通机制，是指控排企业内部、内部与外部间关于内部法律风险信息的双向传递机制。其中，控排企业内部法律风险信息的传递不仅指不同层级间的纵向传递，还包括同一层级的横向传递。控排企业与外部主体间的内部法律风险信息传递，不是简单的履行信息传递义务，也需要彼此间的交流与反馈。换言之，内部法律风险信息只有在控排企业各层级、责任部门、业务环节、阶段之间，以及控排企业与交易对方当事人、碳市场政府主管部门及相关部门、第三方核查机构、交易所（中心）、配额拍卖机构、相关金融机构、监管部门等有关各方之间进行传递和反馈，才能真正地发挥作用。简言之，控排企业内部需要有一套关于内部法律风险信息沟通的双向机制，控排企业可通过一些内部的制度安排来实现这一机制的建立。如控排企业内部的碳排放监测计划制度、碳排放信息报告制度等。

第二，规范信息传递程序。双向沟通机制的有效实现必须借助一定的程序。根据上述分析，内部法律风险信息传递程序可分为控排企业内部主体间的信息传递程序和控排企业与外部主体间的信息传递程序。就控排企业内部主体间的信息传递程序而言，由于内部控制主体间存在委托代理关系，所以在进行内部程序设计时要考虑纵向的层级关系，不能越级传递。换句话说，需要根据"股东（大）会—董事会—经理层—普通员工""股东（大）会—监事会—董事会""股东（大）会—监事会—经理层"等委托代理关系设计相应的程序。横向不同部门间的信息传递，也要明确部门内部的相关程序。而控排企业与外部主体间的信息传递，是以企业的名义进行的。这类信息传递程序因信息内容、法定要求不同，其程序设计也不尽相同。以碳排放监测计划制度和碳排放信息报告制度为例。碳排放监测计划制度涉及编制、备案或批准、实施、申请变更、批准变更、终止等程序。碳排放信息报告制度涉及编制、提请核查、核查反馈、提请审定等程序。因此，控排企业与外部主体间的信息传递要结合具体事项的特点进行，才能确保信息有效并起到防范相应法律风险的作用。

第三，建立反舞弊机制。与初始配额获取、配额交易和配额清缴相关的组织内部的舞弊行为，是控排企业内部法律风险产生的重要原因。要消除这些舞弊行为给内部法律风险信息沟通带来的障碍，控排企业须建立健全反舞弊机制。

首先，明确反舞弊的责任主体。根据《企业内部控制基本规范》第12条规定，董事会、监事会和经理层对内部控制机制建立和运行具有不同分工。其中，董事会负责建立和有效实施，监事会对董事会的建立、实施内部控制工作进行监督，经理层则负责组织该机制的日常运行。反舞弊机制是内部控制机制的重要组成部分。因此，控排企业的董事会负责建立、实施反舞弊机制，监事会对董事会建立和有效实施该机制的活动进行监督，经理层负责该机制的日常工作。再结合《企业内部控制基本规范》第3条第1款规定可知，实施反舞弊机制不限于董事会、经理层，还包括监事会和全体员工。简言之，董事会、经理层、监事会和全体员工均是反舞弊的责任主体。

其次，识别反舞弊的重点情形。在碳市场实践中，常见的控排企业及内部控制主体的舞弊行为有：其一，编造、伪造排放信息和数据，虚报、瞒报碳排放量；其二，无权或越权的信息披露、交易操作；其三，内部控制主体的滥用职权、恶意串通。

最后，构筑相关的监管制度。这里主要包括反舞弊调查报告制度和举报投诉制度。在设计反舞弊调查报告制度时，控排企业需要建立举报电话、电子邮箱、举报信箱等投诉渠道，明确与内部法律风险相关的舞弊行为的调查、处理、报告、补救、调查结果反馈程序。在设计投诉举报制度时，设置举报专线，明确投诉举报的受理程序、处理程序、办理期限、办结要求、结果反馈等内容。

第五节 控排企业的内部监督

内部监督是内部控制整体框架理论的基本要素，也是内部控制有效实施的重要保障。内部控制系统复杂而庞大，其建立、实施、完善均离不开内部监督。这是由于内部监督可以帮助控排企业内部控制主体预防、发现和改进内部控制存在的缺陷，确保系统灵活、有效运行。[1] 换言之，内部监督可以检验和提高内部控制执行质量。它有持续监督、个别评估和综合监督三种方式。持续监督是对经营管理过程的监督，个别评估取决于风险程度和持续监督效果，综合监督则为二者结合之监督方式。对于监督发现的内部控制缺陷，须呈报上级部门。[2] 内部监督对碳市场控排企业内部法律风险控制的实现同样重要。接下来，本节将从规范法学的角度对该要素进行研究。

---

① 李静、李冬梅、秦喜胜著：《煤炭企业内部控制研究——基于全面风险管理的视角》，经济管理出版社2012年版，第118~119页。

② 李凤鸣著：《内部控制学》，北京大学出版社2002年版，第67~68页。

一、内部监督的主体

一般而言，在内部控制整体框架理论下，对内部控制主体的监督源自两个方面：其一，控排企业股东的监督。它由直接监督和间接监督构成，前者是股东独自直接实施的监督，后者则表现在股东借助股东（大）会实施的监督。但因股东与控排企业间存在区隔机制，所以控排企业股东的监督实为外部监督。其二，控排企业内部监督机构或人员实施的监督。此方面的监督因内部监督机构或人员属于控排企业而被称为内部监督。[①] 因此，本书所研究的内部监督主体也基于此方面。根据《公司法》《企业内部控制基本规范》等现行规定，碳市场控排企业内部法律风险控制的内部监督主体主要有监事会、审计委员会和内部审计机构。

（一）监事会

2018 年修订的《公司法》以及《上市公司治理准则》《企业内部控制基本规范》均把监事会或监事作为内部监督主体，并赋予其相应职权。其中，《公司法》第 53、54 条规定了监事会或不设监事会的监事的多项职权，主要涉及：临时股东会会议提议权、财务检查权、提案权，对董事与高级管理人员的监督权、罢免建议权和要求纠正权、提起诉讼权，对董事会决议事项的咨询权或建议权，公司经营异常情况的调查权。《上市公司治理准则》第 59、60、61、63 条则规定了监事会和监事如下职权：公司财务监督权，对董事、经理和其他高级管理人员履职合法合规性的监督，公司经营情况的知情权，就董事、经理和其他高级管理人员违法、违规、违章行为向董事会、股东大会反映或向证券监管机构及其他有关部门报告的权利。《企业内部控制基本规范》第 11 条第 4 款、第 12 条第 2 款明确规定了监事会对企业董事、经理和其他高级管理人员履职监督权，对董事会建立和实施内部控制的监督权。

由于控排企业多为公司制的大中型企业，再结合上述立法规定及要求可知，公司制的控排企业一般设有监事会。但就碳市场控排企业内部法律风险控制来讲，监事会的职权主要表现在：对董事、经理和其他高级管理人员履行内部法律

[①] 参见江平、邓辉：《论公司内部监督机制的一元化》，载《中国法学》2003 年第 2 期，第 79 页。

风险控制的职责进行监督，对董事会建立和实施内部法律风险控制情况进行监督，并就监督情况向股东（大）会、外部监管部门等进行报告。

（二）审计委员会

审计委员会是董事会下属的专门委员会之一，也是实施内部监督的又一法定主体。《企业内部控制基本规范》和《上市公司治理准则》规定了审计委员会在内部控制中的监督职权。《企业内部控制基本规范》第13、28条主要规定了审计委员会的5项职权：（1）审核内部控制，监督内部控制的实施情况、自我评价情况，并向董事会报告；（2）指导内部审计机构的工作，监督检查企业的内部审计制度及其实施情况；（3）处理有关投诉与举报，督促企业建立畅通的投诉与举报途径；（4）审核企业的财务报告及有关信息披露内容；（5）协调内部审计与外部审计间的沟通。《上市公司治理准则》第54条规定了审计委员会的5项职权：（1）提议聘请或更换外部审计机构；（2）监督内部审计制度及其实施；（3）负责内部审计与外部审计间的沟通；（4）审核公司的财务信息及其披露；（5）审查公司的内控制度。

由上述立法规定可知，审计委员会在控制碳市场控排企业内部法律风险中具有监督职权。这些职权主要体现在：其一，监督控排企业内部法律风险控制的实施情况和自我评价情况；其二，监督检查内部审计机构在控制内部法律风险中的识别风险、提供咨询和协调情况；其三，审核与碳交易相关的财务报告、碳排放报告内容。

（三）内部审计机构

为了保证内部监督的客观性，内部监督应有独立于内部控制决策和实施主体的监督机构。据此认识，《企业内部控制基本规范》《企业内部控制应用指引——内部审计》均要求企业设立内部审计机构。其中，《企业内部控制基本规范》第29条强调了内部审计机构的独立性，如要求配备与审计职能相适应的人员和工作条件，禁止该机构被纳入财会机构或与财会机构合署办公；第44条要求明确内部审计机构的职责和权限。《企业内部控制应用指引——内部审计》第6条进一步规定，内部审计机构受董事会和审计委员会领导，并定期向董事会、审计委员会、监事会和高级管理层报告工作。但是，内部审计机构一方面监督管理层，另一方面却须向管理层报告工作，且管理层是实施内部控制的重要主体，这样的规定会使内部审计监督流于形式。① 鉴于此，本书认为设置独立的内部审计机构是必要的，但不应要求内部审计机构履行向管理层报告工作的义务。唯有此，内部审计机构才能更好地发挥在碳市场控排企业内部法律风险控制中的监督作用。

二、内部监督的客体

法律关系的客体是法律关系主体之间权利和义务所指向的对象，通常由物、人身、精神产品和行为结果四种。内部监督客体是内部监督法律关系主体间的权利和义务所指向的对象，它涉及控排企业内部与内部控制相关的各种事项。在控排企业内部法律风险控制的语境下，内部监督的客体更为具体和特定。

（一）碳资产

碳资产主要包括配额和 CCER，其以数字化形式存在于控排企业等碳市场主体的登记账户或交易账户。碳资产之所以能成为内部监督的客体，是因为其具备法律上客体物的特征。即，碳资产已被现行碳交易管理立法所认可，能为控排企业等碳市场主体所认识和控制，能为控排企业等碳市场主体带来经济利益，且具有独立性而非不可分离之物。对控排企业内部法律风险控制的内部监督，需要对与碳资产相关的初始获取、交易、清缴等环节进行监督。

（二）内部控制主体的行为结果

由前文内部控制主体的研究可知，控排企业的内部监督主体与董事会、管理层、普通员工间存在监督与被监督的法律关系。从控排企业内部法律风险控制的角度讲，内部监督法律关系的客体又指向内部控制主体的行为结果。即内部控制主体作为义务人完成自身行为所产生的满足权利人利益要求的结果，这一结果包括物化结果和非物化结果两种。前者表现为内部控制主体的行为凝结为一定的物

---

① 参见徐黎：《企业内部控制框架中内部监督体系的架构》，载《财务与金融》2009 年第 2 期，第 90 页。

体，产生一定的物化产品，如碳排放监测计划、碳排放报告等；后者表现为内部控制主体的行为未进行物化转化，而仅体现为一定行为过程，如控排企业参加培训提高了碳资产管理能力，但这一能力的获得与内部控制主体的行为过程密切相关。

三、内部监督的内容

"法律关系纵属错综复杂，但其核心，终不外为权利与义务二者。"[1] 换言之，权利与义务构成法律关系的内容。[2] 内部监督的内容为内部监督法律关系主体内的权利与义务。根据委托代理理论，内部监督主体对内部控制主体控制内部法律风险的行为进行监督，由此二者存在内部监督法律关系。两类主体均有相应的权利和义务，同一类主体内的权利义务也不尽相同。

（一）内部监督主体的权利与义务

由上述第一部分的分析可知，控排企业的监事会、审计委员会和内部审计机构是内部监督的主要主体，其在内部法律风险控制的监督方面具有不同的权利和义务。具体体现在：首先，监事会的权利与义务。监事会由股东（大）会产生，权利最大。它有监督董事会、经理层人员履行内部法律风险控制职责的权利。具言之，它享有监督董事会建立和实施内部法律风险控制的权利，享有监督经理层负责组织内部法律风险控制的日常运行的权利。同时，它须依法履行保密义务，须向股东（大）会报告监督情况。其次，审计委员会的权利与义务。审计委员会归属董事会，其监督权相对较小。它具有监督经理层实施内部法律风险控制，监督内部审计机构履行风险识别、咨询和协调情况，审核相关报告的权利。同样，审计委员会除了履行保密义务外，还有向董事会报告监督情况的义务。最后，内部审计机构的权利与义务。法律上，内部审计机构受董事会和审计委员会双重领导，其权利最小。它重点监督管理层实施内部法律风险控制的情况。与此同时，它须履行定期向董事会和其他内部监督主体报告工作的义务。

---

[1]　郑玉波著：《法学绪论》，台湾三民书局1981年版，第99页。

[2]　参见童之伟：《法律关系的内容重估和概念重整》，载《中国法学》1999年第6期，第25页。

（二）内部控制主体的权利与义务

由前章第四节和本章第一节可知，内部控制主体具有多元性。股东（大）会、董事会、监事会、经理层和全体员工均是理论上的内部控制主体。再结合《企业内部控制基本规范》第3条第1款可知，内部控制的实施主体却仅指董事会、监事会、经理层和全体员工，而不包括股东（大）会，其中，监事会又是内部监督的主体。实际上，并非全体员工均参与到碳市场控排企业内部法律风险控制，而是仅有相关岗位、从事相关业务的员工参与其中。所以，下面将要探讨的权利与义务限于董事会、经理层和相关员工的权利和义务。首先，董事会的权利与义务。权利方面，董事会拥有与控排企业内部法律风险控制相关的各种报告审议权或批准权、风险控制（方案）的批准权或决策权、风险判断标准或机制的批准权、风险文化培育的督导权等。义务方面，董事会要履行建立健全和有效实施内部法律风险控制的义务，向股东（大）会报告内部法律风险控制工作的义务，保守控排企业商业秘密等义务。其次，经理层的权利与义务。经理层的内部法律风险控制权源自董事会的授权。一般来讲，其拥有与内部法律风险控制相关的日常经营业务处理、组织结构设置方案和职责方案的拟定等权利，同时须履行保守商业秘密、向董事会报告内部法律风险控制情况等义务。再次，相关员工的权利与义务。就实施内部法律风险控制而言，相关员工须有相应的授权。这些权利主要包括碳排放的监测权、盘查权，碳交易的操作权，碳排放监测计划的编制权、报备权或报批权、申请变更权，碳排放报告的编制权，碳资产的管理权，相关信息和资料的知情权等。同时，在实施控排企业内部法律风险控制中，相关员工不得越权、无权、滥用权利处分相关事宜，须依法履行报告、保守商业秘密、交易操作、碳资产管理等义务。

第四章　制度与构建：控排企业违反配额交易的内部法律风险控制

> 对于一国法律的服从责任，部分地源自……人们对于从该国获得的好处的感激之责，部分地源自隐含的对于永久居住的国家的守法承诺，我们知道国家希望我们遵守其法，而当我们自己希求其法律的保护时，情形更且如此……部分地（如果我们幸运生活在我们的国家）源自其法乃为共善的利器这一事实。①
>
> —— [英] W. D. 罗斯

> 一些人依据规则，限制自己的自由，而组成合资企业之际，那些服从于此限制的人，有权要求那些从其服从于此限制中而获益者，接受同样的服从。②
>
> —— [英] H. L. A. 哈特

配额交易是碳市场机制的核心阶段。控排企业在该阶段的角色，是以配额为主要商品的买方和卖方。控排企业间、控排企业与其他碳市场主体间的配额交易行为，实际上并无特殊性，属于平等主体间的民事合同行为，相关的交易纠纷由《合同法》调整即可。那么，交易双方的合同行为的性质是什么呢？从碳交易实践看，碳交易所（中心）在该交易过程中扮演的角色，仅为交易双方提供交易机

---

① [英] 丹尼斯·劳埃德著：《法理学》，许章润译，法律出版社2007年版，第188页。
② [英] 丹尼斯·劳埃德著：《法理学》，许章润译，法律出版社2007年版，第188～189页。

会或媒介服务，而不参与交易活动，更非交易当事人。因此，确切地讲上述主体与碳交易所（中心）间的合同属于"居间合同"。① 当然，在交易过程中，可能会出现配额盗窃、操作指令失误、交易不合规则、不缴纳手续费等问题。例如，欧盟碳市场出现的欺诈、洗钱、为恐怖活动筹资等严重犯罪行为，利用网络钓鱼、黑客攻击登记系统等方式获取配额或减排信用的盗窃犯罪行为，以及操作市场、内幕交易等违规行为。② 这些违法犯罪行为，对控排企业来说，若属于自身内部行为引起，则可通过建立健全相关内部制度加以控制，而对于其他外部主体的行为则难以控制。从内部控制的角度，控排企业来说，应完善哪些内部制度呢？本书认为，应抓"源头"和"重点"。首先，建立会员管理制度。据大多国内外碳市场交易规则可知，会员资格是控排企业参与碳交易活动的前提条件，不具备会员资格则被禁止直接参加交易活动，只能请求具备代理资格的会员代理交易，否则构成违法。其次，完善碳市场地位报告制度。"两省五市"（广东省、湖北省、北京市、天津市、上海市、重庆市、深圳市）碳市场风险控制规则，都规定了控排企业报告配额持有情况、日常交易情况等义务，旨在控制其行为风险。若控排企业不按风险控制规则建立或完善相关制度，则可能交易中出现违法违规行为。再次，设置碳交易员管理制度。碳交易员是控排企业碳交易业务的执行者。控排企业在碳交易中内部法律风险，除管理层决策原因引致外，碳交易员的违法违规交易行为则是另一个重要原因。接下来，本书将从内部控制整体框架理论的角度，探讨控排企业如何建立健全上述三个制度。

第一节　会员管理制度

　　碳排放权交易中的参与主体具有多元性特点，包括买卖配额的控排企业或个

---

　　① 居间合同，是当事人之间关于一方（居间人）为他方（委托人）提供订约机会或充当订约媒介，他方为此给付约定酬金的协议。该合同属于双务合同、有偿性合同、诺成性合同。参见王建明、吴振：《居间合同浅析》，载《当代法学》1988 年第 4 期，第 11~12 页。

　　② 参见王遥、王文涛：《碳金融市场的风险识别和监管体系设计》，载《中国人口·资源与环境》2014 年第 3 期，第 26~27 页。

人、促进市场流动性的做市商、提供清算服务的中介机构等。① 出于规范二级碳市场中场内交易者行为的目的，国内外的一些交易机构多推行会员制，② 把会员资格作为直接参与碳交易的前置条件，甚至制定专门的会员管理办法，如《上海环境能源交易所碳排放交易会员管理办法（试行）》，欧洲气候交易所的注册会员在 2010 年 4 月已达 104 个。③ 对控排企业来说，获得会员资格可为其参与碳交易活动带来诸多助益。其一，可通过交易所提供的专业化平台及早了解碳排放权交易的市场走向，以便更加系统地作出可持续发展和温室气体减排计划，通过交易所出售其减排量，以获得额外利润；其二，降低交易成本更低，提高交易效率，④ 还能有效防范交易风险；其三，随时关注国际环境发展动向，为企业参与全球碳交易活动做好充分准备，预见碳排放权交易发展的战略前景。⑤ 由于交易所对交易主体的会员资质作了相关规定，那么只有取得会员资格的主体间才可直接交易，非会员则须委托具有相应代理权限的会员才能完成交易。⑥ 控排企业是碳市场最主要的参与主体，需要充分认识碳交易，主动提高法律意识、环境社会责任意识，⑦ 因而需要具备会员资格。碳交易实践中，控排企业若无会员资格交易、不依法变更或终止会员资格，则可能令其面临相应的内部法律风险，甚至承担相应的法定或约定责任。鉴于此，控排企业内部须建立健全会员资格管理制度。接下来，本节将在内部控制整体框架理论下对之予以探讨。

---

① 有学者指出，国际碳交易的微观主体涉及企业或个人、市场中介和以特殊身份直接参与碳交易活动的政府机构三大类。参见黄小喜著：《国际碳交易法律问题研究》，知识产权出版社 2013 年版，第 138 页。

② 参见李挚萍、程凌香：《碳交易立法的基本领域探讨》，载《江苏大学学报（社会科学版）》2012 年第 3 期，第 26 页。

③ 袁杜娟、朱伟国著：《碳金融：法律理论与实践》，法律出版社 2012 年版，第 87 页。

④ 雷立钧、荆哲峰：《国际碳交易市场发展对中国的启示》，载《中国人口·资源与环境》2011 年第 4 期，第 34 页。

⑤ 郭冬梅著：《中国碳排放权交易制度构建的法律问题研究》，群众出版社 2015 年版，第 225~226 页。

⑥ 袁杜娟、朱伟国著：《碳金融：法律理论与实践》，法律出版社 2012 年版，第 85 页。

⑦ 参见卫志民：《论中国碳排放权交易市场的构建》，载《河南大学学报（社会科学版）》2013 年第 5 期，第 49 页。

一、会员资格的获取

（一）主体

会员资格的获取是会员资格内部控制的首要环节。控排企业申请成为会员，需要有关的内部控制主体去实施。至于选择何种主体比较适宜，须建立在对现行相关法律规范的准确认识上。2018 年修订的《公司法》第 49 条第 4、5 项分别规定了经理的公司基本管理制度拟订权、公司具体规章的制定权。《企业内部控制基本规范》第 12 条要求企业设立专门机构或指定适当机构，负责组织实施内部控制的建立与运行。碳交易所（中心）指定的会员管理办法也未要求控排企业明确其内部实施部门。至此可知，相关的经理部门或专门设立的部门应为会员资格获取工作的实施者。然而，哪一部门最为适宜，法律是没有明确严格限制的。因此，控排企业可结合自身情况，基于内部法律风险控制的"最小防范成本""法律遵循性"等价值定位去决定是采取专门部门设置或选择相关部门代理。

（二）权利

由上述分析可知，相关部门是会员资格获取工作的执行者。根据 2018 年修订的《公司法》第 46 条第 8 项规定，董事会对公司内部机构设置具有决定权。可见，控排企业无论是设置专门部门还是指定代理部门均需董事会决定。董事会确定实施部门后，应给予其必要的授权，保证其对所申报会员类型相关材料的收集权、知情权、整合权。此外，董事会还应根据交易所（中心）会员管理规定，明确会员代表、相关高级管理人员、从业人员、联络员及其职权。其中，会员代表一般设 1 名，由董事会推荐并经交易所审核同意的高级管理人员担任，负责组织、协调与交易所的日常业务往来。其他高级管理人员及从业人员由董事会决定产生，履行配合会员代表工作职责。联络员设置由董事会决定，并授权其协助会员代表履职。

（三）信息

碳交易所（中心）并非交易主体，而是碳交易活动的核心载体。[①] 它一方面为碳交易活动提供场地、设施、结算、资讯等服务，另一方面在法律的授权下制定交易规则，[②] 对二级碳市场的场内交易活动进行实时监管，及时发现与处理违法、违规、违章行为，消弭碳市场风险。会员管理办法是重要的交易规则，所以应有交易所（中心）依法拟定并报批。根据国内外会员管理经验，交易所（中心）一般把行为能力、人员配置、必要设施、技术条件、经验、知识等作为判断申请者是否具备会员资格的评估标准。[③] 例如，《上海环境能源交易所碳排放权交易会员管理办法（试行）》第 11 条列出了 8 项申报文件和资料，涉及会员资格申请书（须法定代表人或授权代表签字）、财务报表、场所证明，高级管理人员、相关部门负责人和从业人员信息，风险管理、内部控制、业务流程等制度，公司章程、主要股东名册及其持股比例，营业执照、组织机构代码证、税务登记证、法定代表人或授权代表身份证的复印件并加盖公章等。《湖北碳排放权交易中心会员管理办法（暂行）》《深圳排放权交易所会员管理规则（暂行）》也有类似规定。因此，控排企业应按照规定的或选择的交易所（中心）的会员管理办法要求，提供相关申请材料。

（四）程序

把达到排放标准的企业纳入碳排放权交易体系，是相关国家和地方立法的硬性规定。因而，国内外碳交易所（中心）会员管理办法有的直接赋予控排企业基本的会员资格，有的要求控排企业申请获取。不同类型的会员，其权限也不同。

[①] 参见朱远、綦玖竑：《生态文明建设中的政府与市场：以碳交易为例》，载《东南学术》2014 年第 6 期，第 65 页。

[②] 《碳排放权交易管理暂行办法》第 20 条第 2 款规定："具体交易规则由交易机构负责制定，并报国务院碳交易主管部门备案。"《全国碳排放权交易管理条例》（送审稿）第 18 条第 2 款："交易机构提出其交易细则，报国务院碳交易主管部门批准后实施。"本书认为，碳交易细则关乎碳市场的安全、稳定和可持续，决定权不应交给各交易机构。因此，前者中"备案"应为许可性质的备案，相当于后者中的"批准"。

[③] 参见李挚萍：《碳交易市场的监管机制研究》，载《江苏大学学报（社会科学版）》2012 年第 1 期，第 60 页。

以欧洲气候交易所和上海环境能源交易所的会员为例，前者把会员分为交易会员和全面会员，交易会员权限仅限于自己账户的交易，而全面会员既可自营交易，也可代理客户交易（见表4-1）；① 后者则把会员分为自营类会员和综合类会员，自营类会员仅可开展自营业务，而综合类会员则可实施自营业务和代理业务。② 接下来，本书在需要申请获取会员资格的情形下，探讨控排企业内部实现这一目的的程序。一般来说，包括如下三个步骤。

表4-1　　　　　　　　　　欧洲气候交易所会员类型与要求

会员类型	清算地位	交易权利	最低净资产
交易会员	清算会员	自营交易和清算	500 万英镑
	非清算会员	自营交易	无要求
全面会员	清算会员	自营交易和清算，代理客户交易和清算	2000 万英镑
	非清算会员	自营交易和代理客户交易	无要求

首先，准备申报材料。会员资格类型不同，申报文件和资料也存在差异，一般分散在办公室、法务、财务等诸多部门，且涉及法定代表或授权代表、高级管理人员等人员信息。因此，控排企业董事会应给予相关部门必要的授权，保证其对所申报会员类型相关材料的收集权、知情权、整合权。涉及由董事会决定的事项，董事会应及时作出有关决定，并把文件或资料交付相关部门。

其次，提交申报材料。相关部门按照交易所（中心）规定的会员资格条件准备申报材料后，经内部审核无误或无遗漏后，按照交易所（中心）规定形式提交申请材料，报交易所（中心）审核。③

最后，办理相关手续。交易所（中心）收到申报材料后须在规定期限内办理。审核不同意的，应告知补充材料或说明理由；审核同意的，及时通知控排企

---

① 中国清洁发展机制基金管理中心、大连商品交易所著：《碳配额管理与交易》，经济科学出版社 2010 年版，第 102 页。

② 《上海环境能源交易所碳排放权交易会员管理办法（试行）》第 5 条。

③ 郑爽等著：《全国七省市碳交易试点调查与研究》，中国经济出版社 2014 年版，第130 页。

业在规定期限内签署会员协议，合意签署的协议对双方均有约束作用。① 控排企业还需缴纳会员资格费和年会费、开设专用资金账户、领取会员证书等。

（五）时间

会员资格获取与碳交易、MRV、配额清缴等活动与实现密切联系，因而要确保符合条件的控排企业能及时获取会员资格。从国内外实践看，会员资格获取时间相差不大。欧洲气候交易所规定，申请成为洲际交易所期货的欧洲气候交易所排放权交易会员一般需要4~6周。② 国内《深圳排放权交易所会员管理规则（暂行）》第28、29条规定，交易所在收到完整申报材料20日内出具审核意见并通知企业，企业接到通知20日内完成手续办理；《上海环境能源交易所碳排放交易会员管理办法（试行）》第12、13条分别规定，交易所提出办理意见、申请单位办理相关手续的期限为收到符合要求申报材料、收到交易所通知之日起1个月内。因此，控排企业的相关部门须根据各交易所（中心）规定的期限去办理相关手续。

二、会员资格的变更

会员资格的变更是指控排企业取得会员资格后，由于主客观情况的变化，根据生产经营活动的需要，在企业组织机构和其他登记注册事项上的改变，以致需要有关主体履行变更手续的活动。会员资格的变更包括组织变更情形下的会员资格变更和其他事项变更情形下的会员资格变更。换言之，本书的"会员资格变更"不仅指会员资格的"易主"，还包括会员资格不变前提下的"重要事项改变"。控排企业的会员资格变更需要符合法律规定的要求，防范非法或不合理行为带来的风险与损失。③ 接下来，本书将从内部控制的角度，探讨控排企业如何

---

① 参见刘娜：《中国建立碳交易市场的可行性研究及框架设计》，北京林业大学2010年博士学位论文，第26页。

② 中国清洁发展机制基金管理中心、大连商品交易所著：《碳配额管理与交易》，经济科学出版社2010年版，第102页。

③ 著名法经济学重要创始人圭多·卡拉布雷西教授强调："个体不仅应合理行为以防患于未然，而且一旦受到伤害，还应合理行为以减轻损失。"［美］圭多·卡拉布雷西著：《理想、信念、态度与法律：从私法视角看待一个公法问题》，胡小倩译，北京大学出版社2012年版，第22页。

依法进行会员资格的变更。

（一）主体

会员资格变更的申请主体因企业组织变更与否而不同。

首先，组织合并。组织合并包括存续合并和新设合并，前者中一方主体资格存在，其他各方主体资格消灭，后者中各方主体资格均消灭。在组织存续合并的情形下，若是会员间的存续合并，则会员一方的会员资格保留，另一方的会员资格则须按规定注销；若是会员与非会员的存续合并，会员吸收非会员合并，则会员一方的会员资格依然存在，非会员主体资格消灭，反之，会员一方的会员资格须依规定注销，另一方可依规定申请变更以承继会员资格。① 在组织新设合并的情形下，无论是会员间合并还是会员与非会员合并，其主体资格均消灭，新设企业则须申请变更以承继会员资格。

其次，组织分立。组织分立包括存续分立和新设分立，前者中原主体资格存在，并产生新的主体，后者中则原企业主体资格消灭，产生两个及以上新的主体。在组织存续分立的条件下，会员资格仍旧存在，新设企业须依规定申请会员资格，而在组织新设分立的条件下，会员资格消灭，新设企业经协商其中的一方可提出变更申请以承继原会员资格，他方则要申请会员资格。

基于上述分析，在发生组织变更前控排企业须书面报告交易所（中心），组织变更后的会员资格保留企业、会员资格承继企业需按规定履行会员资格变更或申请手续。就保留会员资格企业来说，相关手续的办理则由会员代表根据企业授权去办理，其他相关人员则协助办理；就会员资格承继的企业来说，则须按照交易所（中心）规定去办理会员资格变更手续。此外，在组织其他事项变更情形下，一般不影响会员资格的存续，但基于会员管理的目的，会员企业的会员代表依规定向交易所（中心）履行报告义务即可。

（二）信息

由前述分析可知，成为会员须满足一定的条件。若会员条件所涉信息以及其他相关的重要信息发生变更，则会影响到会员管理、会员交易等活动的有效性。

---

① 《上海环境能源交易所碳排放交易会员管理办法（试行）》第16条。

因而，在出现重要信息变更情形时，控排企业须向交易所（中心）履行相应的变更手续，以延续其会员资格，避免违约、侵权等行为而承担不利的法律后果。那么，哪些信息属于重要信息，其变更须会员履行规定或约定的报告义务呢？一般来说，重要信息指控排企业章程的有关内容和登记注册事项的变更。① 具体来说，除会员企业组织变更信息外，根据 2018 年修订的《公司法》第 25、81 条及交易所（中心）会员管理规定，主要涉及以下事项信息的变更：名称、住所、经营范围、联系方式变更，法定代表人、主要负责人、会员代表变更，注册资本、股权结构变更，经营状况的重大变化，其他类型会员资格获取，涉重大诉讼或经济纠纷，以及因违法、违规、违章而被立案调查、处罚等。因此，在出现上述重要信息变更时，会员代表要根据授权向交易所（中心）提出报告，并申请变更相关事项。

（三）程序

会员管理细则对会员资格变更程序未作具体的规定。但是，法律对变更的不同内容，在程序上有不同的要求，大体有达成合意、形成决议、办理变更登记 3 个程序。②

首先，达成合意。此处合意，指控排企业的组织变更。在变更前后，涉及的当事人应就变更事项充分协商，在达成合意基础上签署有关协议。如 2018 年修订的《公司法》第 173 条第 1 款要求合并各方达成协议，第 175 条第 1 款规定分立时对财产给予相应分割。

其次，形成决议。此处决议，指控排企业变更的事项若属法律、法规要求企业权力机构或其他机构作出决议的事项，那么控排企业内部应形成决议。由 2018 年修订的《公司法》第 37 条第 9、10 项和第 99 条可知，公司制控排企业的合并或分立、章程修改等事项，均应由股东（大）会作出决议。

最后，申请变更。由于控排企业组织和重要事项变更多采核准主义原则，须经国家有关主管机关批准。如 2018 年修订的《公司法》第 179 条规定，公司制的控排企业合并或分立、登记事项发生变更须向登记机关办理变更手续。在登记

---

① 张士元主编：《企业法（第二版）》，法律出版社 2005 年版，第 59 页。
② 参见张士元主编：《企业法（第二版）》，法律出版社 2005 年版，第 60 页。

机关完成变更登记后，控排企业的会员代表或拟承继会员资格企业的相关人员须向交易所（中心）办理会员资格变更或重要事项变更。

（四）时间

交易所（中心）的会员管理旨在有效规范会员行为，[1] 保护会员合法权益，维护碳市场正常交易秩序。实际上，会员管理制度是一种市场隔离制度，其把一、二级碳市场隔离，具有防范二级碳市场风险的功能。[2] 组织变更和其他重要事项的变更，会给碳市场注入一些不安全的因素，若不及时采取一些防范措施，则可能损及交易主体的正当利益、影响或破坏市场秩序与安全，因而报告或申请变更时间很重要。国家碳交易管理立法对此未作规定，地方试点的会员管理细则却规定不一。《深圳排放权交易所会员管理规则（暂行）》第33条、《上海环境能源交易所碳排放交易会员管理办法》第19条均规定，发生上述重要事项，须在10个工作日内书面报告交易所。《天津排放权交易所会员管理办法》第8条要求，自发生重要事项之日起5日内，向交易所申请备案或变更登记。鉴于此，本书认为，会员应根据会员协议中的约定时间或交易所（中心）会员管理细则中的规定时间，向交易所（中心）进行报告、申请变更相关事项甚至申请承继会员资格。

三、会员资格的终止

会员资格的终止，指已经取得会员资格的控排企业，因法律、法规、章程规定事由或约定事由的发生，致使其不再具备会员资格条件或不愿延续会员资格，经交易所（中心）批准后，会员资格归于消灭的一种法律行为或法律事实。根据该定义，会员资格的终止分为自愿终止和法定终止两种。前者是控排企业根据自身需要或章程中终止事由的出现而主动提出的会员资格终止；后者是因法定控排企业终止事由的出现，而被迫发生的会员资格终止。会员资格终止是个过程，控排企业在相关情形出现时，若不依据规定或约定办理，则可能因此产生相应的内

---

[1]　中山大学法学院课题组：《论中国碳交易市场的构建》，载《江苏大学学报（社会科学版）》2012年第1期，第75页。

[2]　参见荆克迪：《中国碳交易市场的机制设计与国际比较研究》，南开大学2014年博士学位论文，第134页。

部法律风险。从内部控制来看，这个环节控排企业至少要明确会员资格终止的信息、程序和时间。

（一）信息

会员资格终止的信息，指引起会员资格终止的具体情形。综合国内交易所（中心）的会员管理规定来看，主要涉及会员的如下情形：（1）严重侵害客户利益的；（2）人员配置、资金供给、设备配备严重不足，管理混乱，且整顿无效的；（3）不再具备会员资格和条件的；（4）违反会员协议的；（5）解散的；（6）被吊销注册证明或被依法宣告破产的。[①] 这些信息一般源自控排企业自身的行为，根据内部控制整体框架理论和会员义务规定，其传递方式分为内部传递和外部传递。

其一，组织内部传递。即，会员资格终止信息在组织内部的传递。它既包括在控排企业内部不同层级控制主体间的纵向传递，也包括在同一层级、同一部门的控制主体间的横向传递。前文第三章已有论述，此处不再赘述。

其二，组织外部传递。即，会员资格终止信息须向组织外部的有关主体传递。此处的有关主体仅指交易所（中心），它可以把交易数据、交易价格行情、交易结果等信息向会员传达，确保交易双方信息对称。[②] 同样，根据会员管理规定和会员协议约定，会员控排企业有义务向交易所（中心）报告上述终止情形信息，交易所（中心）也对会员行为有监督职责，并可依据会员管理规定和会员协议约定终止并注销控排企业的会员资格。

（二）程序

当控排企业出现上述情形时，应主动申请或按照交易所（中心）要求办理会员资格终止。一般来讲，控排企业若终止会员资格须依法达成内部决议，然后提出终止申请，并按照交易所（中心）要求办理相关手续。

首先，达成内部决议。控排企业获取会员资格是为了获取直接参与碳交易资

---

① 参见《上海环境能源交易所碳排放交易会员管理办法（试行）》第 18 条、《天津排放权交易所会员管理办法》第 10 条。

② 胡珀：《论完善我国碳交易法律制度的若干建议》，载《求索》2013 年第 2 期，第 188 页。

格和享受信息资讯等服务，会员资格终止则涉及控排企业经营方针的改变。根据2018 年修订的《公司法》第 46 条第 3 项和《企业内部控制基本规范》第 11 条第 3 款规定，董事会具有经营决策权，经营计划的改变须由其作出决议。而经理根据《公司法》第 49 条第 1 项、《企业内部控制基本规范》第 11 条第 5 款授权，负责组织实施董事会决议。因此，会员资格终止须先由控排企业的董事会作出决议，然后交经理实施。

其次，提出终止申请。控排企业董事会就会员资格形成决议后，交相关经理部门去执行。相关部门须按照交易所（中心）会员管理有关规定，以控排企业名义主动向交易所提交书面申请，① 包括会员资格终止申请书、有关批准文件或决定书、会员资格证书、业务清理情况说明等材料。② 交易所（中心）经审核，同意会员资格终止申请的，则将注销会员资格并予以公告。

最后，办结终止手续。会员资格注销前，控排企业应履行完未尽义务。未尽义务主要涉及相关手续的办理。③ 例如，《深圳排放权交易所会员管理规则（暂行）》第 40 条规定，所有相关费用的结清，会员证等各种证件的交还，会员专用资金账户的注销，交易所设施的交还等。但是，会员资格终止情形的出现多是因控排企业自身的行为引起的，本身会给会员管理工作带来不便，所以在注销会员资格时其缴纳的会员入会费和年费一般不予退还。如《深圳排放权交易所会员管理规则（暂行）》第 39 条规定，控排企业主动申请终止会员资格，其上述费用不予退还。

（三）时间

会员资格的终止程序需要经过达成内部决议、提出终止申请、办结终止手续等一系列流程。因此，合理安排会员资格终止的时间有助于实现控排企业的决议和提高交易所（中心）会员管理的效率。控排企业应在会员资格终止情形出现的合理期限内，安排董事会决议、提出终止申请的时间。董事会应在确定的期限内作出会员资格终止的决议，相关部门则根据决议和交易所（中心）会员终止申请

---

① 《上海环境能源交易所碳排放交易会员管理办法》第 18 条第 2 款。
② 《天津排放权交易所会员管理办法》第 11 条。
③ 《天津排放权交易所会员管理办法》第 13 条第 2 款。

的时间规定，及时提出申请。交易所（中心）同意注销会员资格的，则按照交易所规定或会员协议约定的时间及时办结相关手续。如，《深圳排放权交易所会员管理规则（暂行）》第39条要求，控排企业需在会员资格终止情形发生后30个工作日内提出申请。

第二节　碳市场地位报告制度

由前文研究可知，碳交易过程中易存在着欺诈、操纵市场等非法占有、交易配额的行为。[①] 防范商品和期货市场中操纵市场和欺诈行为的重要方法是市场参与者地位报告制度，此类报告可以作为提高市场透明度的基础。[②] 在欧盟碳市场实践中，《市场滥用指令》《金融工具市场指令》《拍卖规定》等立法旨在防范碳市场滥用等违法行为;[③] 在国内，通常由试点省市碳排放权交易立法授权交易所（中心）制定风险控制规则，要求控排企业提供报告配额持有情况、日常交易情况等信息，如《天津排放权交易所碳排放权交易风险控制管理办法（试行）》。若任由控排企业凭借经济实力买卖配额，一些实力雄厚的控排企业的买卖行为则会影响碳市场供求关系，进而令价格出现异常波动。一旦这些买卖行为被国务院反垄断委员会、国务院反垄断委员会授权的省级人民政府相关机构或者人民法院依据《反垄断法》第18条因素认定为或第19条情形推定为"具有市场支配地位"，且符合第17条"滥用市场支配地位"情形时，则会面临第47条规定的被"责令停止违法行为，没收违法所得，并处上一年度销售额1%以上10%以下的罚款"的严厉处罚。有学者研究指出，正式制度的压力会组织环境决策产生正向影响。[④] 鉴此，控排企业内部可通过建立健全碳市场地位报告制度的方式进行内部法律风险防范。下文，将从内部控制的角度对之予以分析。

[①]　参见史学瀛、李树成、潘晓滨著：《碳排放交易市场与制度设计》，南开大学出版社2014年版，第353页。

[②]　史学瀛、李树成、潘晓滨著：《碳排放交易市场与制度设计》，南开大学出版社2014年版，第362页。

[③]　李挚萍：《碳交易市场的监管机制研究》，载《苏州大学学报（社会科学版）》2012年第1期，第57页。

[④]　参见曾宪立、朱斌好、吴济华：《影响企业环境友善行为之关键因素：法令制度与利害关系人之整合观点》，载《公共行政学报》2015年第48期，第44页。

一、配额交易数量的控制

（一）控制主体

当某些控排企业实力达到一定程度的时候，就足以操控市场需求与供给，影响碳市场价格，使得碳价格脱离碳市场供需实际。为防止潜在的操纵市场行为的发生，控排企业需要按照交易所（中心）的规定，控制一定时间内的配额持有量或交易量。① 换言之，碳交易中控排企业需要按照交易所（中心）关于风险控制的规定主动限制自身的配额买卖数量。配额数量买卖控制关乎控排企业的经济收益、履约能力，因此需要由其内部的权力主体作出决定，并由相关主体去执行、监督。根据这些主体所拥有的权限不同，配额买卖数量的控制主体可分为决定主体、执行主体和监督主体。

1. 决定主体

配额交易数量控制的决定主体是控排企业的内部控制主体中可以决定其配额售出和买入数量的主体。配额买卖数量控制行为在性质上属于经营决策行为，涉及控排企业的"经营计划（方针）""投资方案（计划）"。根据 2018 年修订的《公司法》第 46 条第 3 项和《企业内部控制基本规范》第 11 条第 3 款之规定，经营计划和投资方案的决定权由董事会行使。根据《公司法》第 37 条第 1 项之规定，配额买卖涉及的经营方针和投资计划等重大事项则由股东（大）会决定。因此，配额买卖数量的控制需要由股东（大）会、董事会根据法定权限行使。

2. 执行主体

配额买卖数量控制的执行主体是控排企业的内部控制主体中负责组织实施配额买卖数量控制决定的主体。配额买卖数量控制决定最终需要落实到控排企业内部的行动，那么就需要相关主体去执行。由《公司法》第 49 条第 2 款第 1 项、《企业内部控制基本规范》第 11 条第 5 款可知，经理层是股东（大）会、董事会决议事项的组织实施主体。那么，应有哪一部门负责执行呢？实际上，《企业内部控制基本规范》第 12 条第 4 款对此没有明确规定，只是要求企业指定适当

---

① 参见史学瀛、李树成、潘晓滨著：《碳排放交易市场与制度设计》，南开大学出版社 2014 年版，第 363 页。

部门或专门设立一个部门去实施。因此，控排企业可结合自身情况，选择合适的部门去实施。但是，相关的经理层并不直接执行配额买卖数量控制，而是由其授权主体去执行。具言之，部门确定后，经理层须给予碳交易操作员明确的交易权限，包括交易时间、可接受交易价格等。碳交易操作员要严格根据授权进行配额交易。反之，若碳交易操作员高价买入、低价售出配额，将会造成控排企业的碳资产流失，此处不作进一步分析，下一节将对此进行深入探讨。

3. 监督主体

有执行权的主体容易滥用职权，那么配额买卖数量控制的组织实施就离不开内部监督主体。由第 3 章第 5 节可知，相关的内部监督主体主要包括控排企业的监事会、审计委员会、内部审计机构。在配额买卖数量控制方面，三者监督各有侧重。其中，监事会对董事会、相关经理层履行配额买卖数量控制职责的情况进行监督，并向股东（大）会进行报告。审计委员会主要监督控排企业相关部门的配额买卖数量控制的实施情况和审核相关的财务报告情况等，并向董事会报告。内部审计机构重点对碳交易操作员的配额买卖情况进行财务审计，并定期向董事会、审计委员会、监事会报告。

（二）控制权利

1. 决定主体的决定权

由上文分析可知，配额买卖数量控制的决定主体是控排企业的董事会，其决定权主要源自法律授权和章程规定。法律授权方面，《公司法》《企业内部控制基本规范》等现行法律均明确规定，董事会享有经营计划和投资方案的决定权。配额买卖数量控制属于经营计划和投资方案的重要内容，因此，董事会对配额买卖数量控制享有法定的决定权。那么，从内部控制角度看，控排企业不仅不能剥夺董事会的此项权利，还应该依法保障董事会此项权利的实现。章程规定方面，根据《公司法》第 46 条第 11 项规定，控排企业的章程可以规定董事会的其他职权。与配额买卖数量控制相关的且宜由董事会行使的职权，主要是对配额买卖数量控制决定权的细化或具体化，例如，内部表决权、向股东（大）会报告权等。是故，控排企业的章程亦应进一步明确董事会的此项权利。此外，若配额买卖数量控制涉及或影响到控排企业的经营方针和投资计划等重大事项，则由股东

(大) 会依法作出决定。

2. 执行主体的执行权

根据上述立法和碳交易实践可以发现，执行主体的执行权实际上由两部分构成。其一，相关部门的组织权。无论是专门的碳交易部门还是代理部门，控排企业结合自身情况确定后，该部门就享有了法定的组织权。那么，控排企业不得任意剥夺或干扰相关部门执行股东（大）会、董事会有关配额买卖数量控制决议的组织权。进一步讲，相关部门在股东（大）会、董事会有关配额买卖数量控制决议的基础上，可以根据碳交易所（中心）交易规定、交易习惯等，灵活决定交易时间、可接受价格等事项。其二，碳交易操作员的实施权。碳交易操作具有较强的专业要求。碳交易操作员一般属于相关部门的职员，其多具有与碳交易相关的知识背景，其实施权基于部门的委托。在权限范围内，碳交易操作员可自由决定配额买卖操作。但是，如遇碳价异常波动、交易所风险控制等影响其实施权行使的情形时，应及时向相关部门经理报告并由后者决定。

3. 监督主体的监督权

监督主体若没有相应的职权及其保障，其监督将流于形式。在配额买卖数量控制上，三种监督主体的权利也不尽相同，这是由其产生源及所处委托法律关系不同决定的。首先，监事会对决定主体、组织主体的监督权。监事会产生于股东（大）会，其对董事会、经理层的职务行为具有法定监督权。那么，监事会享有对董事会的配额数量买卖控制决议的监督权，对有关经理层组织落实董事会决议的行为活动具有监督权。其次，审计委员会对组织主体的监督权。审计委员会隶属于董事会，其他主要监督有关经理层组织实施董事会关于配额数量买卖控制决议的执行情况，并审核与碳交易相关的报告。最后，内部审计机构对实施主体的监督权。内部审计机构由董事会和审计委员会领导，其权利较二者最小。它主要监督相关经理层组织实施董事会决议情况和碳交易操作员具体实施配额交易情况。综上，从内部控制角度讲，控排企业应保障监督的主体的法定监督权得以实现，才能有效控制相关内部法律风险的产生。

（三）控制信息

配额交易数量控制不是盲目的，而是建立在一定的信息基础上。从碳交易实践来看，影响配额交易数量控制的信息根据信息源的不同可分为内部信息和外部信息。具言之：其一，控排企业的内部信息。即产生于控排企业内部并与配额交易数量控制密切相关的信息。这类信息主要包括控排企业实际排放量、配额实际拥有量、配额交易预算等情况的信息。其二，控排企业的外部信息。即产生于控排企业外部并对配额交易数量控制有重要影响的信息。这一类信息主要有碳交易主管部门确认的实际排放量、履约规定、CCER 抵消限制等信息，碳交易所（中心）的碳供求、碳价格、成交量、风险控制等信息，核查机构的核查发现、核查报告等信息。上述信息共同决定了控排企业是否需要进行配额交易数量控制，若需要，又如何进行有效控制？因此，控排企业的决定主体应在综合考虑上述信息的基础上，作出配额交易数量控制的决议。

（四）控制程序

配额交易数量控制不是杂乱无章的，而是需要规范的操作步骤。大致可分为如下三个步骤：第一，获取相关信息。由本书第三章第四节可知，控排企业获取上述两个方面的信息是一个系统过程，先后涉及信息收集、筛选、核对、整合诸环节。具言之，控排企业的相关部门首先要明确上述信息内容、收集渠道，继而对相关信息进行筛选、核对、整合，以确保信息的真实性、针对性、综合化、系统化，并基于这些信息报请董事会决定是否配额交易数量控制。第二，作出配额交易数量控制决议。董事会收到相关部门的配额交易数量控制的申请后，结合上述信息，进行成本效益的分析。若实施配额交易数量控制有助于控排企业履约、创收、防范风险，则董事会宜作出准许进行配额交易数量控制的决定。反之，则作出不准许进行配额交易数量控制的决定。第三，执行配额交易数量控制决议。一旦董事会作出配额交易数量控制的决定，相关部门应及时组织实施，并定期向董事会汇报执行情况。同时，相关部门和碳交易操作员还应接受监督主体的定期或不定期的监督，并根据其要求提交相关资料。

二、碳市场地位的预估

《反垄断法》第 17 条规定的"滥用市场支配地位"的前提是经营者具备该法第 18 条认定或第 19 条推定的"市场支配地位"。也就是说，若经营者不具备市场支配地位或者虽具有市场支配地位但未有滥用情形，那么经营者就无构成滥用市场支配地位的可能。可见，经营者清楚自身的市场地位对控制自身行为产生的相应法律风险尤为重要。该法第 12 条第 1 款把经营者界定为"从事商品生产、经营或者提供服务的自然人、法人和其他组织"。据此，从事配额交易的控排企业也就属于《反垄断法》上的经营者。为防范操纵碳市场、自身欺诈行为等违法行为的发生，控排企业可以在现行法律框架内预估其在相关碳市场的地位。

（一）预估主体

碳市场地位的预估主体是控排企业中负责预评估自身在相关碳市场所处地位的主体。由何种内部控制主体实施碳市场地位的预估活动，《反垄断法》《碳排放权交易管理暂行办法》以及试点省市碳交易管理立法对之均未规定。那么，该如何确定这一评估主体呢？上文已经提及，碳市场地位报告制度的目的在于控排企业主动控制在交易阶段因自身违法行为所可能产生的内部法律风险。碳市场地位的预估是碳市场地位报告的重要环节，也是控排企业实施内部法律风险控制的重要手段。因而，可推知内部控制的组织实施主体也应是碳市场地位的预估主体。结合《公司法》第 49 条第 2 款第 1 项、《企业内部控制基本规范》第 12 条第 3 款可知，相关经理层是负责内部控制日常运行的主体。再由第二章第四节和第三章第一节可进一步明确，相关经理层也是组织实施内部法律风险控制的主体。综上，碳市场地位的预估应由相关部门的经理去实施。

（二）预估信息

碳市场地位是控排企业在相关市场内能够控制配额价格、数量或其他碳交易条件，或者阻碍、影响其他碳市场主体进入该相关市场的能力。预估主体评估控排企业在相关碳市场中的地位离不开一定的信息。《反垄断法》第 18 条认定经营者市场支配地位时主要是依据市场份额、相关市场控制能力、财力、技术条件、其他经营者的交易依赖程度和进入相关市场的难易程度等因素。该法第 19 条推定经营者是否具有市场支配地位主要借助市场份额来判断。那么，控排企业在预估自身在相关碳市场的地位时也需要综合考虑上述因素。具体包括如下几个方面：（1）碳市场份额。即控排企业在相关碳市场（如某一试点碳市场或跨区域碳市场）中所占份额。该市场份额可以通过控排企业在相关碳市场的配额、CCER 及碳金融衍生品等商品的交易量、交易额及其所占相关市场的比例来判定。（2）相关碳市场的控制力。即控排企业控制碳市场交易的能力。（3）碳交易预算和技术条件。即控排企业在碳市场的商品买卖投资预算以及实现交易目的所具备的技术条件。（4）其他碳市场主体的依赖程度。即控排企业在相关碳市场的交易行为对其他碳市场主体的影响程度。（5）其他碳市场主体进入相关碳市场的难易程度。即控排企业的交易行为对其他碳市场主体进入相关碳市场的制约程度。总之，控排企业的预估主体在预估企业在相关碳市场的地位时至少应掌握上述 5 个方面的信息。

（三）预估程序

程序是实现碳市场地位评估科学性、系统性、准确性的重要保障，因而评估主体在开展评估活动时需遵循一定的步骤。一般来说，获取上述评估信息是重要前提，分析评估信息是重要过程，形成评估报告是行为目的。据此，碳市场地位评估可大致分为如下三个步骤。

首先，获取评估信息。上述碳市场地位评估信息有的形成于控排企业内部，而有的则源自控排企业外部，前者属于控排企业的内部信息，后者则属于其外部信息。对于内部信息，评估主体可以根据授权向控排企业内部的相关主体进行收集，如实际配额拥有量、预算、技术信息等可分别向专门（或指定）交易部门、财务部门、技术部门进行收集。对于外部信息，可根据信息的归属主体进行针对性的收集，如，相关碳市场的初始配额分配总量信息可向省级碳交易主管部门收集，相关碳市场的年度交易信息向碳交易所（中心）收集，相关碳市场的年度统计信息向省级或国家级统计部门收集。

其次，分析评估信息。评估信息收集后，评估主体须根据需要进行专业处理。这是由于碳市场地位评估涉及法律、经济学、统计学等专业问题，需要组织相关的专业人员来完成。例如，控排企业预估相关碳市场份额时涉及有关的计算方法与基础数据分析，这需要控排企业内部的或者专门委托的经济学或统计学专业人员去实施，而是否达到法律上的碳市场支配地位又需要法律人员基于数据计算和分析结果来判断。

最后，形成评估报告。各相关专业人员所进行的信息处理、数据分析可能是分散的、孤立的。这就需要评估主体把这些分析结果进行充分、有效的整合，进一步形成碳市场地位自评估报告。评估报告形成后，相关部门经理须将报告上缴董事会审议，董事会基于成本效益分析可作出相应的经营计划、投资方案等方面的调整或者以此防范未来可能发生的法律纠纷。

（四）预估时间

碳市场地位预估是个复杂、繁琐的过程，对控排企业来说意味着成本，不同的控排企业其承受力也不尽相同。一般来说，实力雄厚的大型控排企业会出于碳资产管理和法律风险控制目的进行碳市场地位预估，而其他的控排企业多是把碳交易作为边缘化业务，甚至企业负担，以致不愿花费相关的人力、物力、财力。那么，仅就适合进行碳市场地位预估的控排企业来说，何时开展此项活动比较合适呢？从上文分析可知，配额拥有量与碳市场地位密切相关，碳市场实践中政府分配配额的有效性通常有时间性限制。《反垄断法》第12条第2款界定的相关市场时也仅限于"一定时期内"。同样，相关碳市场也有时间限制，通常是一个履约周期。总之，控排企业进行碳市场地位预估时须在其配额有效期限内或一定履约周期内进行，超越这些时间限制的评估则是徒劳的、不经济的和不具相关内部法律风险控制价值的。

三、碳市场地位的报告

（一）报告主体

碳市场地位预估报告的形成不是最终目的，它只有被相关内外部主体获知、认可才能实现其价值。根据预估报告信息传递方向和传递义务主体的不同，可将碳市场地位的报告主体分为内部报告义务主体和外部报告义务主体。所谓内部报告义务主体是指控排企业的内部控制主体中负责向不同层级主体报告碳市场地位的主体，这一义务主体往往基于内部委托关系和法律规定而产生；外部报告义务主体则指预估报告中的相关信息向控排企业外部的有关主体传递时的负责主体，这一义务主体多基于法律规定产生。具体来讲，就内部报告义务主体而言，碳市场地位预估报告形成后，先由相关部门经理以部门名义报送董事会审议，经审议，若相关事项超出董事会法定权限的或者属于股东（大）会职权范围内的，董事会须依法向其报告。可见，相关经理部门、董事会对于它的上级机构来说就依次属于内部报告义务主体。就外部报告义务主体来说，其需根据反垄断执法机构、碳交易主管部门、碳交易所（中心）等外部主体的要求，提供与碳市场地位相关的信息，如配额占有、交易信息。虽然，控排企业内部一般由专门或指定的部门及工作人员与外界主体进行信息沟通，但是其行为是基于控排企业授权，最终须以控排企业名义对外传递相关信息。简言之，外部报告义务主体是控排企业而非其内部控制主体。

（二）报告程序

规范的报告程序，一方面有助于确保控排企业碳市场地位预估报告的质量，另一方面能够规范报告义务主体的行为，促进报告义务的及时履行。据上文主体分析，可将报告程序大致分为三个环节。

第一，相关部门提交预告报告。相关部门是控排企业碳市场地位预估活动的组织实施主体。它根据专业人员的数据和信息分析结果形成预估报告后，须依据《公司法》《企业内部控制基本规范》等规定，以部门名义向董事会报告预估情况。

第二，董事会审议预估报告。董事会收到碳市场地位预估报告后，首先在职权范围内进行书面审议，经审议若认为相关审议事项重大、紧急，例如涉及经营计划和投资方案，则可依据法律或章程规定召开董事会会议，并请相关部门及人员列席并作解释说明。在此基础上，按照法定的表决规则作出有效决议。若相关事项超出其职权范围，董事会须向股东（大）会报告并由后者进行决议，例如，经营方针和投资计划等法定重大事项。

第三，控排企业提交有关报告信息。现行法律并未规定控排企业向有关外部主体提交完整的碳市场地位预估报告的义务。相反，认定或推定是否具有市场支配地位，是否有滥用市场支配地位情形均由反垄断执法机构行使或确认，碳市场的监管、交易控制基本属于碳交易主管部门和碳交易所（中心）等主体的职责。但是，控排企业具有配合上述主体的义务。例如，《天津排放权交易所碳排放权交易风险控制管理办法（试行）》第2、4、5章分别规定的全额交易资金制度、大户报告制度和最大持有量限制制度，依次对控排企业交易资金、配额持有作了强制性要求，那么控排企业就须据此履行相应的义务。总之，控排企业须根据有关规定，向监管主体提供涉及或可能涉及其碳市场地位的"相关信息"而非"完整预估报告"。

（三）报告时间

碳市场地位相关信息报告的时间是碳市场地位信息形成后至向有关主体提交的期间。不同的监管其监管重点不同，控排企业向有关主体提交有关碳市场地位相关信息的时间也存差异。例如，据《反垄断法》第24条可知，控排企业需要在国务院反垄断执法机构要求的期限内提交有关文件和资料，《天津排放权交易所碳排放权交易风险控制管理办法（试行）》第21条第2、3款规定，控排企业在出现该条第1款规定的交易价格异常、交易行为异常、配额持有量和资金变化较大、涉嫌违规等情形时，应按照交易所要求的时间向其报告情况。因此，控排企业应根据有关监管主体的时间要求提供涉及碳市场地位的相关信息。

第三节　碳交易员管理制度

碳交易员（亦称"碳交易操作员""碳交易操盘手"）是控排企业中具体操作碳交易的人员。其交易行为贯穿控排企业的整个交易过程，关乎碳市场的秩序与安全，也对控排企业的碳资产安全产生重要影响，以致成为碳市场主管部门、碳交易所（中心）等监管的对象[1]。作为会员的控排企业需按照监管主体的要求设计自我管理制度，落实监管主体的具体监管措施。[2] 其中，设立碳交易员专门

---

[1]　参见陈德敏、谭志雄：《重庆市碳交易市场构建研究》，载《中国人口·资源与环境》2012年第6期，第43页；卜凡：《全国碳市建设：试点省市助力非试点省份》，载碳排放交易网：http://www.tanpaifang.com/tanjiaoyi/2015/0523/44652.html，2016年5月17日访问。

[2]　参见李挚萍：《碳交易市场的监管机制研究》，载《苏州大学学报（社会科学版）》2012年第1期，第60页。

岗位，使用专业人员管理本企业碳资产[1]、负责执行企业碳交易是实现控排企业自我管理的一种重要方式。接下来，本节将在内部控制整体框架理论下，探讨控排企业如何建立健全碳交易员管理制度，以更有效地控制碳交易环节相关内部法律风险的产生，如国有控排企业的碳资产流失风险。

一、碳交易员的产生

（一）主体

碳交易员的确定是控排企业开展碳交易活动的重要前提，也是提高碳市场竞争力的关键。[2] 这是由于碳交易具有较强的专业性[3]、技术性，须拥有相关知识背景和专业技能的人去实施。一般来说，碳交易员需具备经济学、法学、金融学等学科背景，懂得碳交易的基本原理和实践操作，熟悉碳市场相关政策法律和碳交易所（中心）的交易规则，能够分析和把握国内外气候变化形势、能源供求情况、碳市场供求和价格波动情况等。但是，碳交易员并非控排企业的董事、监事和高级管理人员，仅是在碳交易岗位上具备特殊专业知识的普通员工或外聘人员。从委托代理理论来看，相关部门经理与碳交易员间存在委托代理关系，二者在碳市场中存在信息不对称，前者处于信息劣势，需利用后者的信息优势开展碳交易活动。再结合现行立法来看，《公司法》第49条第2款第7项规定，经理有权决定聘任除应由董事会决定聘任以外的负责管理人员。因此，作为普通员工的或外聘受托的碳交易员，其产生应由控排企业成立的碳交易部门或者指定的代理碳交易业务部门的经理决定。以中国石油化工集团有限公司、东风汽车集团有限公司为例，前者成立能源管理与环境保护部专门负责碳资产管理，后者指定经营

---

① 参见张昕：《地方融入全国碳市场面临的挑战与思考》，载《中国经贸导刊》2015年第16期，第76页。

② 陈澄、袁达珍：《关注"碳交易"市场系列报道之四》，载网易网：http：//news.163.com/15/0430/11/AOEP8VGD00014AED.html. 2016年5月17日。

③ 李挚萍：《碳交易市场的监管机制研究》，载《江苏大学学报（社会科学版）》2012年第1期，第57页。

规划部作为碳交易主管部门，该部门还专设节能减排与环境保护处。① 无论是专门的能源管理与环境保护部，还是指定的经营管理部均可决定碳交易员的产生。

（二）权利

由第 1 章第 3 节的实证分析可知，碳交易员管理制度尚未得到控排企业普遍重视。控排企业对碳交易员的权限要么无规定，要么规定不统一、不合理。本章第 2 节囿于研究重点，而仅强调了明确碳交易员权限的必要性，但仍未系统、明确回答碳交易员在碳交易中应具有的权利。本书认为，确定碳交易员的权利时需遵循一定的评价标准，主要有合法性、安全性、效益性、灵活性原则。

所谓合法性原则，是指委托主体应在现行法律许可的范围内进行授权。相关部门经理要在《公司法》等现行有效的法律许可范围内对碳交易员进行授权，不得超越、滥用权限。所谓安全性原则，是指委托主体委托碳交易员开展碳交易活动，旨在利用其专业、技术优势确保控排企业的碳资产保增值，防范碳资产流失。那么，相关部门经理对碳交易员的授权应有助于确保碳资产安全、确保碳资产经济价值的实现。所谓效益性原则，是指委托主体对碳交易员授权时，应考虑权利实现所产生的成本。如果一项权利的行使与实现的成本，超过该权利可能给控排企业带来的收益，那么该项权利就不应被赋予碳交易员。所谓灵活性原则，是指委托主体的授权，对碳交易员在碳交易活动中应对各种不确定性因素是必要的。碳市场具有政策依赖性，并受法律、供求、价格波动等因素影响，委托主体对碳交易员的授权应有助于其应对复杂多变的碳市场情势。

鉴于上述认识，相关部门经理应对碳交易员进行适度授权。一方面赋予其必要的权利。碳交易员处理碳交易业务以获得授权为前提，无授权则不得开展交易活动。从碳交易实践看，相关部门可授权碳交易员自主决定交易时间、交易申请、交易策略、交易结算，以及资助其参加碳交易员培训等权利。在企业法、碳交易管理立法、碳交易所（中心）风险控制细则等框架下，充分保障碳交易员灵活把握交易时机、自主买卖的权利。碳交易主管部门、碳交易所（中心）等通常会定期或不定期地举行一些提高控排企业碳交易能力的培训活动，相关部门经理

---

① 张彩平：《碳资产管理相关理论与实践问题研究》，载《财务与金融》2015 年第 3 期，第 63 页。

也可授权碳交易员参与学习。另一方面限制其不合理的交易行为。权利应受到制约，失去制约的权利易产生内部法律风险。[1] 例如，相关部门经理在授权的同时，明确规定碳交易员可以交易的数量、可接受价格，但不得高价买入、不合理低价售出配额，也不得违反控排企业决定和交易所（中心）风险控制规则进行超量配额的买卖，如遇特殊的、超越其操作权限的事项（如被交易所（中心）警告或暂停交易）须向相关部门经理报告。

（三）信息

碳交易具有较强的专业性，且控排企业普遍不重视碳交易业务，以致控排企业与碳交易员间存在信息不对称，[2] 控排企业处于信息劣势地位。这是由于目前控排企业普遍不重视碳交易业务，仅把碳交易业务作为企业的边缘化业务，其参与碳交易活动也多以完成履约为目的，以致包括企业高层在内的管理人员不了解或不够了解碳交易的理论、法律规定、实务操作等事项，而碳交易员则处于信息优势地位。碳交易员一方面具备经济学、法学、金融等相关专业背景知识，对碳交易理论和实践有基本认知；另一方面通过参加碳交易主管部门的培训，更加全面了解碳市场产品、精通碳交易立法、熟知碳交易程序、掌握碳交易技能和策略，甚至有的碳交易员还取得碳交易所（中心）颁发的、证明其可胜任碳交易岗位的碳交易员证。因此，控排企业的相关部门可基于上述信息委托或聘任相关人员作为碳交易员。

作为碳交易员其除了自身信息优势外，还需了解委托控排企业的一些相关信息。这里的相关信息是指控排企业产生的或者由其掌握的，且对企业参与碳交易活动具有重要影响的信息。从碳交易实践来看，主要涉及经碳交易主管部门确认的碳排放量、占有的配额数量、可抵消的 CCER 数量、碳交易预算、买卖数量限制、买卖可接受价格等信息。这些信息决定了控排企业的履约能力，也对控制碳交易环节的内部法律风险产生重要影响。以占有的配额数量为例，若配额数量不足以履约，碳交易员可根据履约需要，制定相关交易策略，帮助企业以最小成本

---

[1] 参见王宏、张婷著：《公司治理与内部控制》，法律出版社 2011 年版，第 50 页。

[2] 参见李挚萍：《碳交易市场的监管机制研究》，载《江苏大学学报（社会科学版）》2012 年第 1 期，第 57 页。

实现履约。若配额数量充足，碳交易员可基于实现控排企业经济利益最大化目的，根据市场行情把握交易时机进行配额出售。

（四）程序

有权利者易滥用权利，而程序是防范权利滥用现象产生的重要手段。控排企业可通过规范碳交易员的产生，防止相关部门经理在此过程中滥用决定权，避免因不当或非法内部行为而可能给企业带来不利法律后果。鉴此，控排企业可对相关部门经理授权批准碳交易员的活动予以合理限制。

首先，确定碳交易员的资质条件。尽管碳交易员的产生可由相关部门经理决定，但是其决定权需建立在一定的判断标准或条件基础上。这里的判断标准或条件应由控排企业作出统一规定，而非由相关部门经理进行自主判断。根据上文研究，控排企业可把如下事项作为相关部门经理判断有关人员是否具备碳交易员资格的基本条件：其一，是否具备从事碳交易活动的专业知识；其二，是否具有一定的从事碳交易工作的实务经验；其三，是否拥有碳交易员证、核查员证等可以证明其胜任碳交易岗位的相关证件；其四，是否因在碳交易活动中的过错行为而受到过企业、监管部门、司法部门等单位处罚。因此，相关部门经理可综合上述条件作出有关人员是否具备碳交易员资质的判断。若其认为符合条件的，可以委托或者聘任其负责控排企业的碳交易活动，反之，说明理由后不予委托或者聘任。

其次，明确碳交易员的行为边界。所谓碳交易员的行为边界，即碳交易员能做什么、不能做什么。从宏观角度来讲，目前的试点碳市场属于政府主导型市场，控排企业的行为受碳市场主管部门等主体规制。换言之，政府等主体行为的边界决定了控排企业的行为边界。在计划经济时代，政府行为边界呈扩张趋势，不仅管理公共物品供给，还管理私人物品相关活动。① 但是，十八届三中全会以来，国家对市场的资源配置作用有了新的认知，即由基础性作用提升至决定性作用。那么，政府主管部门、交易所等监管主体应以政策为导向，科学配置好"公共物品"的供给，不应对微观碳市场给予过度干预。从微观角度来看，控排企业

---

① 陈孝兵：《企业行为与政府行为的边界及其重构》，载《中州学刊》2003 年第 5 期，第 31 页。

可以自主决定碳交易活动，但出于碳交易阶段内部法律风险控制之考虑，应对内部主体的相关交易行为有所限制。碳交易员的行为在碳交易活动中反映的是控排企业的行为，所以其行为边界应由适宜的内部控制主体决定。根据委托代理理论，碳交易员的权利源自相关部门经理的授权，因而碳交易员须在被授权范围内活动。一般来讲，交易时间、交易申请、交易策略、交易结算、参加培训等事项，碳交易员可自主决定，而交易数量、可接受价格等须经有关部门经理批准，该批准主体又须接受董事会的监督。总之，相关部门经理既要保证碳交易员的交易活动得以有效开展，又必须在其上级授权范围内和监督之下活动。

二、碳交易员的交易

碳交易员是控排企业参与碳交易活动的实际执行者，其负责控排企业的注册登记账户、碳交易账户的使用、维护与管理，以及碳资产的日常交易活动。由前文研究可知，控排企业的碳资产流失与碳交易员的高买低售行为密切相关。其中，国有控排企业的碳资产转让须经《企业国有资产法》第 53 条规定的出资机构决定或者相应的人民政府批准方可转让，否则碳交易员的行为构成违法，并可能因此给企业带来国有碳资产流失的法律后果。同样，碳交易员的行为还与控排企业的配额是否超过最大持有量规定、交易数量是否超出买卖数量限制、交易价格是否与超出风险控制价格的上下幅度等密切相关，若其行为属于违法违规操作，则会给企业带来相应的内部法律风险。鉴此，控排企业应规范碳交易员的交易活动。

（一）主体

根据实质控制人不同，控排企业可分为国有控排企业和非国有控排企业。碳交易员的管理主体因控排企业的性质不同而有所差异。接下来，本书从内部控制角度，探讨控排企业的何种内部控制主体负责管理本企业的碳交易员。

首先，非国有企业的碳交易员管理主体。根据上文研究，控排企业的相关部门经理与碳交易员间存在委托关系，二者基于信任而达成委托合同。《合同法》第 399 条第 1 款规定，受托人须按照委托人的指示处理委托事务。该法第 401 条第 1 款进一步要求受托人"按照委托人的要求，报告委托事务的处理情况"。第

406条第1、2、3款又分别规定了受托人因过错（有偿合同情形下）、故意或重大过失（无偿合同下）、超越权限给委托人造成损失时的赔偿责任。由此可见，委托人对受托人具有监督管理权，后者须根据前者授权行事，并履行报告等义务。那么，可推知相关部门经理与碳交易员所形成的委托关系中，前者具有监督管理职责，后者须按照前者授权或委托事项开展碳交易活动。

其次，国有企业的碳交易员管理主体。国有控排企业的相关部门经理与碳交易员间同样存在委托关系，这一关系也受上述《合同法》调整。此外，有关碳资产交易的事项还应受《企业国有资产法》调整。这是因为配额属于企业的资产，前文对此已有论证，不再赘述。对国有控排企业来说，配额则属于企业的国有资产。申言之，国有控排企业的配额除部分源自省级碳市场主管部门的免费分配外，还有部分来自有偿拍卖、交易。对于有偿获得的配额属于《企业国有资产法》第2条界定的国有资产，即由国家对控排企业各种形式的出资所形成的权益。再结合该法第53条可知，一般来说，碳交易员的转让国有控排企业的碳资产须由履行出资职责的机构决定，即中央或地方国有资产监督管理机构决定；若拟将转让的碳资产会改变国家对企业的控股地位的，则须经本级人民政府批准。综上可知，尽管从内部控制角度看，碳交易员的交易行为受国有控排企业相关部门经理的内在监管，但其配额转让行为以获得外部的出资人授权或本级人民政府批准为前提。

（二）信息

碳交易员的交易活动和内部控制主体对碳交易员的交易监管均建立在一定的信息基础上。若碳交易员不及时获取必要的碳市场信息，就难以对碳市场行情走势作出正确的分析判断，乃至作出盲目的、错误的或违法的交易决定，继而给控排企业造成经济损失或者不利的法律后果。同样内部控制主体对碳交易员的交易监管宜适度，不能过多干预其日常交易行为，而仅在其认为必要时才可实施，是否必要的判断离不开一定的信息支持。那么，哪些信息对碳交易员实施交易活动和内部控制主体实施交易监管是必要的呢？接下来将对这两个方面的信息予以进一步探讨。

首先，碳交易员所需信息。在碳交易员实施交易活动所需信息中，部分信息其可直接获取，而其他信息则需要其申请获取。在可直接获取信息方面，一般包括国内外的碳市场政策、立法，碳交易所（中心）的碳交易规则、风险控制规则、碳市场资讯，能源市场、环保市场、金融市场的相关资讯，纳入温室气体种类、纳入行业、重点排放单位纳入标准、重点排放单位名单、排放配额分配方法、各年度重点排放单位的排放和配额请教情况、核查机构名单、交易机构名单，①以及国际气候变化立法等信息。这方面信息一般是已经公开的、免费的，对确保交易公平、公正、透明、安全是必要的，碳交易员可通过相关官方网站、碳交易网站、年鉴报告、新闻发布会等途径直接获取。而依申请获取信息，通常掌握在碳市场主管部门、碳交易所（中心）、核查机构以及控排企业等主体手里，且不属于现行立法强制公开的范围。碳交易员基于开展碳交易活动的需要可根据规定向相关主体提出申请。但由于本书是内部控制整体框架理论下的研究，所以此处探讨的是那些掌握在控排企业手里且不属于碳交易员知晓权限范围内的信息，主要是碳排放信息。这些信息涉及控排企业的商业秘密，通常限于特定的内部人员知晓。这是由于大多企业担心公开碳排放信息可能会导致重要的生产信息、知识产权信息、采取技术保密措施的技术信息等影响企业发展的信息被其他企业（主要是同行企业）获取或者被不正当使用，从而对自身发展构成威胁，甚至造成重大的经济损失。②由于碳交易员作为受托主体，其通常是维护控排企业利益的，控排企业的内部控制主体（如授权交易部门经理）可与其签署保密协议后，向其提供与碳交易活动相关的内部信息。从碳交易实践看，一般涉及控排企业年度能源消耗资源消耗情况、碳投资和碳技术开发情况、碳监测数据、碳减排实际执行情况等信息。

其次，内部控制主体实施碳交易监管所需信息。由本书第 1 章第 2、3 节的研究可知，碳交易员的违法违规交易行为可能会给控排企业带来国有碳资产流失、履约不能等法律风险，因而控排企业的有关内部控制主体须对其交易行为进行监管。根据上文分析，控排企业的相关部门经理可要求碳交易员定期报告相关交易信息以防范交易过程中的有关法律风险。例如，相关部门经理可基于委托关

---

① 《全国碳排放权交易管理条例（送审稿）》第 28 条。
② 王国飞：《论企业碳排放信息公开的法律限度》，载《湖北经济学院学报》2014 年第6 期，第 122 页。

系，要求碳交易员提供其交易时段内的交易方式、配额交易量、交易价格、配额存量、交易预算使用、交易处罚等信息，以及时判断碳交易员的交易方式是否合规、配额碳交易量是否超出限制、交易价格是否超越合规幅度、配额存量是否符合最大持有量要求、交易预算是否充足或导致企业违约以及是否受到交易处罚。一旦发现碳交易员存在或者可能存在违法违规现象，相关部门经理应及时要求碳交易员改正，以减少损失或者避免相应内部法律风险的产生。

（三）程序

配额交易中的内部法律风险产生与控排企业缺乏规范碳交易员行为的程序密切相关。碳交易员代表所属控排企业从事交易活动，若控排企业不依法规范其交易行为，则可能因碳交易员的恣意行为而给企业带来不利法律后果。例如，碳交易员的高买低售行为会造成国有控排企业碳资产流失，这是《企业国有资产法》所禁止的。一旦造成国有资产流失，相关责任人员需承担相应的法律责任。因此，控排企业可通过建立或完善有关碳交易程序，以规范碳交易员的交易行为。一般来讲，控排企业可作如下程序设计安排。

首先，申请碳资产转让。要求碳交易员在转让碳资产前向有关主体提出申请。此做法并非剥夺其对相关事项的决定权，而是为了确保其权利能够得以正确行使，避免给企业带来损失和责任。那么，碳交易员应向何种内部控制主体提出碳资产转让申请呢？根据上文研究，对非国有控排企业而言，碳交易员可基于委托关系向相关部门经理提出申请，并由其在权限范围内作出决定。对国有控排企业来说，碳交易员同样可基于委托关系向相关部门经理提出申请，但是相关部门经理并无决定权，其接到申请后应以企业名义报请国有企业出资人决定或本级人民政府批准。总之，碳交易员须根据规定，向控排企业的相关部门经理申请碳资产转让。

其次，确定碳资产价格。非国有控排企业的相关部门经理受到碳资产转让申请后，应组织有关专业人士对碳资产价格进行评估，并根据评估结果作出碳资产转让可接受最低价格的决定。而国有控排企业的相关部门经理没有碳资产可接受价格决定权。《企业国有资产管理法》第53条第1款规定，国有资产转让由出资机构决定；第55条进一步规定国有资产转让最低合理价格确定由出资机构认可或出资机构报请的人民政府核准。因而，碳交易员在转让国有碳资产前，应由相关部门经理报请出资机构或相应的人民政府合理确定最低转让价格。

最后，执行碳资产转让决定。一般来说，最低可接受价格确定后，碳交易员在出售配额时不能低于这一价格。但是，碳市场价格受到配额供求、CCER 抵消限制、配额分配方法、碳排放总量控制、能源价格、气候变化等诸多因素的影响。这就可能出现真实的市场价格低于确定的可接受价格。例如，配额供过于求、CCER 抵消比例提高、配额分配方法过松、碳排放总量控制缺乏法律强制性、能源价格趋低、气候变暖等都会导致配额价格降低。若出现这些不确定情形，碳交易员须向上述有关主体报告。

三、碳交易员的退出

碳交易员的退出，指控排企业的碳交易员，因约定、法定或者企业章定事由的出现，主动或被动退出碳交易员岗位的一种法律行为或法律事实。由上文研究可知，碳交易员岗位具有较强的专业性，须由相关专业知识背景的人去从事。若碳交易员缺失、频繁变动、无序退出，或者指定非专业人员兼理碳交易业务均可能给企业带来经济损失，甚至会因这些人员的不当或不法行为而给企业带来更为严重的内部法律风险，如履约不能的法律责任。鉴此，控排企业应规范碳交易员的退出机制，确保碳交易员依法有序退出，避免或减少因碳交易员退出而给企业带来内部法律风险。从内部控制角度看，依法明确碳交易员退出的决定主体、情形（信息）、程序对控制企业相应的内部法律风险是必要的。

（一）主体

碳交易员岗位具有较强的流动性。正如上文所提及，无序的、非法的流动可能给控排企业带来弊害。那么，碳交易员如何退出才是合法的，才能避免或减少给企业造成的损失呢？由委托理论可知，控排企业的相关部门（委托人）与外聘的碳交易员（受托人）间存在委托合同法律关系。《合同法》第 397 条规定，委托人可委托受托人处理一项或数项事务，也可概括委托其处理一切事务。据此，碳交易员经相关部门经理委托授权，可仅处理一项或数项碳交易事务，也可概括处理一切相关事务。碳交易员的退出，就是碳交易员不再处理这些受托事项。

《合同法》第 410 条第 1 款规定，委托人和受托人均可以随时解除委托合同。申言之，相关部门经理和碳交易员均可提出解除委托合同。再结合《合同法》第411 条，委托合同当事人死亡、丧失民事行为能力或者破产的，该合同终止。由此可知，若相关部门经理或碳交易员死亡、丧失民事行为能力，那么二者间的委托合同终止。

同样，控排企业的相关部门经理与内聘的碳交易员间也存在形式上的"委托合同"法律关系，二者间的实质法律关系仍是"劳动合同"关系，因而此种情形下的碳交易员退出则受《劳动合同法》调整。《劳动合同法》第 36、37、38、39、40、41 条分别规定了双方协商解除、劳动者提前通知解除（试用期内）、劳动者单方解除（用人单位过错）、用人单位单方解除（劳动者过错）、用人单位无过失性辞退、经济性裁员等解除劳动合同的情形。这六种情形下的劳动合同解除，均会令内聘的碳交易员退出碳交易员岗位。

综上分析可知，外聘碳交易员的退出，可由相关部门经理或碳交易员提出解除委托合同的方式退出，也可因双方当事人的死亡或丧失民事行为能力致委托合同终止而退出；内聘碳交易员的退出，可以是双方当事人协议一致的结果，也可以一方过错引致的结果，还可以是用人单位无过失性辞退或经济性裁员的结果。这里需注意的是，内聘或外聘碳交易员的退出若给对方造成损失，除不可归责于该方当事人的事由外，应当赔偿损失。

（二）信息

此处碳交易员退出的信息，指引起碳交易员退出的具体情形。相关部门经理与外聘碳交易员间的委托合同一般受《合同法》调整。由《合同法》第 21 章"委托合同"可知，导致委托合同解除或终止的情形主要有四：其一，委托人或受托人提出解除委托合同；其二，委托人或受托人死亡；其三，委托人或受托人丧失民事行为能力；其四，委托人或受托人破产。鉴于碳交易员的自然人身份，相关部门经理或外聘碳交易员解除委托合同的情形只包括前三种。即在相关部门经理或外聘碳交易员提出解除委托合同、死亡或丧失民事行为能力的情况下，二者间的委托合同可以解除，合同解除后，外聘碳交易员退出碳交易员岗位。

而控排企业相关部门经理和内聘碳交易员的"委托合同关系"实为企业与员

工的关系，内聘碳交易员要么是被从其他岗位调来专门从事碳交易业务，要么是同时兼理碳交易业务。例如，被强制纳入湖北碳市场的东风汽车有限公司，其没有成立专门的碳交易部门，而是指定经营规划部代理碳交易业务，具体是由该部门的环境战略科的职工兼职处理公司的碳交易事务。那么，作为控排企业员工的碳交易员的退出就应受《劳动合同法》调整。综合《劳动合同法》第36、37、38、39、40、41条之规定，内聘碳交易员的退出主要由以下情形：一是，相关部门经理与碳交易员协商退出。二是，碳交易员提前30日或3日（试用期内）通知解除劳动合同后退出。三是，因相关部门经理原因（如未履行提供劳动条件、支付劳动报酬、缴纳社保费等约定，欺诈、威胁致合同无效，损害碳交易员权益等），碳交易员单方解除劳动合同后退出。四是，因碳交易员原因（如试用期不合录用条件、严重违反规章制度、严重失职或营私舞弊且给企业造成重大损害、兼职对企业造成重大影响、欺诈和胁迫致合同无效、被追究刑事责任等），相关部门经理单方解除劳动合同后致碳交易员退出。五是，相关部门经理无过失性辞退。例如，碳交易员患病或非因工负伤，医疗期满后不能从事原工作或另行安排工作；碳交易员不胜任工作，经培训或工作岗位调整，仍不胜任；双方订立劳动合同时所依据客观情况发生重大变化，致合同无法履行，经协商未就合同变更达成协议。六是，经济性裁员。如控排企业重整、生产经营出现严重困难，转产、重大技术活经营方式调整，客观经济情况发生重大变化等。总之，当控排企业的相关部门经理与内聘交易员出现上述六类情形时，也会令碳交易员退出碳交易员岗位。

（三）程序

碳交易员的无序退出是配额交易环节产生相关内部法律风险的重要症结，而规范的内部退出程序是祛除这一症结的一剂"良方"。这剂"处方"应区别不同情形。

其一，双方协商退出程序。此种情形下的碳交易员退出程序较为简单。一般来讲，控排企业相关部门经理与内聘（或外聘）碳交易员先就碳交易员退出进行协商，经协商达成一致后双方便可解除劳动合同（或委托合同），碳交易员退出碳交易员岗位。但是，碳交易员退出前，须根据约定或协商完成工作交接，避免退出行为给企业造成损失。若双方就碳交易业务涉及的商业秘密、个人隐私签署有保密协议的，碳交易员退出后须履行保密义务，保密协议属于有偿协议的，相关部门经理须代表企业按约定支付保密费。

其二，单方过错退出程序。单方过错退出是指由于控排企业相关部门经理或碳交易员一方的过错，导致劳动合同或委托合同被解除，继而碳交易员退出碳交易员岗位的情形。若属于相关部门经理过错，如属于《劳动合同法》第38条第1款前五项情形的，碳交易员提前30日书面通知相关部门经理后，可解除劳动合同或委托合同退出碳交易员岗位；属于《劳动合同法》第38条第2款规定的强迫劳动或违章指挥、强令冒险作业危及人身安全的，碳交易员可立即解除合同，不需要履行告知义务。若属于劳动者过错，如《劳动合同法》第39条规定情形，相关部门经理经查证属实的，便可解除合同，不需要履行告知义务，碳交易员因之退出碳交易员岗位。

其三，试用期退出程序。试用期分试用期内和试用期满两种情形。对于处于试用期内的碳交易员，若要退出碳交易员岗位，须根据《劳动合同法》第37条第2款规定，提前3日通知相关部门经理，才可解除合同退出。对于试用期满后，经考核不符合录用条件的碳交易员，相关部门经理可根据《劳动合同法》第39条第1款第1项直接解除合同，碳交易员随之退出碳交易员岗位。

其四，无过失性辞退程序。无过失性辞退是指碳交易员非过失性原因或客观情况需要，致使相关部门经理与碳交易员间的合同无法履行，相关部门经理履行法定程序后解除合同的情形。若发生《劳动合同法》第40条的3种无过失性辞退情形，控排企业相关部门经理可选择提前30日通知碳交易员本人或额外支付碳交易员1个月工资后，便可解除双方的合同，碳交易员因此退出。

其五，经济性裁员退出。经济性裁员，旨在改善控排企业的生产经营状况，保持市场竞争和生存能力，避免关停或破产。若出现《劳动合同法》第41条第1款的4种情形且碳交易员属于裁员范围的，控排企业须提前30日向工会或全体职工说明情况和听取其意见后，并向劳动行政部门报告裁员方案，方可裁员。

第五章 控排企业违反履约管理的
内部法律风险控制

这些公司不论是作多或作空，也不论追求的是内部减量策略或利用市场来满足遵约目标，或准备在一年中如何交易和轧平部位，以及将如何利用京都议定书计划的信用来满足遵约需求——这些公司在碳市场的部位都是影响价格和整体市况的主要因素。①

—— [美] 罗德尼·怀特、索尼雅·拉巴特、马丁·韦特克

"履约"是对碳市场控排企业内部制度的综合检验。② 它可以反映出控排企业的碳排放监测计划制度是否严格，碳排放报告制度是否规范，配额注销制度是否完善。控排企业违反履约管理的"履约不能的法律风险"和"能而不履约的法律风险"也多与这些制度健全与否密切相关。这是因为，碳排放监测计划是控排企业编制碳排放报告的重要依据，③ 碳排放报告是核查和履约的信息基础，配额注销是履约完成的重要标志。因此，本章选取碳市场控排企业配额清缴中的碳排放监测计划制度、碳排放报告制度、配额注销制度进行研究，并在内部控制整体框架理论指导下提出完善思路。具言之，在内部控制整体框架理论指引下，通过规范碳排放监测计划的编制、备案或批准、实施、变更，来控制碳排放监测计划各环节中的内部法律风险；通过规范实际碳排放的量化、碳排放报告的编制、

---

① [美] 罗德尼·怀特、索尼雅·拉巴特、马丁·韦特克著：《碳交易：气候变迁的市场解决方案》，吴国卿译，台湾地区财信出版 2008 年版，第 287 页。

② 参见李刚：《碳交易试点首年达预期》，载《人民日报》2014 年 7 月 20 日，第 003 版。

③ 《广东省发展改革委关于企业碳排放信息报告与核查的实施细则》第 8 条第 1 款。

提请核查、提请审定，来控制碳排放报告诸环节中的内部法律风险；通过规范配额盘算、上缴、注销，来控制配额注销相关环节中的内部法律风险。

第一节 碳排放监测计划制度

"碳排放监测"是控排企业计算二氧化碳排放所采取的测量、获取、分析、记录、处理等技术和管理措施。"计划"是某主体就未来某一或某些事项的实施所作的一种安排。碳排放监测计划是控排企业依据温室气体核查与报告指南制定的，用以证实在未来特定时期内其可以有效管理排放源的一种内在安排。它是了解控排企业排放源、排放设施、测量方法情况的重要载体，也是控排企业实施碳排放信息、数据监测的重要前提。控排企业要避免因其而产生的内部法律风险，就须在现行法律框架内将其内化为组织内部的一种制度安排。

一、碳排放监测计划的编制

（一）编制主体

碳排放监测计划的编制是整个碳排放监测计划制度生成的起点，其实施离不开相应的内部控制主体。那么，哪种内部控制主体是碳排放监测计划的编制主体呢？《全国碳排放权交易管理条例》（送审稿）、《碳排放权交易管理暂行办法》及地方试点立法与配套细则，均是将"控排企业"这个组织实体作为编制主体。由内部控制整体框架理论可知，内部控制主体间分工不同。其中，董事会主要负责建立内部控制制度，而经理层则侧重组织实施内部控制制度。那么，作为内部控制制度之一的碳排放监测计划制度，其编制工作就应由经理层负责实施。至于是由专门部门还是指定部门实施，法律没有强制性要求。[1]实践中，通常由控排企业的生产计划部、安全环保部或能源计量部等部门负责。因此，控排企业可基于内部控制的成本效益考量作出设立专门部门或指定部门的选择。

---

① 《企业内部控制基本规范》第 12 条第 2 款。

（二）编制信息

碳排放监测计划编制是一个较详细了解、呈现控排企业监测水平和能力的过程。这一过程又充满经济利益追求与环境义务履行的内在博弈。编制真实、全面的排放信息，是控制相应法律风险的必备条件。究竟哪些信息应该被编制到碳排放监测计划中去，国内外立法存在详略差异。欧盟 2003/87/EC 指令涉及控排企业的所属行业、生产经营活动、监测与报告责任、排放源名单、监测方法、监测频率、计算方法、排放量参数、测量位置、抽样方法、数据采集方法、数据分析方法和分析程序、数据处理方法、控制活动、连续测量系统使用、有关证据等诸多信息内容。欧盟成员国还通过立法予以进一步细化，如法国区分重要排放源和小排放源，重要排放源的信息要得以全面反映，小排放源则可简化。① 可看出，欧盟的碳排放监测计划信息非常详细，可操作性也强。② 在国内，碳排放监测计划编制信息存在行业差异，这是由于不同行业的能源结构、选用参数、计算方法不同所致，但总体差别不大。以湖北省 2015 年度水泥企业和电力企业的碳排放监测计划为例，二者均由两部分构成。第一部分是"一般性描述"，主要包括项目基本信息、文件版本号信息、企业排放情况说明、排放设施或活动清单；第二部分是"监测计划"信息，包括量化方法、事先确定参数、监测参数、数据缺失处理。相较欧盟，国内的碳排放计划的编制信息范围较窄，可操作性不够强。因此，为保证碳排放监测计划编制的科学性、完备性、可实施性，控排企业可以适当拓宽信息编制范围。

（三）编制程序

程序是保证碳排放监测计划质量不可或缺的手段。由于碳排放监测计划模板中所需信息，并不被编制主体全部掌握，而是分散在不同内部控制主体间，因此编制主体必须先收集到相关信息才可以进行填报，继而方可提请上级内部控制主体审核。换言之，碳排放监测计划编制须履行信息收集、信息填报、信息审核三

---

① 参见樊威：《欧美企业内部碳排放的监督管理研究》，载《科技管理研究》2012 年第 19 期，第 28~29 页。

② 参见中国清洁发展机制基金管理中心、大连商品交易所著：《碳配额管理与交易》，经济科学出版社 2010 年版，第 67~68 页。

个基本步骤。首先,信息收集。编制主体需要把本部门和其他部门掌握的一般描述信息和监测计划信息收集齐全,然后整理、初步核实、反馈完善。其次,信息填报。经初步核实无误后,编制主体方可根据模板要求逐项填写,并通过控排企业专用账号提交至温室气体监测报告管理系统备审。最后,信息审核。由于经理层和董事会间存在授权委托关系,且前者对后者有报告义务,后者对前者具有监督职责,所以由董事会来审核碳排放监测计划,根据审核结果作出修改反馈或者报请备案的决定。

(四)编制时间

碳排放监测计划是核查的重要依据,也是履约阶段的重要要求。因而,大致时间上应在核查期限截止前。实际上,国家层面的《碳排放权交易管理暂行办法》和《全国碳排放权交易管理条例》(送审稿)对编制时间并未明确,地方试点的立法虽有规定但不统一。例如,《广东省发展改革委关于企业碳排放信息报告与核查的实施细则》第8、10条规定,碳排放监测计划与碳排放报告于每年3月15日前一并提交;《上海市发改委关于开展2014年度碳排放监测计划填报工作的通知》则要求在当年12月31日完成填报;《湖北省发展改革委关于报送2016年度碳排放监测计划的通知》则要求在当年1月20日前完成报送;《天津市碳排放权交易管理暂行办法》第13条第1款规定每年11月30日前报送。从这些试点规定看,部分试点的控排企业编制碳排放监测计划时间较充裕,其他试点则显得仓促。因此,在全国碳市场阶段,应统一控排企业编制碳排放监测计划的时间,并保证时间充足,且不影响核查、履约工作的开展。这样,控排企业就可以在截止日期前更好地安排碳排放监测计划编制工作。

二、碳排放监测计划的备案

"备案"的性质有多种内涵,如行政许可意义上的备案、行政确认意义上的备案、告知意义上的备案、监督意义上备案。行政许可意义上的备案的一个特点是,行政相对人获得从事某项活动资格或条件,以在主管机关完成备案为前提;行政确认意义上的备案的一个特征则表现在行政相对人非追求新的权利、资格或行为,而是请求行政主管机关承认、确定或否认既有的权利、资格或行为;告知意义上的备案的目的，旨在为行政决策或执法获取信息，而非行政干预；监督意义上的备案的实质，是行政主管机关对行政相对人报送材料或信息的完备性、有效性、真实性与合法性等进行审查，符合法定要求的，予以存档备查，不符合要求的，告知行政相对人及时纠正，并可依法给予行政处罚等。① 碳排放监测计划的备案属于一种监督意义上的备案，这是因为碳市场主管须对其进行形式和实质审查，且备案的碳排放监测计划是核查的重要依据，不进行备案的控排企业还将面临罚款等行政处罚。控排企业内部可通过规范碳排放监测计划的备案，以控制由此产生的内部法律风险。

（一）备案主体

备案是控排企业的一种对外事项，须有法定的主体。《公司登记管理条例》第37、38、42、48条分别规定了未涉登记事项的公司章程修改，董事、监事、经理变动，公司解散组成清算组，分公司登记设立及注销四种情形时的"公司"备案义务。《全国碳排放权交易管理条例》（送审稿）第21条、《碳排放权交易管理暂行办法》第25条第1款及试点碳市场立法均把"重点排放单位"作为碳排放监测计划的备案义务人。这是因为大多控排企业具有"三独"属性，即独立的财产、独立的名义、独立的责任。其中，独立的名义指控排企业具有独立人格，对外以自己的名义从事相关活动。而经理层编制碳排放监测计划、董事会审核碳排放监测计划均是为控排企业的监测计划备案服务的，是备案的内在辅助主体。因此，碳排放监测计划的备案应以控排企业的名义进行，而非治理机构、部门或个人的名义。

（二）备案程序

碳排放监测计划经董事会审核通过后，便可以控排企业名义履行备案手续。首先，向所在地市级发展和改革委员会报送。在截止日期前，控排企业须将加盖本企业公章的碳排放监测计划报送至控排企业主要办事机构所在地的地市级发展和改革委员会，电子档的碳排放监测计划须上传至温室气体监测报告管理系统，

----

① 参见朱最新、曹延亮：《行政备案的法理界说》，载《法学杂志》2010年第4期，第60~61页。

地市级发展和改革委员会对收集到的本辖区的控排企业碳排放监测计划予以清点、整理，并督促未报送的企业。其次，统一向省级碳交易主管部门报备。地市级将本辖区已提交的碳排放监测计划及其清单、未提交监测计划的控排企业名单及说明情况等材料一并按法定形式报送至省级碳交易主管部门备案，经依法审核通过的，予以存档，未能通过的控排企业，由地市级发展和改革委员会通知其修改并报送。但对于未通过审核或未报送的控排企业来说，则将面临行政处罚。简言之，碳排放监测计划的备案须以控排企业的名义和规定的形式要求，按时逐级上报至省级碳交易主管部门。

（三）备案时间

基于有效管理碳排放、方便核查、确保履约的考量，碳排放监测计划的备案须有时间上的要求。然而，《全国碳排放权交易管理条例》（送审稿）、《碳排放权交易管理暂行办法》对碳排放监测计划的备案时间亦未明确。试点碳市场立法对碳排放监测计划的备案时间亦是不一致的。备案时间的不统一，会导致监测计划实施时间上的不一致，也会影响到核查工作的进度，进而可能出现履约风险。鉴于国家层面尚未出台碳排放权交易管理的相关配套细则以统一碳排放监测计划的备案时间，控排企业可暂据所在省市的时间规定或要求进行报备。待国家相关配套细则对监测计划备案时间统一后，再据此报备。但无论是按照试点规定还是据未来国家相关规定，控排企业内部也应有报备时间上的较充足安排，以确保碳排放监测计划依法实现备案。

三、碳排放监测计划的实施

编制碳排放监测计划的目的不仅为了履行备案义务，更在于实施监测。唯有实施碳排放监测计划，控排企业才能了解组织边界内排放源的排放情况，进而为碳排放报告、核查、配额清缴等工作奠定信息和数据基础。鉴于此，控排企业须规范碳排放监测计划的实施，以防范配额清缴阶段的内部法律风险。

（一）实施主体

碳排放监测计划所涉内容的广泛性，决定了其实施主体的是多元的。具体来说，碳排放监测计划的内容涉及控排企业名称、组织边界、责任人、职务、电话、邮箱、所属行业、主要产品或服务、监测期、项目备案号等基本信息；涉及排放设施或活动、排放源及源流、活动简介、排放类别、量化方法等排放情况说明；涉及设施编号、名称及数量、型号、安装地点、操作人员、设施厂商等排放设施和活动清单；涉及能源直接温室气体排放、工艺过程温室气体排放、能源间接温室气体排放的量化方法；涉及参数的单位、描述、数据来源、数值等。这些信息及其披露权限通常分散在不同的内部控制主体、不同的部门、不同的岗位。在内部控制整体框架理论下，董事会、监事会、相关部门、相关员工均是碳排放监测计划的实施主体。据《企业内部控制基本规范》第 12 条第 1 款，董事会可负责建立健全和有效实施碳排放监测计划，监事会对董事会的此项活动进行监督，经理层则负责组织碳排放监测计划的日常实施，相关员工基于岗位职责实施监测计划的有关事项。

(二) 实施程序

碳排放监测计划的有效实施离不开科学、严谨的程序设计。这是由于规范的程序可确保监测质量，防范监测计划执行中数据出现错弊、失实、遗漏及相应内部法律风险等。从欧盟和美国的碳市场实践看，控排企业特别重视监测系统在监测计划实施，控制内部法律风险中的作用。[1] 根据国外实践经验，国内控排企业可采取如下步骤来确保监测计划有效实施：第一，监测设备的安装维护。控排企业安装经初始认证的监测设备，并指派专人负责监测设备的测试、运行、维护，定期对监测设备进行校准、调整和检查，特别是计算公式的正确性、数据库的生成与备份，确保监测设备运行的连续性和安全性，进而获得及时、全面、可靠、准确的数据。第二，监测数据的抽查。在监测期内，控排企业可采取定期或不定期的方式，对生成的数据质量进行抽查。若发现数据质量问题，则对监测设备系统进行检查与调试，直至数据满足质量要求。此外，控排企业也可以现场操作监测设备，查看数据生成过程是否存在问题。第三，监测结果的校验。监测期截止

---

[1]　樊威：《欧美企业内部碳排放的监督管理研究》，载《科技管理研究》2012 年第 19 期，第 29 页。

前，控排企业需要对生成和保存数据进行检查，可通过交互性验证方式证明监测结构是否真实可靠。若发现存在数据丢失等情况，先进行风险评估，然后基于评估结果采取恢复或补充活动，避免、降低或转移风险。

（三）实施时间

碳排放监测计划范本中要求填写的实施时间是一个监测期间。监测期间是指从碳排放监测计划备案成功开始直至实施终结。它是一个法定期间，由国家或地方立法明确确定，具有强制性，非经法定程序，不得变更。这也是遵循碳排放监测"完整性"原则的体现，即所有排放源与源流的数据均须完整。因此，控排企业实施碳排放监测计划要连续进行，不得任意关停监测设备。

四、碳排放监测计划的变更

碳排放监测计划的变更指在碳排放监测计划实施过程中，出现了特定的情形，控排企业报请原备案机关变更监测计划中有关事项的行为。《全国碳排放权交易管理条例》（送审稿）第 21 条第 2 款、《碳排放权交易管理暂行办法》第 25 条第 3 款概括规定，监测计划发生重大变更时，控排企业须及时报所在省级碳交易主管部门备案。然而，这些立法对监测计划"重大变更"的具体情形、申请主体、申请程序、申请时间等事项均未作明确规定，这就造成实践中难以操作。接下来，本书在内部控制整体框架理论指导下，对控排企业如何执行此款规定作学理上的探讨。

（一）申请主体

碳排放监测计划变更的申请主体，指在碳排放监测计划实施过程中，出现或可能需要变更已备案的监测计划的情形时，负责向原备案机关申请变更相关事项的主体。这一主体同碳排放监测计划的备案申请主体一致，即只能以控排企业的名义进行。因此，碳排放监测计划实施中出现重大变更情形时，须以控排企业名义向省级碳交易主管部门（即原备案主管部门）提出申请。

（二）变更信息

"重大变更"是对实现原监测计划目的有显著影响的事项变更。"显著影响"体现在变更前后监测数据品质或质量出现明显差异。从实践来看，以下事项的重大变化会导致监测数据显著变化：其一，排放设施类别的变化。不同类别的排放设施，其年排放量不同。采用新的排放设施类型，则会导致原监测计划不再适宜。例如，A 类排放设施年排放量≤50 千吨二氧化碳，50 千吨二氧化碳<B 类排放设施年排放量≤500 千吨二氧化碳，而 C 类排放设施年排放量>500 千吨二氧化碳。① 其二，计算方法的变化。不同行业存在差异，通常其计算其二氧化碳排放量方法也不同。若使用统一的方法或者不够精确的计算方法，则可能出现计算结果严重失实。其三，活动数据或参数的变化。这是指不同级别的活动水平或其他参数的不确定性提高。② 活动数据或参数的变化会导致不确定性增加，数据的乘积随之发生重大变化。是故，控排企业在实施碳排放监测计划的过程中，若出现上述事项的变化，则应在申请报告中对变化予以清晰描述并附之以合理证据。

（三）变更程序

碳排放监测计划的变更程序与备案程序大致相同。一般由三个步骤构成：首先，修订碳排放监测计划。控排企业的经理层基于重大变更事项，对碳排放监测计划中的相关信息进行修改。修改后报董事会审议，若存在问题则进一步完善，不存在问题则以控排企业名义上报。其次，提交所在地地市级发展改革委。控排企业须把修改后的碳排放监测计划，加盖企业公章后报送企业主要办事机构所在地地市级发展改革委。地市级发展改革委对之进行形式审查，填写完备、辅助材料齐全的及时上报省级主管部门。最后，由地市级发展改革委上报省级发展改革委。省级发展改革委收到变更材料后，对重大变更事项及说明材料进行审查，认为符合重大变更情形的，则作出准予变更的决定并归档，不

---

① 参见王毅刚、葛兴安、邵诗洋、李亚冬著：《碳排放交易制度的中国道路——国际实践与中国应用》，经济管理出版社 2011 年版，第 365 页。

② 中国质量认证中心、清华大学环境学院编著：《企业碳排放管理国际经验与中国实践》，中国质检出版社、中国标准出版社 2015 年版，第 11 页。

符合重大变更情形的，则作出不予以变更的决定并说明理由，控排企业仍按原备案监测计划执行。因此，控排企业在申请碳排放监测计划重大变更时要严格依据上述程序办理。

（四）变更时间

碳排放监测计划相关事项的重大变更不仅影响到监测数据的质量，还关乎监测计划管理、碳排放核查、履约监督的实效性。因此，对重大变更须有申请时间上的要求。现行法律规定对此未予以明确，而仅要求"及时"报省级碳交易主管部门备案。那么，何为"及时"？本书认为，这里的"及时"并非"立即""立刻""马上"之意，而是"合理时间"。因为碳排放监测计划编制涉及事项诸多，重大事项的变更申请不仅需要描述变更事项，还需分析和说明变更的原因、内容、影响、合法性等内容，这些均需要合理的时间保证。所以，控排企业应在合理时间内及时报请省级碳交易主管部门进行碳排放监测计划重大事项的变更。

第二节　碳排放报告制度

碳排放报告是控排企业依据国家发布的行业温室气体报告指南，计算出组织边界内排放源直接或间接排放的温室气体排放总量，并按照法定形式和要求编制成报告，提请第三方核查机构核查和省级碳交易主管部门审定的一种活动。编制和提交碳排放报告是控排企业的法定义务，虚报、瞒报或拒绝履行碳排放报告义务，则会令控排企业面临内部法律风险，甚至需要承担相应的行政处罚责任。反之，积极、主动、及时的履行碳排放报告义务，一则有助于控排企业对报告环节中的内部法律风险进行有效控制；二则有利于控排企业追踪和管理温室气体，发掘节能减排项目，把握温室气体减排和交易机会，[1] 提升企业的社会形象，提高应对气候变化决策的科学性等；三则有助于政府评估、制定、调整应对气候变化的政策和法律。《国家十三五规划纲要》提出"实行重点单位碳排放报告制

---

[1]　崔金星：《碳监测法律制度研究》，西南政法大学 2014 年博士学位论文，第 261 页。

度",发布 24 个行业的温室气体核算和报告指南更是服务于"建立、实施企业温室气体排放报告制度"①。因此,控排企业内部需要建立健全碳排放报告制度。接下来,本书将在内部控制整体框架理论的实现机制指导下探讨这一制度的建立。

一、碳排放报告的编制

(一) 编制主体

碳排放报告的编制是整个碳排放报告制定的开端,需要相关主体去完成。从现行立法规定看,无论是《全国碳排放权交易管理条例》(送审稿)、《碳排放权交易管理暂行办法》,还是各试点碳市场立法,控排企业均被确定为碳排放报告的编制主体,这是由控排企业的三重特性决定的。但是,编制碳排放报告的任务最终是要分解到企业的相关部门,并由相关的内部控制主体去实施。根据这些主体在编制过程中所起作用的大小,可把组织内部的编制主体细分为起草主体、辅助主体和最终决策主体。

1. 起草主体

碳排放报告的起草主体是控排企业内部具体负责碳排放报告编写的主体。控排企业可根据企业内部不同部门的职责,指定某一部门负责,也可在条件允许的情况下成立一个专门的部门负责。从控排企业的实践看,碳排放报告的起草工作是由某一主管碳交易业务的部门或者专门的碳交易部门来完成的。换言之,碳排放报告的起草主体具有唯一性或专门性。其中,主管碳交易业务的部门的名称不一,业务范围也存差异,如生产计划部、安全环保部或能源计量部等。专门的碳交易部门是企业为碳交易业务成立的专门部门,其负责碳交易、碳排放报告、配额清缴等所有与碳交易相关的活动或事项。总之,控排企业需根据自身情况明确一个部门负责,以防止相互推诿的现象的发生。

---

① 参见《国家发展改革委办公厅关于印发首批 10 个行业企业温室气体核算方法与报告指南(试行)(发改办气候〔2013〕2526 号)、《国家发展改革委办公厅关于印发第二批 4 个行业企业温室气体核算方法与报告指南(试行)的通知》(发改办气候〔2014〕2920 号)、《国家发展改革委办公厅关于印发第三批 10 个行业企业温室气体核算方法与报告指南(试行)的通知》(发改办气候〔2015〕1722 号)。

2. 辅助主体

碳排放报告的辅助主体是控排企业内部辅助起草主体完成碳排放报告编写的主体。这一主体在编制过程中主要起配合作用，但不可或缺。这是由于碳排放报告所需信息多而分散，数据质量参差不齐，且涉及不同部门、不同主体、不同岗位，仅凭起草主体一己之力是无法完成编制起草任务的。这也说明，碳排放报告编制的辅助主体具有多元性的特点。这些辅助主体要根据国家或地方碳排放报告的要求在日常的生产经营管理活动中，做好相关信息和数据的收集、整理、分析、处理、备份等工作。在碳排放报告编制时，根据起草主体的编制碳排放报告的要求，及时向其提交自己所掌握的与之相关的所有数据或材料。

3. 最终决策主体

起草主体和辅助主体没有碳排放报告的最终决定权。由前文控排企业内部环境部分的分析可知，董事会由股东（大）会选举产生并对其负责，属于企业的决策机构，其拥有经营计划和投资方案、内部管理机构的设置的决定权及基本管理制度的制定权。在内部控制整体框架理论下，碳排放报告制度是控排企业的基本内控制度。因此，碳排放报告草案的最终决定权应由董事会行使。

（二）编制权利

1. 起草主体的草案编制权

碳排放报告的起草主体具有一元性的特点，其草案编制权配置就相对简单。控排企业可根据碳排放报告的法定要求，赋予其必要的碳排放信息和数据的知情权、处理权、表达权，以促进草案编制权的实现。首先，碳排放信息和数据的知情权。控排企业须授权起草主体了解本部门掌握的和其他部门掌握的碳排放信息和数据的权利。例如，自行收集或者要求其他内部控制主体提交相关数据材料。其次，碳排放信息和数据的处理权。收集到的相关信息可能存在着真实性、完整性、可比性、一致性、相关性等问题。因此，控排企业需要授权起草主体去对这些数据材料进行计算、分析、核实、筛选等。最后，碳排放信息和数据的表达权。碳排放报告不仅要填写控排企业的基本信息，还需要说明或描述控排企业排放、监测计划变更、参数选择、排放量计算等诸多事项。因而，控排企业又需要授权其必要的自主表达权。

2. 辅助主体的编制参与权

辅助主体与起草主体不同，其并不直接参与编写，而仅是向起草主体提供碳排放信息和数据材料。这些信息和数据往往涉及控排企业的商业秘密和技术秘密。基于保密的需要，这些信息和数据又掌握在特定部门和相关人员手里。这就给起草主体获取这些信息和数据带来困难。因此，控排企业需要授权辅助主体相应的权限以配合起草主体的工作。一般来说，辅助主体的权限仅限于对起草主体提供碳排放报告法定要求的相关信息和数据。

3. 决策主体的最终审议权

碳排放报告的最终决策主体是控排企业内部确定碳排放报告草案的主体。根据内部控制整体框架理论和《企业内部控制基本规范》可知，董事会具有经营决策权，具有建立和实施内部控制制度的权利。因此，起草部门须将拟定的碳排放报告草案提交董事会进行审议并作出决定。若董事会通过，则可报请第三方核查机构核查，未通过则需起草主体进一步修改和完善。

（三）编制信息

信息是编制碳排放报告的基础和前提，符合相关性、完整性、一致性、准确性等原则的信息是碳排放报告的质量保证。不同的国家或地区的碳排放权交易机制对编制碳排放报告的信息要求不同。

1. 欧盟法律规定的信息

欧盟的相关法律，要求编制碳排放报告应至少包括以下信息[①]：（1）控排企业的主要经营数据；（2）所有排放源的说明，包括排放总量、监测方法和参数等级的选用、活动数据、排放因子、氧化/转换因子；（3）使用燃料的情况下，须提供每年平均冷热值的补充代理数据和每种燃料的排放因子；（4）使用质量守恒方法的情况下，须提供质量流量、每种燃料物质流的碳和能量含量；（5）使用连续排放检测的情况下，须提供化石燃料和生物燃料的二氧化碳排放量；（6）变量选用发生暂时或永久变化的情况下，要永久性变化须说明原因，暂时性变化说明起止和中止时间。

---

① 中国清洁发展机制基金管理中心、大连商品交易所著：《碳配额管理与交易》，经济科学出版社 2010 年版，第 76 页。

2. 中国法律规定的信息

《全国碳排放权交易管理条例》（送审稿）、《碳排放权交易管理暂行办法》及试点省市的地方性法规、政府规章未对碳排放报告的编制信息予以明确。但是，国家发展改革委发布的 24 个行业企业的温室气体核算方法与报告指南和试点省市的温室气体核算方法与报告指南，对碳排放报告的编制信息予以了明确。国家和试点省市的报告指南虽在计算方法、排放因子选取等方面存在些许差异，但在编制信息的内容上并无太大差别。从碳排放报告模板来看，编制信息主要包括如下三部分内容：其一，一般性描述。涉及控排企业的基本信息、文件版本号信息、排放情况说明、排放设施/活动清单。其二，监测系统的描述。包括监测计划的变更信息、事先确定参数、监测参数。其三，排放量计算。涵盖能源直接温室气体排放（包括固定燃烧源排放和服务于生产的移动排放源排放）、工艺过程温室气体排放、能源间接温室气体排放、生物质使用排放以及总排放量。此外，与碳排放报告相关的补充资料、说明资料需附报告后。① 因此，控排企业的内部控制主体要按照报告指南及其模板的信息要求进行编制。

（四）编制程序

"只有真实、可信的数据保证了排放信息的高确定性，报告中的排放信息才被视为有效。"② 换言之，真实、可信的数据获取是形成可靠碳排放信息的保障，有效的排放信息又是确保碳排放报告质量的基础。申言之，从获取数据资料到拟定碳排放初稿需要一个严谨、科学的编制程序。详细说来，可分为如下步骤。

1. 获取数据资料

数据资料获取是编制程序首要步骤。它还是控排企业参与碳排放交易的前提，亦可反映企业是否具备监控实际碳排放并进行报告的能力。③ 控排企业的起草主体，应按照相关性、完整性、一致性、准确性、透明性原则收集数据资料。相关性原则要求，根据碳排放报告的要求收集相关的数据和方法学。完整性原则

---

① 参见张宁著：《中国碳市场建设初探——理论、国际经验与中国的选择》，中央编译出版社 2013 年版，第 198 页。

② 焦小平主译：《欧盟排放交易体系规则》，中国财政经济出版社 2010 年版，第 59 页。

③ 王燕、张磊著：《碳排放交易市场化法律保障机制的探索》，复旦大学出版社 2015 年版，第 199~200 页。

要求，不遗漏组织边界内的任何排放源的任何数据。一致性原则要求，数据获得方式应尽量一致以便换算、合并和对比。准确性原则要求，相关内部控制主体须提供准确的数据资料。透明性原则要求，除涉及机密或知识产权的资料外，其他数据应能真实、清晰的展现，并可据此还原温室气体排放情况。[1] 但是，实践中，平衡数据可信性和保密性对相关主体来说是个挑战，[2] 公开有泄露商业秘密之嫌，不公开又面临提供内外压力。本书认为，辅助主体只要按照上述原则和内部授权向起草主体提供其权限范围的数据资料，是可以免责的。获取数据资料后，起草主体需对获取的不同年度、不同来源的数据资料进行整理、复查、核实、比对以控制数据质量，[3] 为实际排放量的量化做准备。

2. 量化实际排放量

实际排放量的计算要科学严谨，其计算须遵照科学的量化流程。首先，界定边界。这里的边界包括控排企业的温室气体排放边界和基准年。排放边界由组织边界和运行边界构成，前者确定量化的实体范围和相关内容，后者则是明确组织边界内的排放源。基准年则是碳排放报告所要求报告的年份，选择须具有代表性和可比性。其次，确定排放因子。国家和地方的温室气体核查与报告指南，通常是采用排放因子法计算排放量，排放因子是由统计计算得出并由国家碳交易主管部门发布，其可降低排放结果计算的不确定性。再次，计算排放量。起草主体可通过活动数据与排放因子的乘积得出实际排放量。这也说明，活动数据质量对实际排放量的量化至关重要，因此控排企业有关内部控制主体在生产经营管理活动中要依法进行排放监测，并做好数据处理与保存。

3. 汇总并拟定报告初稿

量化结果是多而分散的，需要根据碳排放报告模板规定的格式，逐一整理汇总。汇总完成后，还要附上相关的计算方法、说明资料等，初稿基本形成。然后，起草主体须将碳排放报告初稿提交董事会审议，若董事会未通过，则由

---

[1]　参见本书编写组编制：《碳排放核查员培训教材》，中国质检出版社、中国标准出版社 2015 年版，第 90~91 页。

[2]　参见崔金星：《碳监测法律制度研究》，西南政法大学 2014 年博士学位论文，第 263~264 页。

[3]　参见郑爽等著：《全国七省市碳交易试点调查与研究》，中国经济出版社 2014 年版，第 121 页。

起草主体修改完善，若董事会通过，则以控排企业的名义提交第三方核查机构核查。

（五）编制时间

目前，国家层面的现有立法及配套规定尚未对碳排放报告的编制时间作统一规定。这是由于国家碳市场尚未启动，全国各省市的碳排放数据基础差异巨大，尚难以明确具体的报告编制时间。不过，从《国家发展改革委办公厅关于切实做好全国碳排放权交易市场启动工作的通知》要求看，拟纳入全国碳排放权交易的企业须于 2016 年 6 月 30 日前，向注册地省级碳交易主管部门提交 2013—2015 年的温室气体排放数据。也就是说，控排企业须在该日期截止前完成碳排放报告的编制工作。当然，这只是全国碳市场筹备阶段对碳排放报告提交时间的暂时性要求，统一的、确定性的提交时间还需《碳排放权交易管理条例》或其配套细则加以明确。因此，控排企业可先根据暂时性的要求，合理安排编制时间。

二、碳排放报告的委托核查

（一）委托主体

核查是对碳排放报告中排放数据和信息的真实性、可信性和准确性的处理，[1] 核查工作的启动离不开相应的委托主体。国家现行立法未明确委托主体。《碳排放权交易管理暂行办法》第 34 条仅规定了国务院碳交易主管部门"推荐核查机构"的权利，而拟出台的《全国碳排放权交易管理条例》（送审稿）第 24 条也只是授权省级碳交易主管部门，在因重点排放单位过错致排放量无法确认时，可委托核查机构进行排放量的测算与确认的权利，通常情况下是否具有委托的权利仍不明确。

国家层面规定的模糊性，导致 7 个试点的碳交易管理立法对委托主体也规定不一。其中，《湖北省碳排放权管理和交易暂行办法》第 34 条、《重庆市碳排放权交易管理暂行办法》第 16 条第 1 款规定，主管部门或主管机构是委托主体；而《广东省碳排放管理试行办法》第 7 条第 2 款、《深圳市碳排放权交易管理暂

---

[1]　焦小平主译：《欧盟排放交易体系规则》，中国财政经济出版社 2010 年版，第 59 页。

行办法》第 29 条第 1 款、《天津市碳排放权交易管理暂行办法》第 15 条、《北京市碳排放权交易核查机构管理办法（试行）》第 16 条第 1 款第 3 项则规定，控排企业、管控单位或重点排放单位是委托主体；《上海市碳排放管理试行办法》第 13 条第 2 款规定"市发展改革委"或"纳入配额管理的单位"均可为委托核查的主体。由此可见，现行立法实践中存在控排企业和主管部门两种委托主体。对此，本书认为，在倡导简政放权的今天，政府及其组成部门应减少对碳市场主体的干预，多给予其一定的自主权，仅行使必要的监督权，才能更好地发挥碳市场在资源配置中的决定性作用。因此，通常情况下，应由控排企业、其他纳入单位作为委托主体，委托核查机构对碳排放报告进行核查。仅当控排企业或其他纳入单位出现不作为或违法作为情形时，再由主管部门委托核查机关核查，以示监督。

（二）委托程序

实践中，虽存在两种委托主体，但内部控制整体框架理论关注的是，"控排企业"（而非碳交易主管部门）如何完善相关制度来达到控制内部法律风险的目的。所以，接下来的委托程序的探讨是以控排企业为委托主体展开的。从国内外碳市场立法实践看，委托程序通常由选择核查机构、签署委托协议、配合核查构成。

首先，选择核查机构。核查机构推荐名单一般经"公开征集—自主申报—专家评审—公示"程序产生。但国内核查机构管理比较混乱，国家碳交易主管部门和省级碳交易主管部门均有推荐权，且评审标准不一，主观性较强，核查机构核查能力也参差不齐。《全国碳排放权交易管理条例》（送审稿）已经认识到了核查工作的重要性，拟将标准制定权、推荐权统一到国家碳交易主管部门及相关部门。鉴于此，控排企业可综合注册资本、软硬件设施、专业人员配备等因素选定某一核查机构。

其次，签署委托协议。核查机构选定后，控排企业需安排法务部门起草委托核查合同。委托核查合同起草完成后交第三方核查审查，若核查机构有异议，双方可协商处理，若无异议则签署书面协议并加盖双方单位公章。签署协议后，核查机构须成立核查工作组，制定详尽的核查计划并提交给控排企业。

再次，配合核查。核查以书面核查为主，现场核查为辅。书面核查是对碳排放报告中活动数据收集标准采用、数据测量方法选用、数据的一致性、保存记录的完整性、排放因子的选用、总量化结果正确性等进行的检查与核实。① 现场核查是核查组的工作人员深入企业，实地了解监测设备运行、历史排放数据存档等情况，以此帮助核查人员判断碳排放报告信息的真实性、准确性。若核查人员对碳排放报告相关信息存疑，控排企业接到核查机构通知后应根据要求及时提供相关数据信息或作详细说明，有现场核查必要时，控排企业应及时允许核查人员进入控排企业调查。核查机构最后根据核查结果出具相应的核查报告，由控排企业将核查报告与碳排放报告层报省级碳交易主管部门审定。

（三）委托时间

国家现有立法及配套规定未对碳排放报告核查的委托时间进行规定。以控排企业作为委托主体的试点省市立法也均未明确具体的委托时间，个别省市只是规定了核查报告截止日期。《上海市碳排放管理试行办法》第 13 条第 1 款、《深圳市碳排放权交易管理暂行办法》第 29 条第 1 款、《天津市碳排放权交易管理暂行办法》第 14 条规定每年 4 月 30 日前提交核查报告。而广东和北京的立法则未作任何规定，每年则以"通知"等其他规范性文件的形式告知核查报告提交日期。可见，控排企业在国家统一规定出台前，需要根据所在地省市碳交易管理立法及其他规范性文件对核查报告提交时间的要求，合理安排委托时间。

三、碳排放报告的提交审定

（一）提交主体

国内外碳交易管理立法均规定了控排企业向碳交易主管部门报告实际排放量的义务。欧盟《监测和报告管理条例》（*Monitoring and Reporting Regulation*）规定了设施和航空器经营者的年度排放报告义务，加利福尼亚《全球变暖应对法案》（*Global Warming Solutions Act*）规定了纳入实体的报告义务（仅限年排放超

---

① 参见焦小平主译：《欧盟排放交易体系规则》，中国财政经济出版社 2010 年版，第 59 页。

过 25000 吨 CO₂e 的排放源）及提供虚假的报告的罚款和刑事责任。① 此外，澳大利亚和英国分别制定的《2007 年国家温室气体与能源报告法》（*National Greenhouse and Energy Reporting Act* 2007）和《2008 年气候变化法案》（*Climate Change Act* 2008）也对温室气体报告义务作了强制规定。② 国内的《全国碳排放权交易管理条例》（送审稿）第 23 条、《碳排放权交易管理暂行办法》第 26 条以及各试点省市立法也对控排企业提交碳排放报告的义务作出了规定。可见，国内外立法均是把"控排企业"而非内部控制主体作为碳排放报告提交的义务主体，这是由于内部控制主体对外不具备主体资格，而控排企业具有法律上的主体资格。因此，碳排放报告的提交须以控排企业名义办理。

（二）提交程序

碳排放报告的提交程序较为简单。一般来说，碳排放报告先经第三方核查机构核查通过，然后按照法定形式要求报企业注册地所在地市级发展改革委，地市级发展改革委汇总本辖区的内的控排企业和其他单位的碳排放报告后，报省级发展改革委审定。控排企业要避免报告提交环节的内部法律风险，须重视法定形式和格式上的要求。

首先，提交形式。国外碳交易管理立法和国内试点碳交易管理立法均要求，控排企业须提交书面和电子版形式的碳排放报告。其一，电子版碳排放报告。要按照官方《温室气体排放报告》模板逐项填写完整，然后上传至官方的温室气体报告系统供审核。如美国国家环保局于 2009 年制定的《温室气体强制性申报：最终条例》规定电子版形式的报告提交须按照该条例发布后规定的格式。③ 其二，纸质版碳排放报告。须按照官方份额数量要求提供，并加盖控排企业公章后，然后层报省级碳交易主管部门审定。美国立法规定，每个报告必须包含由生产设施授权代表签署的认证证明。授权代表必须代表所有者和经营者证明报告是按照《联邦法规法典》第 40 编第 98 部分的规定编写，而且报告中所含信息真实

---

① 参见史学瀛、李树成、潘晓斌著：《碳排放交易市场与制度设计》，南开大学出版社 2014 年版，第 327～333 页。

② 崔金星：《碳监测法律制度研究》，西南政法大学 2014 年博士学位论文，第 258 页。

③ 刘兰翠、张战胜、周颖、蔡博峰、曹东编译：《主要发达国家的温室气体排放申报制度》，中国环境科学出版社 2012 年版，第 7 页。

准确，否则愿意接受法律惩罚。① 这类似于中国 24 个行业温室气体报告模板中关于报告真实、可靠及法律责任承担的保证声明。

其次，一并提交。碳排放报告要与核查报告一并提交省级碳交易主管部门审定。省级碳交易主管部门通过两个报告来确认控排企业的年度实际碳排放量，并以此作为本年度履约和下年度配额分配的依据。因此，控排企业须同时提交这两个报告。

（三）提交时间

碳排放报告提交与核查、配额清缴等工作紧密联系，其必然需要确定的时间。国外碳交易管理立法一般规定了明确的报告提交时间。例如，美国《温室气体强制性申报：最终条例》规定首次温室气体年报须于 2011 年 3 月 31 日前提交。② 欧盟在每个日历年结束后报告，③ 如《监测和报告管理条例》规定的每年 4 月 30 日前提交。此外，哈萨克斯坦规定每年 4 月 1 日前，加拿大魁北克省规定每年 6 月 1 日前，韩国规定履约期结束后 3 个月内。④ 而国内《全国碳排放权交易管理条例》（送审稿）、《碳排放权交易管理暂行办法》虽规定了报告提交义务却未明确提交时间。地方试点立法对碳排放报告提交时间规定不一，如湖北为每年 2 月最后一个工作日前，天津为每年 4 月 30 日前，上海为每年 3 月 31 日。因此，控排企业在国家未对碳排放报告作出统一规定前，应按照所在省市的时间要求设计该项制度。

第三节　配额清缴制度

省级碳交易主管部门依据碳排放报告和核查报告，确认控排企业上年度的实

---

① 刘兰翠、张战胜、周颖、蔡博峰、曹东编译：《主要发达国家的温室气体排放申报制度》，中国环境科学出版社 2012 年版，第 7 页。

② 刘兰翠、张战胜、周颖、蔡博峰、曹东编译：《主要发达国家的温室气体排放申报制度》，中国环境科学出版社 2012 年版，第 5 页。

③ 杨解君等著：《面向低碳未来的中国环境法制研究》，复旦大学出版社 2014 年版，第 48 页。

④ 参见史学瀛、李树成、潘晓斌著：《碳排放交易市场与制度设计》，南开大学出版社 2014 年版，第 329、332、333 页。

际碳排放量。实际碳排放量确认后，控排企业须据此履行相应的配额清缴义务。然而，试点碳市场的控排企业在配额清缴过程中，却存在不履行、未按时履行、逾期仍不履行配额清缴义务的现象。究其原因，正如前文调查分析所指出，企业内部不了解、不重视碳交易业务，也普遍未建立相关的内部法律风险控制制度。对于不履行配额清缴义务的行为，立法规定了严格的行政处罚责任。如《碳排放权交易管理暂行办法》第 41 条规定"给予行政处罚"，《全国碳排放权交易管理条例》（送审稿）第 32 条进一步指出："不足配额量，由省级碳交易主管部门处以清缴截止日前一年配额市场均价 3~5 倍的罚款，同时在其下一分配时段的配额中扣除。预期不缴纳罚款的，每日罚款数额的 3%加处罚款。"试点省市的立法对此也规定了罚款、扣发配额、纳入诚信黑名单、不予审批新项目等处罚或限制手段（见表 5-1）。① 鉴于此，从内部控制角度看，控排企业要避免承担上述法律责任，就有必要依法建立配额清缴制度。

表 5-1　　　　　　　　　　配额清缴日期与违规处罚

试点	排放报告	核查报告	清缴日	处　罚
北京	3 月 20 日	4 月 5 日	6 月 15 日	未按规定报送排放报告或核查报告，可处以 5 万元以下罚款；未足额清缴部分按市场均价 3~5 倍罚款
天津	4 月 30 日	4 月 30 日	5 月 31 日	违规交易主体限期改正；违约企业限期改正，3 年内不享受优惠
上海	3 月 31 日	4 月 30 日	6 月 1—30 日	违约企业罚款 5 万~10 万元；计入信用记录，向工商、税务、金融等部门通报；取消享受当年及下年度本市节能减排专项资金支持政策的资格
重庆	2 月 20 日	暂无	6 月 20 日	未报告核查处 2 万~5 万元罚款，虚假核查处 3 万~5 万元罚款；违约配额按清缴届满前一个月配额平均价格的 3 倍处罚

---

① 国家应对气候变化战略研究和国际合作中心、清洁发展机制项目管理中心（碳市场管理部）：《2016 中国碳市场报告》，中国环境出版社 2016 年版，第 39~40 页。

试点	排放报告	核查报告	清缴日	处 罚
湖北	2月最后一个工作日	4月最后一个工作日	6月最后一个工作日	未监测和报告罚1万~3万元；扰乱交易秩序罚15万元；对违约企业以市场均价1~3倍但不超过15万元罚款，在下一年双倍扣除违约配额
广东	3月15日	4月30日	6月20日	不报告罚款1万~3万元；不核查罚款1~3万元；对违约企业在下一年度配额中扣除未足额清缴部分2倍配额，罚款5万元
深圳	3月31日	4月30日	6月30日	交易主体、机构、核查机构违规处5万~10万元罚款；对违约企业在下一年度中扣除未足额清缴部分，按市场均价3倍罚款

一、配额盘算

配额盘算是配额清缴的首要环节。它是指法定配额清缴义务主体基于碳交易主管部门确认的实际排放量，计算并准备足额配额以完成清缴义务的活动过程。换言之，清缴义务主体把实际排放量换算为配额，然后查看注册登记系统所拥有的配额是否充足，并决定是否采取购买配额或采用法定CCER抵消机制来确保清缴义务如期完成。可见，配额盘算对确保控排企业完成配额清缴义务至关重要。

（一）主体

配额清缴周期较长，一般为一年。在较长的清缴周期内，控排企业可能因主客观情况的变化，根据生产经营活动的需要，改变其组织机构等事项。① 根据法定清缴期限截止前，清缴义务主体的组织是否发生发生变化，可将其大致分为组织不变时的主体和组织变更时的主体两类。

1. 组织不变时的主体

控排企业组织不变指控排企业未出现合并和分立的情形。在组织不变的情况

---

① 参见张士元主编：《企业法（第二版）》，法律出版社2005年版，第58页。

下，对外控排企业仍是配额清缴义务主体。如《碳排放权交易管理暂行办法》第31条和《全国碳排放权交易管理条例》（送审稿）第25条规定了重点排放单位正常情形时的配额清缴义务。实际上，这两条配额清缴规定是以控排企业组织未发生变动为前提的。在组织不变时，从内部控制角度看，控排企业须指定代理部门或设立专门部门来完成配额盘算。代理部门或专门部门根据确认的实际排放量计算出控排企业需要清缴的配额，并根据企业拥有配额情况和 CCER 情况，制定配额清缴方案，然后报董事会审议决定。若配额充足，董事会则作出直接上缴的决定，若配额不充足，则作出采用抵消机制或购买配额的方式完成清缴的决定，然后授权企业的碳交易操作员进行配额或一定比例的 CCER 买入。因此，组织不变时控排企业指定的部门或设立的专门部门是配额盘算主体。

2. 组织变更时的主体

企业组织变更指控排企业出现了合并和分立。企业合并是两个或两个以上的企业基于生产经营的目的，经协商一致达成协议，并依法定程序合并为一个企业的行为。企业的分立则指依法设立的企业按照法定条件和程序，通过一定形式分为两个或两个以上企业的法律行为。① 控排企业发生这两种情形时，那么对外清缴义务主体则会发生变化。

一是控排企业的合并。控排企业的合并，通常是出于整合资源、扩大规模、提升竞争力等目的。它又分为控排企业间的合并、控排企业与非控排企业的合并两种情形。若属于这两种情形的合并，则配额清缴义务由吸收合并后的存续企业或新设合并后的新设企业履行。不同的是，按第一种情形合并后的企业的排放边界为两控排企业的排放边界之和，相应的配额清缴义务也为二者经确认的义务之和；而按第二种情形合并后的企业的首年排放边界为控排企业的排放边界，相应的配额清缴义务仅为控排企业的义务，次年排放边界及配额清缴义务须重新核定。那么，在存续合并情形下，若属第一种情形，则存续控排企业指定或专门设立的部门进行配额盘算；若属第二种情形且控排企业存在，则仍由控排企业指定或专门设立的部门进行配额盘算，若属第二种情形且非控排企业存在，则由非控排企业指定或专门设立的部门进行配额盘算。在新设合并情形下，无论是第一种还是第二种情形的合并，均是由新设的企业指定或专门设立的部门进行配

① 参见张士元主编：《企业法（第二版）》，法律出版社 2005 年版，第 59 页。

额盘算。

二是控排企业的分立。若控排企业发生创设分立，则原控排企业主体资格消灭，出现两个或两个以上的新设企业。若控排企业发生存续分立，则原控排企业主体资格保留，另出现一个新的企业。但是，无论是控排企业的创设分立还是存续分立，排放边界及配额清缴义务均为分立后企业的边界和义务之和，相应的配额盘算义务由各自企业指定部门或设立部门进行盘算。

（二）权利

组织不变使配额盘算主体保持稳定，组织变更则令配额盘算主体出现变动。通过上述分析可知，组织不变企业、组织变更后企业（存续企业或新设企业）的指定部门或专门部门始终是盘算义务的履行者，同时也是相应权利的享有者。申言之，配额盘算主体若要完成盘算义务，离不开必要的授权。一般来说，董事会须根据委托代理关系，可以授予相关经理部门必要的核查结果复查建议权、确认结果知情权、配额盘算表达权。

1. 核查结果复查建议权

核查结果复查建议权指相关部门对核查机构核查报告中核定的实际碳排放量有异议时，可以请求董事会作出决议，并以企业名义向主管部门申请复查。《碳排放权交易管理暂行办法》第28条第2款、第29条分别规定了控排企业的核查结果异议的申诉权和主管部门的复查义务。因此，在核查结果和碳排放报告出现显著差异时，相关部门可建议董事会作出请求主管部门复查核查结果的决议。

2. 确认结果知情权

确认结果知情权指相关部门对省级碳交易主管部门确认的实际碳排放量结果有了解的权利。《碳排放权交易管理暂行办法》第30条规定了省级碳交易主管部门将排放量确认结果通知控排企业的义务。换句话说，控排企业对排放量确认结果具有知情权。那么，董事会就应该授权相关部门了解确认结果，以做好配额盘算、上缴等准备。

3. 配额盘算表达权

配额盘算表达权是配额盘算主体基于省级碳交易主管部门审定的实际碳排放量，拟定配额清缴方案的权利。该方案要能使盘算主体的相关意志得以充分表达。一般来说，配额盘算主体可在方案中载明实际排放量、现有配额、现有组织边界外产生的 CCER 等基本信息，并说明现有配额是否能足额完成清缴义务；若存在不足额问题，结合成本效益分析和法定抵消限制规定，向董事会建议采用抵消机制、配额购买或二者结合方式完成清缴义务。

（三）信息

1. 信息知情范围

既然控排企业授权盘算主体核查结果复查建议权、确认结果知情权和配额盘算表达权，那么就离不开相关的信息保证，否则权利难以实现。《全国碳排放权交易管理条例》（送审稿）第 28 条规定的"信息公开"范围过窄，仅涉及温室气体种类、控排行业、纳入标准、控排单位名单、配额分配、控排单位排放和配额清缴、核查机构和交易机构名单等基本信息。这对盘算主体行使上述权利是不足的。从内部控制角度讲，还需要碳排放监测计划、碳排放报告、核查结果、确认的碳排放量等信息。盘算主体只有掌握了这些基础信息，并借助温室气体核查与报告指南、抵消机制等科学的方法和标准，才能做出科学和价值上的理性判断。

2. 内部信息交流

由第三章第四节可知，控排企业内部的信息交流应是双向的。它既包括控排企业内部不同层级间的信息纵向传递，还包括同一层级间的信息横向传递。就配额盘算信息的内部交流来说，它也就包括纵向的"董事会—配额盘算主体——一般员工"间的双向信息交流，横向的"配额盘算主体—相关部门"的双向信息交流。配额盘算主体可根据信息需求，采取相应的交流方式，并按照企业内部的相关程序或办事流程，以获取权利行使所必需的信息。

（四）空间

配额盘算的价值在于摸清控排企业的配额清缴能力，发现碳排放报告核查和审定中可能存在的问题，提出应对性的方案建议。组织变动是所有控排企业在漫长配额清缴周期中出现的正常现象，那么理论上就应该在配额盘算时予以特别考虑。对此，就需要一定的实施场所。《公司法》第 37 条第 9 项规定了股东（大）

会对组织变动的决议权，第 46 条第 7 项规定了董事会对组织变动方案的制定权，第 49 条规定了经理的组织实施权，第 53 条第 2、3、4 项规定了监事会对董事和高级管理人员职务行为、损害单位利益行为的监督权。可见，控排企业的组织变动方案由董事会制定，并须经股东（大）会决议，然后经理根据授权组织实施，并接受监事会的监督。因此，配额盘算主体的活动要建立在董事会授权、股东（大）会决议、监事会监督的基础之上。

二、配额上缴

配额清缴方案经董事会审议通过后，方可进入配额上缴环节。而组织变动与否会对这一环节的配额上缴主体、程序安排、时间安排等方面产生重要影响。

（一）上缴主体

国家和试点省市立法均规定了控排企业向省级碳交易主管部门上缴配额的义务。《碳排放权交易管理暂行办法》第 31 条、《全国碳排放权交易管理条例》（送审稿）第 25 条均要求控排企业上缴"不少于上年度经确认排放量的排放配额"。北京、天津、上海、重庆、广东、湖北、深圳试点的碳交易管理立法及相关配套规定也有类似规定。如《北京市碳排放权交易管理办法（试行）》第 13 条规定控排企业"上缴与其上年度碳排放量等量的配额"；《湖北省碳排放权管理和交易暂行办法》第 19 条规定控排企业"缴还与上一年度实际排放量相等数量的配额"。但是，这些规定仅指组织未变情形。根据上述研究可知，在组织变更的情况下，存续企业或新设企业则是配额上缴义务主体。当然，这里的"存续企业"可能是控排企业（如控排企业间的吸收合并），也可能是非控排企业（如控排企业被非控排企业吸收合并，或者被分立为两个新企业）。可见，配额上缴主体既可能是组织不变时的原控排企业，也可能是组织变更时的存续企业或新设企业。因此，配额上缴根据不同情形，依法以相应主体名义上缴配额。

（二）上缴程序

1. 组织不变时的上缴程序

在组织不变时，控排企业仍是配额上缴主体，相应的上缴程序较简单。第一，拟定配额盘算方案。控排企业的配额盘算主体按照审定的实际排放量拟定配额清算方案，以备审议。第二，审议配额盘算方案。董事会接到配额盘算主体提交的配额清算方案后进行审议。若审议未通过，则由配额盘算主体进一步修改完善，并再次提交直至通过。若审议通过，则由董事会作出依方案进行清缴的决议。第三，提交账户配额。碳交易操作员根据配额清缴方案和相应授权，以控排企业名义通过注册登记账户向省级碳交易主管部门提交足额的配额或一定比例的CCER待审核。省级碳交易审核后，认为提交的配额或一定比例的CCER是符合经确认的实际排放量或法律规定的，则可准许将这些配额或一定比例的CCER予以注销，反之，则督促控排企业按时完成足额清缴。

2. 组织变更时的上缴程序

组织变更时，不仅对配额清缴主体有影响，也会增加上缴程序的繁琐性或复杂性。首先，拟定配额分拆或合并方案。在控排企业分立情形下，无论是存续分立还是新设分立，控排企业须提前拟定配额分拆方案。在企业合并情形下，无论是存续合并还是新设合并，合并企业间须提前拟定配额合并方案。但是，这里的配额合并，在企业合并首年只算控排企业的配额，非控排企业排放量和排放边界不纳入计算，次年及以后再重新核定。拟定的配额分拆或合并方案须以书面形式报告省级碳交易主管部门。省级碳交易主管部门将控排企业的注册登记账户的配额予以冻结。其次，申请转移拟定方案配额。创设分立、分解分立和新设合并中的新设单位领取营业执照后，须依法开立注册登记账户，并向省级碳交易主管部门申请解冻合并或分立前的注册登记账户，由主管部门依据配额分拆或合并方案，把相应配额的转至其账户。最后，提交账户配额。由于配额拆分或合并方案，是相关企业协商一致的结果，且获得主管部门认可，因而存续企业或新设企业内部没必要再次审议。因此，存续企业或新设企业可以直接以各自名义，通过本单位的注册登记账户把方案中的己方配额予以上缴。

（三）上缴时间

由上述分析可知，配额上缴环节比较繁琐，诸多前提性工作需要合理的时间保障。目前，国家层面的《碳排放权交易管理暂行办法》和《全国碳排放权交易管理条例》（送审稿）及配套细则均未作出时间上的规定。这与国家尚未启动国家碳市场、未进行国家统一的配额清缴工作安排有关。试点省市的立法均有规定，但不统一。《重庆市碳排放配额管理细则（试行）》第 18 条第 1 款规定控排企业须于每年 6 月 20 日前完成配额清缴，《上海市 2013—2015 年碳排放配额分配和管理方案》要求每年 6 月 1 日至 6 月 30 日期间完成配额清缴，《深圳市碳排放权交易管理暂行办法》第 36 条第 1、2 款分别规定，正常情形下须于每年 6 月 30 前完成清缴义务，解散、破产情形时则在核查结束后 30 日内完成。可见，在试点阶段，配额上缴时间是一个法定期间而非约定期间，因此相关义务主体须在法定截止日前完成上缴义务。待国家碳市场启动后，相关义务主体再按照国家统一的时间规定进行上缴。

三、配额注销

配额注销标志着配额清缴义务履行的完成。它一方面可以避免企业跨阶段重复利用分配到的配额，[1] 另一方面可以促使企业及时采取切实的减排措施，防止延缓减排效应，以实现国家温室气体排放总量控制和碳排放强度控制之目的。配额注销须有明确的主体、规范的程序和时间限制。

（一）主体

由上文研究可知，配额注销主体因控排企业组织变更与否而有所不同。在控排企业组织不变时，配额上缴主体也是配额注销主体，即原控排企业。当组织变更时，存续企业或新设企业则为配额上缴、注销主体。其中，"存续企业"在吸收合并、存续分立时，原控排企业主体资格依然存在。然而，国家碳交易管理立法仅规定了一般情形时的配额上缴主体，却未对配额注销主体进行规定，以致地方在配额注销主体问题上规定不一。《广东省发展改革委关于碳排放配额管理的实施细则》第 11 条第 3 款、《重庆市碳排放配额管理细则》第 18 条第 3 款、《湖北省碳排放权管理和交易暂行办法》第 20 条分别把"省发展改革委""登记簿管理单位"（一般指碳排放权交易所（中心））、"主管部门"作为配额注销主体，而《天津市碳排放权交易管理暂行办法》第 9 条则是把"纳入企业"作为

---

① 杨解君等著：《面向低碳未来的中国环境法制研究》，复旦大学出版社 2014 年版，第 49 页。

配额注销主体。鉴于此,本书认为,为便于实现内部控制,国家应出台相关细则区分不同情形,把相关企业明确为配额注销主体,然后由企业授权碳交易操作员进行配额注销。

(二) 程序

相较配额上缴程序,配额注销程序则为简单。由于相关企业的配额已经提交至注册登记系统。一旦碳交易主管部门审核通过,相关企业则可授权碳交易操作员登录注册登记系统注销本单位的配额注销。在欧盟,《欧洲议会和欧盟理事会指令2003/87/EC》要求成员国均建立和维护一个注册登记系统,它类似于一个银行账户系统,采取标准电子数据库形式建立,不仅具有开户、销户功能,还具有准确记录配额发放、持有、转移、注销功能,其中注销功能应由企业实施。① 在国内,已经建有国家碳交易注册登记簿系统和试点省市的碳排放配额注册登记系统。二者除建立和维护主体及其权限不同外,基本功能方面同欧盟的注册登记系统。如《上海市碳排放配额登记管理暂行规定》规定,配额的取得、转让、变更、清缴、注销等都在登记簿上登记。② 试点系统与国家系统连接有助于实现数据共享、交易监管。

(三) 时间

由于国内碳市场尚处于试点阶段,配额注销时间仅见于各试点立法及配套细则,而国家立法尚未对配额注销时间作统一规定。《碳排放权交易管理暂行办法》《全国碳排放权交易管理条例》(送审稿)均无配额注销时间规定。《天津市碳排放权交易管理暂行办法》第9条、《广东省发展改革委关于碳排放配额管理的实施细则》第13条均把配额注销时间定为"每年6月20日前",《重庆市碳排放配额管理细则》第18条第3款则规定为"每年6月20日前"。相较国内立法,欧盟立法却明确规定了配额注销时间。《欧洲议会和欧盟理事会指令2003/87/EC》第12条第2、3款规定:"管理成员国应保证在每年4月30日前各设施经营者放

---

① 参见中国清洁发展机制基金管理中心、大连商品交易所:《碳配额管理与交易》,经济科学出版社2010年版,第56~57页。

② 郑爽等著:《全国七省市碳交易试点调查与研究》,中国经济出版社2014年版,第126页。

弃与相应日历年内总排放量相等的配额量……成员国应保证按此段所放弃的配额随后将被注销。"① 该指令特别规定，由于排放超标而被罚款的企业，并不能免除其注销超量排放部分的义务，在下一年配额发放时，该部分配额须从账户上注销。那么，受到罚款的排放企业，在接下来的一年，其排放配额数量将越来越少。因此，理性的企业会选择按时注销配额。② 据官方资讯，国家碳市场已于2017 年12 月启动，③ 国家需要对配额注销事项作统一规定，以协调碳排放报告、核查、实际排放量确认、配额清缴等工作。

---

① 焦小平主译：《欧盟排放交易体系规则》，中国财政经济出版社 2010 年版，第 30~31页。

② 中国清洁发展机制基金管理中心、大连商品交易所：《碳配额管理与交易》，经济科学出版社 2010 年版，第 57~58 页。

③ 《时间已定 中国 2017 年第三季度将启动全国碳市场》，http：//www. tanjiaoyi. com/article-16372-1. html. 2016 年 4 月 13 日访问。

参 考 文 献

一、专著类

[1] [德] 汉斯-贝恩德·舍费尔, 克劳斯·奥特. 民法的经济分析 (第四版) [M]. 江清云, 杜涛, 译. 北京: 法律出版社, 2009: 63.

[2] [德] 卡尔·拉伦茨. 法学方法论 [M]. 陈爱娥, 译. 北京: 商务印书馆, 2003: 337.

[3] [德] 考夫曼. 法律哲学 [M]. 刘幸义, 译. 北京: 法律出版社, 2004: 192.

[4] [德] 亚图·考夫曼. 类推与 "事物本质": 兼论类型理论 [M]. 吴从周, 译. 北京: 学林文化事业有限公司, 1999: 113.

[5] [美] 理查德·波斯纳. 法律的经济分析 (第七版) [M]. 蒋兆康, 译. 北京: 法律出版社, 2012: 583.

[6] [美] 斯科特·格林. 《萨班斯-奥克斯利法案》与董事会. 公司治理的最佳技巧及范例 [M]. 荆新, 译. 大连: 东北财经大学出版社, 2012.

[7] [美] 凯斯·R. 孙斯坦. 风险与理性——安全、法律及环境 [M]. 师帅, 译. 北京: 中国政法大学出版社, 2005: 333.

[8] [美] 布莱恩·比克斯. 法理学: 理论与语境 [M]. 邱昭继, 译. 北京: 法律出版社, 2008: 21, 203, 207.

[9] [美] 富勒. 法律的道德性 [M]. 郑戈, 译. 北京: 商务印书馆, 2005: 188.

[10] [美]罗斯科·庞德. 通过法律的社会控制 [M]. 沈宗灵, 译. 北京: 商务印书馆, 2010: 40-41.

［11］［美］埃里克·波斯纳、戴维韦斯巴赫．气候变化的正义［M］．李智，张键，译．北京：社会科学文献出版社，2011：138-139.

［12］［美］罗纳德·H.科斯．企业、市场与法律［M］．盛洪，陈郁，译．上海：格致出版社、上海三联书店、上海人民出版社，2014：19-20.

［13］［美］E.博登海默．法理学：法律哲学与法律方法［M］．邓正来，译．北京：中国政法大学出版社，2004：81，330.

［14］［美］Peter Newman．新帕尔格雷夫法经济学大辞典［M］．许明月，张舫等，译．北京：法律出版社，2003：241.

［15］［美］凡勃伦．企业论［M］．蔡受百，译．北京：商务印书馆，2012：16.

［16］［美］保罗·萨缪尔森，［美］威廉·诺德豪斯．经济学（第十九版）上册［M］．萧琛等，译．北京：商务印书馆，2013：215.

［17］［美］道格拉斯·C.诺斯．制度、制度变迁与经济绩效［M］．杭行，译．上海：上海三联书店，1994：226.

［18］［美］乔治·斯蒂纳等．政府、企业和社会［M］．张志强等，译．北京：华夏出版社，2002：127.

［19］［美］丹尼尔·F.史普博．管制与市场［M］．余晖，何帆，钱家骏，周维富，译．上海：上海人民出版社，1999：45.

［20］［美］Y.巴泽尔．产权的经济分析［M］．费方域，段毅才，译．上海：上海人民出版社，1997：9.

［21］［美］斯蒂芬·P.罗宾斯、玛丽·库尔特．管理学（第7版）［M］．孙健敏等，译．北京：中国人民大学出版社，2004：533.

［22］［美］彼得·德鲁克．管理使命、责任、实务（实务篇）［M］．王永贵，译．北京：机械工业出版社，2007：131-143.

［23］［美］丹尼尔·A.雷恩．管理思想的演变［M］．李柱流等，译．北京：中国社会科学出版社，1997：400.

［24］［美］罗伯特·西蒙斯．控制［M］．鲜红霞，郭旭力，译．北京：机械工业出版社，2004：3.

［25］［美］弗里蒙特·E.卡斯特等．组织与管理——系统方法与权变方法［M］．北京：中国社会科学出版社，1985：8.

[26] [美] 詹姆斯·罗西瑙. 没有政府的治理 [M]. 张胜军, 刘小林等, 译. 江西: 江西人民出版社, 2001: 5.

[27] [美] 小詹姆斯·H. 唐纳利, 詹姆斯·L. 吉布森, 约翰·M. 伊凡赛维奇. 管理学基础——职能·行为·模型 [M]. 李柱流, 译. 北京: 中国人民大学出版社, 1982: 18.

[28] [美] 赫伯特·A. 西蒙, 管理决策新科学 [M]. 李柱甫, 汤俊澄等, 译. 北京: 中国社会科学出版社, 1982: 33.

[29] [英] 丹尼斯·罗伊德. 法律的理念 [M]. 张茂柏, 译. 上海: 上海译文出版社, 2014: 160.

[30] [英] 丹尼斯·劳埃德. 法理学 [M]. 许章润, 译. 北京: 法律出版社, 2007: 188.

[31] [英] 珍妮·斯蒂尔. 风险与法律理论 [M]. 韩永强, 译. 北京: 中国政法大学出版社, 2012: 35, 178.

[32] [英] Roger McCormick. 金融市场中的法律风险 [M]. 胡滨, 译. 北京: 社会科学文献出版社, 2009: 10.

[33] [英] 乌尔里希·贝克. 风险社会 [M]. 何博闻, 译. 南京: 译林出版社, 2004: 3.

[34] [英] 戴维·M. 沃克. 牛津法律大辞典 [M]. 李双元等, 译. 北京: 法律出版社, 2003: 973.

[35] [英] 特伦斯·丹提斯, 阿兰·佩兹. 宪制中的行政机关——结构、自治与内部控制 [M]. 刘刚, 江菁, 轲翀, 译. 北京: 高等教育出版社, 2006: 382.

[36] [英] 托尼·布洛克特. 管理: 理论与原则 [M]. 洪历建, 罗世烈等, 译. 四川: 四川社会科学出版社, 1986: 2.

[37] [日] 交告尚史, 臼杵知史, 黑川哲志·日本环境法概论 [M]. 田林, 丁倩雯, 译. 北京: 中国法制出版社, 2014: 109.

[38] [日] 植草益. 微观规制经济学 [M]. 朱绍文, 胡欣欣等, 译. 北京: 中国发展出版社, 1992: 1, 27.

[39] [日] 黑川哲志. 环境行政的法理与方法 [M]. 肖军, 译. 北京: 中国法

制出版社，2008：26，29.

[40] ［法］法约尔．工业管理与一般管理 ［M］．周安华等，译．北京：中国社会科学出版社，1998：135.

[41] ［印］阿玛蒂亚·森．理性与自由 ［M］．李风华，译．北京：中国人民大学出版社，2013：17.

[42] Ian Ayres, John Braithwaite. Responsive Regulation：Transcending the Deregulation Debate ［M］. Oxford：Oxford University Press，1992：20-21.

[43] Scott D. Deatherage. Carbon Trading Law and Practice ［M］. Oxford：Oxford University Press，2011：41-172.

[44] 吕忠梅．环境法导论 ［M］．北京：北京大学出版社，2008：45，50-51.

[45] 王利明．法学方法论 ［M］．北京：中国人民大学出版社，2012：751.

[46] 舒国滢．法理学导论（第二版） ［M］．北京：北京大学出版社，2012：155-157.

[47] 桑本谦．理论法学的迷雾：以轰动案例为素材（增订版） ［M］．北京：法律出版社，2015：105.

[48] 熊秉元．解释的工具：生活中的经济学原理 ［M］．北京：东方出版社，2014：10.

[49] 杨解君．面向低碳未来的中国环境法制研究 ［M］．上海：复旦大学出版社，2014：40-42，48，49.

[50] 李传轩．生态经济法——理念革命与制度创新 ［M］．北京：知识产权出版社，2012：287-288.

[51] 唐双娥．环境法风险预防原则研究——法律与科学的对话 ［M］．北京：高等教育出版社，2004：43-48.

[52] 陈贻健．气候正义论——气候变化法律中的正义原理和制度构建 ［M］．北京：中国政法大学出版社，2014：217.

[53] 王燕，张磊．碳排放权交易市场化法律保障机制的探索 ［M］．上海：复旦大学出版社，2015：117-118，185-189，199-200.

[54] 王燕，张磊．碳排放交易法律保障机制的本土化研究 ［M］．北京：法律出版社，2016：179.

[55] 郭冬梅. 中国碳排放权交易制度构建的法律问题研究 ［M］. 北京：群众出版社，2015：12-13，225-226.

[56] 郭冬梅. 应对气候变化法律制度研究 ［M］. 北京：法律出版社，2010：231-232，252.

[57] 史学瀛，李树成，潘晓滨. 碳排放交易市场与制度设计 ［M］. 天津：南开大学出版社，2014：329-333，354-366.

[58] 朱伯玉，张福德等. 低碳经济的政策法律规制 ［M］. 北京：中国社会科学出版社，2013：181，195-196，205-206.

[59] 张宁. 中国碳市场建设初探——理论、国际经验与中国的选择 ［M］. 北京：中央编译出版社，2013：44，185-186，198.

[60] 唐方方. 气候变化与碳交易 ［M］. 北京：北京大学出版社，2012：109.

[61] 黄小喜. 国际碳交易法律问题研究 ［M］. 北京：知识产权出版社，2013：138，147.

[62] 周亚成，周旋. 碳减排交易法律问题和风险防范 ［M］. 北京：中国环境科学出版社，2011：115.

[63] 王毅刚. 中国碳排放权交易体系设计研究 ［M］. 北京：经济管理出版社，2011：80，100.

[64] 王毅刚，葛兴安，邵诗洋，李亚冬. 碳排放交易制度的中国道路——国际实践与中国应用 ［M］. 北京：经济管理出版社，2011：321，365.

[65] 戴彦德，康艳兵，熊小平. 碳交易制度研究 ［M］. 北京：中国发展出版社，2014：107.

[66] 韩良. 国际温室气体排放权交易法律问题研究 ［M］. 北京：中国法制出版社，2009：106-114，313.

[67] 何晶晶. 国际气候变化法框架下的中国低碳发展立法初探 ［M］. 北京：中国社会科学出版社，2014：112.

[68] 林云华. 国际气候合作与排放权交易制度研究 ［M］. 北京：中国经济出版社，2007：46.

[69] 郑爽等. 全国七省市碳交易试点调查与研究 ［M］. 北京：中国经济出版社，2014：130.

［70］葛全胜，方修琦等．中国碳排放的历史与现状［M］．北京：气象出版社，2011：3-5.

［71］范英，滕飞，张九天．中国碳市场：从试点经验到战略考量［M］．北京：科学出版社，2016：64-75.

［72］宁金彪．中国碳市场报告（2014）［M］．北京：社会科学文献出版社，2014：140.

［73］樊国昌．碳金融市场概论［M］．重庆：西南师范大学出版社，2014：89-92.

［74］吴宏杰．碳资产管理：低碳发展之路任重而道远［M］．北京：北京联合出版社，2015：3.

［75］聂力．中国碳排放权交易博弈分析［M］．北京：首都经济贸易大学出版社，2014：90.

［76］金自宁．风险中的行政法［M］．北京：法律出版社，2014：63.

［77］徐永前．企业法律风险管理基础实务［M］．北京：中国人民大学出版社，2014：118.

［78］袁杜娟，朱伟国．碳金融：法律理论与实践［M］．北京：法律出版社，2012：85.

［79］王宏，张婷．公司治理与内部控制［M］．北京：法律出版社，2011：57.

［80］李小海．企业法律风险控制［M］．北京：法律出版社，2009：482.

［81］李凤鸣．内部控制学［M］．北京：北京大学出版社，2002：53.

［82］李静，李冬梅，秦喜胜．煤炭企业内部控制研究——基于全面风险管理的视角［M］．北京：经济管理出版社，2012：118-119.

［83］张宜霞，舒惠好．内部控制国际比较研究［M］．北京：中国财政经济出版社，2006：5，22-23.

［84］张宜霞．企业内部控制论［M］．大连：东北财经大学出版社，2008：108-109.

［85］戴文良，王素华，陈科杰．企业法律风险防范与管理［M］．北京：法律出版社，2015：48.

［86］叶小忠，贾殿安．中国企业法律风险管理发展报告［M］．北京：法律出版

社，2013：33.

[87] 张继昕．企业法律风险管理的理论与实践［M］．北京：法律出版社，2012：1.

[88] 刘兰翠，张战胜，周颖，蔡博峰，曹东编译．主要发达国家的温室气体排放申报制度［M］．北京：中国环境科学出版社，2012：7.

[89] 佘镜怀，马亚明．企业风险管理［M］．北京：中国金融出版社，2012：1.

[90] 李静，李冬梅，秦喜胜．煤炭企业内部控制研究——基于全面风险管理的视角［M］．北京：经济管理出版社，2012：67.

[91] 缪艳娟．企业内部控制研究：制度视角［M］．大连：东北财经大学出版社，2012：31.

[92] 葛全胜，方修琦等．中国碳排放的历史与现状［M］．北京：气象出版社，2011：1.

[93] 张颖，郑洪涛．企业内部控制［M］．北京：机械工业出版社，2009：8-9.

[94] 卢代富．企业社会责任研究——基于经济学与法学的视野［M］．北京：法律出版社，2014：3.

[95] 俞可平主编，治理与善治［M］．北京：社会科学文献出版社，2000：3.

[96] 李晓光．管理学原理［M］．北京：中国财政经济出版社，2004：4-5.

[97] 张尚仁．管理·管理学与管理哲学［M］．昆明：云南人民出版社，1987：172.

二、期刊类

[1] Stefan Pickl, Erik Kropat, Heiko Hahn. The impact of uncertain emission trading markets on interactive resource planning processes and international emission trading experiments［J］. Climatic Change，2010（103）：327-338.

[2] Eric Helleiner, Jason Thistlethwaite. Subprime catalyst：Financial regulatory reform and the strengthening of US carbon market governance［J］. Regulation & Governance，2013（7）：496-511.

[3] 吕忠梅．《环境保护法》的前世今生［J］．政法论丛，2014（5）：59.

[4] 吕忠梅．论生态文明建设的综合决策法律机制［J］．中国法学，2014（3）：31.

[5] 蔡守秋. 论环境法的正当性的依据 [J]. 政法论丛, 2010 (6): 36, 40.

[6] 曹明德. 中国参与国际气候治理的法律立场和策略: 以气候正义为视角 [J]. 中国法学, 2016 (1): 29.

[7] 曹明德, 崔金星. 我国碳交易法律促导机制研究 [J]. 江淮论坛, 2012 (2): 112.

[8] 王灿发. 新《环境保护法》实施情况评估研究简论 [J]. 中国高校社会科学, 2016 (4): 112-113.

[9] 李挚萍, 程凌香. 碳交易立法的基本领域探讨 [J]. 江苏大学学报 (社会科学版), 2012 (3): 26.

[10] 李挚萍, 程凌香. 企业碳信息披露存在的问题及各国的立法应对 [J]. 法学杂志, 2013 (8): 30, 40.

[11] 李挚萍. 碳交易市场的监管机制研究 [J]. 江苏大学学报 (社会科学版), 2012 (1): 57.

[12] 彭本利, 李挚萍. 碳交易主体法律制度研究 [J]. 中国政法大学学报, 2012 (2): 47-49.

[13] 李艳芳, 金铭. 风险预防原则在我国环境法领域的有限适用研究 [J]. 河北法学, 2015 (1): 44.

[14] 秦天宝, 付璐. 欧盟排放交易的立法进程及其对中国的启示 [J]. 江苏大学学报 (社会科学版), 2012 (3): 17.

[15] 杨解君, 程雨燕. 中国低碳法律体系的架构及其完善研究 [J]. 江苏社会科学, 2014 (2): 133-134.

[16] 冷罗生. 构建中国碳排放权交易机制的法律政策思考 [J]. 中国地质大学学报 (社会科学版), 2010 (2): 23-24.

[17] 冷罗生. 日本温室气体排放权交易制度及启示 [J]. 法学杂志, 2011 (1): 66.

[18] 何香柏. 我国威慑型环境执法困境的破解——基于观念和机制的分析 [J]. 法商研究, 2016 (4): 24.

[19] 中山大学法学院课题组. 论中国碳交易市场的构建 [J]. 江苏大学学报 (社会科学版), 2012 (1): 75.

[20] 雷立钧，荆哲峰．国际碳交易市场发展对中国的启示 [J]．中国人口·资源与环境，2011（4）：34.

[21] 王遥，王文涛．碳金融市场的风险识别和监管体系设计 [J]．中国人口·资源与环境，2014（3）：26-27.

[22] 王建明，吴振．居间合同浅析 [J]．当代法学，1988（4）：11-12.

[23] 朱最新，曹延亮．行政备案的法理界说 [J]．法学杂志，2010（4）：60-61.

[24] 卫志民．论中国碳排放权交易市场的构建 [J]．河南大学学报（社会科学版），2013（5）：49.

[25] 朱远，綦玖竑．生态文明建设中的政府与市场：以碳交易为例 [J]．东南学术，2014（6）：65.

[26] 王玉红．基于决策的内部报告体系框架研究 [J]．社会科学辑刊，2010（3）：177.

[27] 吴晓云．在内部控制系统中建立责任追究制度探析 [J]．大庆社会科学，2005（5）：39.

[28] 吴真．企业环境责任确立的正当性分析——以可持续发展理念为视角 [J]．当代法学，2007（5）：53.

[29] 王遥，王文涛．碳金融市场的风险识别和监管体系设计 [J]．中国人口·资源与环境，2014（3）：26-27.

[30] 熊灵，齐绍洲，沈波．中国碳交易试点配额分配的机制特征、设计问题与改进对策 [J]．武汉大学学报（哲学社会科学版），2016（3）：56.

[31] 齐振海．内因与外因的辩证关系和在事物发展中的作用 [J]．北京师范大学学报（社会科学），1962（2）：75.

[32] 裴敬伟．试论环境风险的自主规制——以实现风险最小化为目标 [J]．中国地质大学学报（社会科学版），2015（3）：48.

[33] 凤振华，魏一鸣．欧盟碳市场系统风险和预期收益实证研究 [J]．管理学报，2011（3）：452.

[34] 陈伟，宋维明，田园．国际主要碳排放权交易市场风险度量 [J]．当代经济研究，2014（6）：69.

［35］张帆，李佐军．中国碳交易管理体制的总体框架设计［J］．中国人口·资源与环境，2012（9）：20．

［36］陈若英．感性与理性之间的选择——评《气候变化争议》和减排规制手段［J］．政法论坛，2013（2）：121-130．

［37］王燕．市场激励型排放机制一定优于命令型排放机制吗？［J］．中国地质大学学报（社会科学版），2014（1）：28．

［38］王志华．我国碳排放交易市场构建的法律困境与对策［J］．山东大学学报（哲学社会科学版），2012（4）：126．

［39］彭斯震，常影，张九天．中国碳市场发展若干重大问题的思考［J］．中国人口·资源与环境，2014（9）：3．

［40］曹原．我国碳市场体系的现状及展望［J］．江西社会科学，2014（9）：64．

［41］魏东，岳杰，王璟珉．碳排放权交易风险管理的识别、评估与应对［J］．中国人口·资源与环境，2012（8）：28-32．

［42］卫志民．论中国碳排放权交易市场的构建［J］．河南大学学报（社会科学版），2013（5）：50．

［43］于杨曜，潘高翔．中国开展碳交易亟须解决的基本问题［J］．东方法学，2009（6）：83．

［44］裴敬伟．试论环境风险的自主规制——以实现风险最小化为目标［J］．中国地质大学学报（社会科学版），2015（3）：48．

［45］魏东，聂利彬．企业内部碳交易机制构建的可行性研究［J］．中国人口·资源与环境，2011（3）：187-190．

［46］王璟珉．企业内部碳交易市场探析［J］．中国人口·资源与环境，2011（8）：124．

［47］康艳兵，熊小平，赵盟．碳交易本质与制度框架［J］．中国发展观察，2015（10）：32．

［48］刘杨．正当性与合法性概念辨析［J］．法制与社会发展，2008（3）：19．

［49］王志华．我国碳排放交易市场构建的法律困境与对策［J］．山东大学学报（哲学社会科学版），2012（4）：120-127．

［50］何晶晶．构建中国碳排放权交易法初探［J］．中国软科学，2013（9）：20．

[51] 熊秉元．最小防范成本原则 [J]．读书，2015（9）：145，147．

[52] 白洋．论我国碳排放权交易机制的法律构建 [J]．河南师范大学学报（哲学社会科学版），2010（1）：88．

[53] 马英娟．监管的语义辨析 [J]．法学杂志，2005（5）：111．

[54] 蔡岚．协同治理：复杂公共问题的解决之道 [J]．暨南学报（哲学社会科学版），2015（2）：112．

[55] 黄正．法律风险的控制与耗费成本 [J]．武汉理工大学学报，2009（23）：185．

[56] 刘熙瑞．中国公共管理：概念及基本框架 [J]．中国行政管理，2005（7）：21．

[57] 刘翠宵．论法律关系的客体 [J]．法学研究，1988（4）：5．

[58] 朱兆敏．论碳排放博弈与公正的国际经济秩序 [J]．江西社会科学，2010（4）：157-168．

[59] 肖潇．碳排放交易的国际经济博弈模型初探 [J]．河北经贸大学学报，2010（4）：80-83．

[60] 徐以祥．风险预防原则和环境行政许可 [J]．西南民族大学学报（人文社科版），2009（4）：105．

[61] 王志华．我国碳排放交易市场构建的法律困境与对策 [J]．山东大学学报（哲学社会科学版），2012（4）：120-127．

[62] 何晶晶．构建中国碳排放权交易法初探 [J]．中国软科学，2013（9）：20．

[63] 江平，邓辉．论公司内部监督机制的一元化 [J]．中国法学，2003（2）：79．

[64] 雷兴虎，刘斌．《企业社会责任法》：企业践行社会责任的法制保障 [J]．法治研究，2010（4）：50．

[65] 童之伟．法律关系的内容重估和概念重整 [J]．中国法学，1999（6）：25．

[66] 俞可平．全球治理引论 [J]．马克思主义与现实，2002（1）：22．

[67] 郝艳兵．风险、治理与法治 [J]．西南政法大学学报，2015（5）：44．

[68] 申建林，姚晓强．对治理理论的三种误读 [J]．湖北社会科学，2015（2）：34．

[69] 赵惊涛. 低碳经济与企业环境责任 [J]. 吉林大学社会科学学报, 2010 (1): 132.

[70] 韩利琳. 低碳时代的企业环境责任立法问题研究 [J]. 西北大学学报 (哲学社会科学版), 2010 (4): 162.

[71] 李荣梅, 刘爽, 刘晓宁. 企业内部环境与内部控制目标——基于辽宁省国有企业的调研数据分析 [J]. 辽宁大学学报 (哲学社会科学版), 2015 (1): 87.

[72] 彭峰. 环境法中"风险预防"原则之再探讨 [J]. 北京理工大学学报 (社会科学版), 2012 (2): 126.

[73] 金自宁. 风险规制与行政法治 [J]. 法制与社会发展, 2012 (4): 64.

[74] 沈岿. 反歧视: 有知和无知之间的信念选择 [J]. 清华法学, 2008 (5): 20.

[75] 黄家瑶. 哲学维度: 反思现代风险 [J]. 辽宁大学学报 (哲学社会科学版), 2007 (2): 18.

[76] 高晓露, 孙界丽. 论风险预防原则的适用要件——以国际环境法为背景 [J]. 当代法学, 2007 (2): 114.

[77] 曾宪立, 朱斌好, 吴济华. 影响企业环境友善行为之关键因素: 法令制度与利害关系人之整合观点 [J]. 公共行政学报, 2015 (48): 45.

[78] 陈惠珍. 碳排放权交易的配额分配与公平竞争——欧盟的经验与启示 [J]. 广东外语外贸大学学报, 2014 (4): 41.

[79] 刘慧, 谭艳秋. 欧盟碳排放交易体系改革的内外制约及发展趋向 [J]. 德国研究, 2015 (1): 51.

[80] 张国康, 张璐. 现代企业内部控制特征评析 [J]. 重庆工商大学学报 (西部论坛), 2005 (2): 107.

[81] 徐双庆, 刘滨. 日本国内碳交易体系研究及启示 [J]. 清华大学学报 (自然科学版), 2012 (8): 1122-1123.

三、学位论文

[1] 郦莉. 全球气候治理中的公私合作关系——以碳市场的构建为例 [D]. 北

京：外交学院，2013.

[2] 涂亦楠. 碳金融交易的法律问题研究［D］. 武汉：武汉大学，2012.

[3] 张剑波. 低碳经济法律制度研究［D］. 重庆：重庆大学，2012.

[4] 孙兆东. 中国碳金融交易市场的风险及防控［D］. 长春：吉林大学，2015.

[5] 聂力. 我国碳排放权交易博弈分析［D］. 北京：首都经济贸易大学，2013.

[6] 陈红心. 企业环境责任论［D］. 苏州：苏州大学，2010.

[7] 肖光红. 企业内部控制基本理论问题研究［D］. 成都：西南财经大学，2014.

[8] 崔金星. 碳监测法律制度研究［D］. 重庆：西南政法大学，2014.

[9] 王善勇. 个人碳交易体系下消费者碳排放权交易与能源消费研究［D］. 合肥：中国科学技术大学，2015.

[10] 贾立江. 我国低碳经济发展系统研究［D］. 哈尔滨：哈尔滨工程大学，2012.

[11] 刘婧. 基于强度减排的我国碳交易市场机制研究［D］. 上海：复旦大学，2010.

[12] 花双莲. 企业社会责任内部控制理论研究［D］. 青岛：中国海洋大学，2011.

[13] 徐翔. 国有企业内部控制机制及运行研究［D］. 成都：西南财经大学，2014.

[14] 周一帆. 碳交易初始配额分配中的博弈及政策设计［D］. 上海：华东理工大学，2013.

[15] 姜晓川. 我国碳排放权初始分配制度研究——以分配方式为中心［D］. 南昌：江西财经大学，2012.

[16] 刘佳奇. 环境规划制定过程法律规制研究［D］. 武汉：中南财经政法大学，2014.

[17] 刘娜. 中国建立碳交易市场的可行性研究及框架设计［D］. 北京：北京林业大学，2010.

四、报纸类

[1] 李刚. 碳交易试点首年达预期［N］. 人民日报，2014-07-20（003）.

［2］杨连成．加快促进法律管理与经营管理有效融合［N］．光明日报，2009-12-01（007）．

［3］齐绍洲，郭锦鹏．碳交易市场如何从试点走向全国［N］．光明日报，2016-02-03（015）．

［4］马怀德．提出理论是法学理论创新的起点［N］．法制日报，2016-09-23（1/4）．

［5］刘静．上海碳交易市场慢热［N］．中国环境报，2014-02-27（010）．

［6］强世功．"碳政治"与中国的战略抉择［N］．解放日报，2009-12-27（008）．

［7］李佐军．中国建立碳市场应遵循五个原则［N］．中国经济时报，2011-08-18（009）．

［8］张昕．建设全国碳交易市场，五大问题需要关注［N］．21世纪经济报道，2014-11-25（022）．

［9］杨淑红．浅论企业内部控制目标［N］．联合日报，2009-09-19（002）．